50万円を6900万円に増やした！
マナブ式 FX

6000万トレーダー
斉藤学 ●著

成美堂出版

本書の使い方

本書は、6000万円トレーダー・斉藤学の「マナブ式」テクニックを用いてFXトレードで勝つノウハウをわかりやすくまとめています。全6章の構成でマナブ式トレードの理解・実践に必要な知識や情報を解説しています。

説明は、わかりやすく具体的に。重要な箇所はマーカーで強調しています。

豊富な図表とキャプチャ画像が掲載されていますから、迷うことなく実践できます。

マナブ式ならではの儲けのコツを伝授します。

「さっそくマナブ式のトレード法を実践してみたい」という人	「マナブ式一押し 3つの必勝トレード法」（15ページ）
「マナブ式トレードのために必要なFXの知識を知りたい」という人	「ここだけ押さえる！マナブ式基本のFX」（39ページ）
「儲けに直結するテクニカル分析の使い方を知りたい」という人	「勝つためのテクニカル分析活用法」（79ページ）
「ファンダメンタルズのトレードへの活かし方を知りたい」という人	「大きく勝つなら絶対必要！ファンダメンタルズ」（121ページ）
「通貨ペアの選び方、通貨ごとの性格を知りたい」という人	「FXトレードではこの9通貨から選ぶこと」（159ページ）
「マナブ式のノウハウを知りたい」という人	「マナブ式FXのトレードノウハウ大公開！」（177ページ）

はじめに

サラリーマンでも無理なく効率的に儲かる裁量トレードを！

　ＦＸの自動売買が盛り上がってきたことを受けて、成美堂出版よりＦＸの自動売買に関する書籍『１年で6000万円儲けたＦＸ達人が教えるＦＸシステムトレード超入門』を出版させていただいたのが2011年の夏のことでした。お陰さまで好評をいただき、多くの読者の方々から、さまざまなご意見やお問い合わせをいただきました。

　中でも多かったのが「システムトレードは簡単な操作で自動売買を行ってくれるのでとても楽なのですが、もう少し積極的に投資にかかわってみたい」といった声です。

　そこで今回は、初心者でも簡単にＦＸ取引を始められるような、裁量トレードについて解説しています。特に、**私のようにサラリーマンをやりながらでも無理なくできるよう、短時間で効率的に儲かる裁量トレードのためのノウハウや情報を紹介**しています。

大きく儲けるならやはり裁量トレード

　裁量トレードというのは、「トレーダーが自分で考えて自分で取引を行うこと」です。自分で取引を行うことにより、独自の相場観や解釈を取引に反映させることができ、経験を積むにしたがって、さまざまな場面や状況に対応することができるようになります。

　その逆が、一度設定を行えばあとは自動的に注文を発注してくれるシステムトレードです。ＦＸ初心者のみならずパソコン初心者でも手軽に始めることができ、ロジックにしたがって機械的に取引してくれるので、トレーディングも安心して任せられます。

　ところが、システムトレードは機械的過ぎて融通が利かない部分もあります。

　例えば、ＧＤＰなどの経済指標や、ＦＲＢ議長などの要人発言については、**システムトレードの売買システムでは「良いことか、悪いことか」を判断できません**。為替相場では、発表された数値や発せられた言葉以外にも、「思惑」で大きく上下することがあるからです。このような場面では、システムトレードが対応するのは難しく、やはり**人間が頭の中で考えて取引をする「裁量トレード」で判断する必要**があります。

　「発表された数値だけではなく、相場の思惑を加味して判断する」必要があるという

ことなのですが、こう聞くと、すごく難しそうに思えるかもしれません。でも、大丈夫です。なぜなら、経済指標や要人発言をきちんと追っていれば、「市場のコンセンサス」が見えてくるからです。

市場コンセンサスをつかみ、素早く売買して大きく勝つ

　市場のコンセンサスとは「大多数の人による合意」という意味で、経済指標の発表や要人発言以前に、あらかじめ相場に織り込まれています。ですから、実際の発表時には、それが**良い内容か悪い内容かではなく、市場コンセンサスを上回るのか下回るのか**が注目されるのです。

　そして、市場のコンセンサスというのは、ニュースで流れるものからインターネット上で容易に調べられるものまであり、また自分で裁量トレードを行って経験を積むことでも自然に見えてきます。ですから、経済指標や要人発言で相場がどう動くかがある程度予想できるのです。

　ＦＸのシステムトレードを行っている方の中には、「だいたい動きが予想できる発表だったのに、なんでまだそのポジション持ってるのっ？！」と、もどかしく感じるときもあったかもしれません。もちろん、そのまま放っておいても自動的に損切りしてくれるのですが、こんなときは裁量トレードであれば、もっと素早く状況に対処できたでしょう。

　素早く損切りして逆のポジションを持ち、すぐに含み益を出すということは、実は人間にしかできない芸当なのです。こうして利益を積み重ねていけば、システムトレード以上の儲けを得ることができます。

　とはいえ、そのためには、ＦＸに関する知識をある程度勉強する必要があります。本書では、ＦＸ初心者でもさまざまな相場に対処できるように経済指標からテクニカル分析、トレード手法に至るまで幅広く網羅しました。僕自身が失敗も含めた自分のトレード経験から教えられた勝利のコツをたくさん反映した内容になっています。きっと、皆さんのＦＸトレード成功の役に立つと思います。

斉藤　学

50万円を6900万円に増やした！
マナブ式 FX

Contents

03　　　　　はじめに

10　　　　　プロローグ
　　　　　　50万円を6900万円にまで増やした
　　　　　　裁量トレード法 マナブ式FX！

　　　　　　多くの失敗から学んだ、裁量トレードで生き残るための
　　　　　　3つのルール

　　　　　　基本を押さえてマナブ式トレードをスタート！

15　　　**1章** **マナブ式一押し
　　　　　　3つの必勝トレード法**

　　16 ………… 必勝トレード①　スキャルピング、デイトレでバリバリ取引
　　　　　　　　　　　　　　　トレンドをつかまえて細かく売買する

　　22 ………… 必勝トレード②　取引時間を絞って素早く売買
　　　　　　　　　　　　　　　MT4で売買ポイントをサッと見つける

　　27 ………… 必勝トレード②　取引時間を絞って素早く売買
　　　　　　　　　　　　　　　MT4はインストールも設定も簡単

　　30 ………… 必勝トレード③　じっくりのんびり資産運用
　　　　　　　　　　　　　　　複数の情報を画面で一覧しじっくり考える

　　36 ………… 必勝トレード③　じっくりのんびり資産運用
　　　　　　　　　　　　　　　たった数クリックでシステム導入完了

Contents

39 　2章 ここだけ押さえる！マナブ式基本のFX

- 40 …………… トレードで勝つために、FXをざっと理解する
- 43 …………… 21時以降がトレードのゴールデンタイム
- 45 …………… 3万2000円で取引でき、1円動けば1万円儲かる
- 48 …………… お小遣い感覚でもらえるスワップポイント
- 52 …………… トレードスタイルで取引する通貨ペアを選ぼう
- 54 …………… FX会社はここで選ぶ！
- 56 …………… 2WAYプライスとスプレッドが大切
- 58 …………… FXで駆使したい7つの注文方法
- 65 …………… マージンコールと強制決済
- 66 …………… 時間帯によって為替相場はこんなに変動する
- 74 …………… 為替相場の曜日、ゴトビ、月別の値動き

79 　3章 勝つためのテクニカル分析活用法

- 80 …………… テクニカル分析に欠かせないローソク足チャート
- 84 …………… 複数のローソク足が発するシグナルを押さえよう！
- 88 …………… 酒田五法で相場の心理を読み取る
- 91 …………… トレンドがわかれば利益を上げるのは簡単
- 94 …………… トレンドが転換、発生するポイントを見つける

98 ……………… 誰もが知ってる! 移動平均線
101 ……………… ローソク足よりトレンドがわかる平均足
104 ……………… トレンドの発生を判断するボリンジャーバンド
106 ……………… トレンドに強い異色の存在 MACD
108 ……………… 行き過ぎをつかむ RSI とストキャス
112 ……………… トレンドへの弱点を補った DMI と ADX
115 ……………… 一目均衡表は雲に注目すること!
117 ……………… FX トレーダーに人気のパラボリック、P&F

121   4章 大きく勝つなら絶対必要! ファンダメンタルズ

122 ……………… 実際のところ、ファンダメンタルズは必要?
126 ……………… 相場への影響力は最大 米・雇用統計
130 ……………… 各国の中央銀行が注目 米・物価指数
133 ……………… 景気上昇時に注目が増す 米・住宅関連指数
139 ……………… 発表時期と順番に注目 米・製造業指数
145 ……………… 重要指標が目白押し 米・景気関連指数
153 ……………… 各国の金融・金利政策は発表スケジュールに注意
156 ……………… 一言で数円動かすパワーを持つ 要人発言

Contents

159　5章　FXトレードでは この9通貨から選ぶこと

- 160 …… FXトレードはここから 米ドル
- 162 …… トレードに慣れたらチャレンジ 第2の基軸通貨 ユーロ
- 164 …… 値動き激しく中級以上向け 英ポンド
- 166 …… 高金利通貨としておなじみ 豪ドル／NZドル
- 169 …… 米ドルよりも値動きが読みにくい カナダドル
- 171 …… ユーロやドルのリスクヘッジに最適 スイスフラン
- 173 …… 高金利通貨の南アランドと超低金利の日本円

177　6章　マナブ式FXの トレードノウハウ大公開！

- 178 …… 勝利の大敵「ダマシ」にはテクニカルの組み合わせで
- 180 …… マナブ式 マネーマネジメント
- 183 …… MT4を積極活用するべし！
- 185 …… 金・原油とドルの関係に注目
- 189 …… 相関関数を使って賢くリスク分散を！
- 192 …… アノマリーをバカにしてはいけない
- 195 …… 大公開 マナブ式FXのルール10！

198 巻末特別資料
　　　　　ＦＸ会社に口座を開設しよう
　　　　　口座に入金してみよう
　　　　　ドル・円の買いを注文してみよう
　　　　　スマートフォンでＦＸトレード

206 あとがき＆サイト紹介

Column
- 55　デモトレードを行う
- 71　FXと似ているけど違う通貨オプション取引って?
- 73　夏時間と冬時間
- 78　ビッグマック指数と購買力平価
- 87　FXには「値ごろ感」はないからテクニカル分析が必要
- 97　保ち合い相場ではトラリピ放置プレーで稼ぐ!
- 120　コンピュータより人間の方が頭はいい?
- 158　FX会社のテクニカルツールを活用しよう

■免責事項

　本書はFXおよびFXのトレードに関する情報の提供を目的として書かれたものです。投資の最終判断は読者ご自身で行っていただきますよう、お願いいたします。

　本書で紹介したFX業者やダウンロードサイトの情報や操作内容、掲載画像に関しては変更される場合がありますので、ご了承ください。

　同様に、チャートソフトなどの使用方法、操作方法、売買ルールなどに関しても、変更される場合がございます。

　上記事項をご了承のうえでの、本書のご利用をお願い申し上げます。上記事項をご確認になられない状態でのお問い合わせに関しては、著者および問い合わせ窓口は対処いたしかねますので、ご注意願います。

※本書は原則として2012年7月現在の経済データ・情報をもとに構成しております。

プロローグ 1 50万円を6900万円にまで増やした裁量トレード法 マナブ式ＦＸ！

▶ 儲かる「裁量」と「損しない」システトレ

　僕は2009年から2010年にかけて、ＦＸトレードで**50万円を6900万円にまで増やしました。これは主に裁量トレードによるものです。**最近は自動で売買をしてくれるシステムトレードでの運用にシフトして、資産を着実に増やすことに重点を置いていますが、裁量トレードのときのように大きく増えてはいません。

　システトレの特徴は「損をせずに着実に儲ける」という点にありますから、それはそれでOKなんです。

　50万円を6900万円に増やした僕のトレード法をマナブ式と名付けるなら、そのエッセンスは至ってシンプルです。**「チャートの谷（安値）で買って天井（高値）で売る」か「チャートの天井で売って谷で買い戻す」**です。

　そんなの当たり前と言われるかもしれませんが、それができないから多くの人が失敗しているわけです。実際にトレードしているときに「今が谷」「今が山」とはなかなかわかりませんからね。

　でも、僕は**テクニカル分析とファンダメンタルズ分析を組み合わせることで、**「きっとここが谷かな？」「たぶんこの辺が山だ」**と予想してトレード**しました。

　そして、「ピラミッティング」という、利益が出たポジションを徐々に増やしていくというトレード法などのマネーマネジメント法を駆使して資産を大きく増やしました。

　こうしたノウハウを、本書では順番に説明していきたいと思います。

▶ マナブ式ＦＸはテクニカル＋ファンダ＋マネーマネジメント

　トレードの手がかりとしてチャートを分析することをテクニカル分析と言いますが、**僕はチャートを見るときに、常に次ページに挙げる3つのことを意識しています。**

1 値動きはすべてを織り込む

テクニカル分析では、為替レートに影響をおよぼすファンダメンタルズはすべて市場価格に織り込まれるという考え方にもとづいている。

2 トレンドを形成する

トレンドラインを引くことなどで、ある期間、ある方向への値動き（トレンド）を確認できる。テクニカル分析では、そのトレンドをいち早く察知し、迅速に対応するためのさまざまな方法が開発されている。

3 歴史はくり返す

200年以上に渡るチャート分析・類型化の過程で、「三尊」や「ダブルトップ」、「保ち合い」、「ボックス」など、いくつものパターンが発見されている。それらのパターンは、時代に関係なく何度もくり返されてきた。チャートに反映される人間の心理は今も昔も変わらないという前提から、過去に有効だった法則は未来においても有効とされている。

上記の3つを意識しながらチャートを見ることで、トレンドを把握し、マーケットに参加しているトレーダー達の心理状態も予想できるようになります。

　もちろん、**テクニカル分析だけではマナブ式トレードは完成しません。**
「山になりそう」「そろそろ谷かな」という予想に大きく貢献するのが、ファンダメンタルズ分析なんです。なぜなら、**大きなトレンドの転換の「引き金」になっているのは、経済指標の発表などのファンダメンタルズ要因**だからです。ファンダメンタルズはとにかく難しいイメージがありますが、マナブ式では「経済指標の発表やその前後の動きがマーケットに大きなインパクトを与えて、トレンドを大きく転換させる」ことがある、とシンプルに考えます。経済や景気、企業動向にどう影響するかといった専門的なことは正直、たいして重要じゃありません。

　このように僕が裁量トレードで実践してきたことは、**テクニカル分析でトレンドを把握して、ファンダメンタルズ分析でトレンドの転換点を探し、マネーマネジメントにもとづいてトレードする**ということです。
　ざっくりと言ってしまいましたが、これがマナブ式FXというわけです。

プロローグ 2 多くの失敗から学んだ、裁量トレードで生き残るための3つのルール

▶ 生存確率なんと1％以下？！

前ページでは約1年で50万円から6900万円に増やしたマナブ式トレードの説明をしましたが、このトレード法を確立できたのも、好運にもＦＸトレードを続けられたからです。**ＦＸトレードで一番大切なこと、それは「退場しないこと」**です。

ご存じのように、ＦＸはこの数年で広く普及しました。少額でいつでも売買できるという手軽さが、その人気を支えてきました。しかし、その手軽さの裏には**「ＦＸで生き残る確率は1％以下」**という厳しい現実があります。大きく増やす前に損失がかさんでゲームオーバーになってしまっては元も子もありません。

僕がＦＸを始めたばかりのころは、豪ドル・円や南アフリカランド・円などの高金利通貨を中心に取引を行っていました。当初、高金利通貨は上昇トレンドだったので、どこで買っても儲かるような状態でした。

ところが、しばらくすると上昇トレンドが終了して、これまであった含み益がどんどん減っていきました。高金利通貨はスワップポイントがたくさん付くので、「しばらく持っていれば回復するだろう」と思い、必要証拠金いっぱいまでポジションを増やしていきました。

そして、**やはり僕も最終的に強制決済されてしまいました。それも、一度や二度ではなく、何度も損失を被りました。**

▶ 僕が失敗から学んだ成功の秘訣

しかしそのうち、だんだんと勝てるようになってきました。たとえ負けたとしても、損失がいつもより少なくなっているのです。最初はなぜなのかわからなかったのですが、あるとき、取引履歴を見て気付きました。

勝利のきっかけというものはＦＸ成功者によって人それぞれですが、僕の場合の**きっかけは、「売り（ショートポジション）」**でした。

売りは基本的にマイナスのスワップポイントが付く（円の場合）うえに、どこまでも

上昇していく可能性がある買い（ロングポジション）に比べて、損失が青天井のくせに、利益には限りがあるため自然と慎重になっていました。

　つまり、**自然と「ストップロス」を設定したり、マイナスのスワップポイントが気になって、すぐに「利益確定」したりしていた**のです。買いばかりだったそれ以前は、「下がってもスワップポイントが付くからいいや」とストップロスを設定せず、「もう少し上がったら決済しよう」といつまでたっても利益確定をしていませんでした。

　ところが、売りをするようになり、損失を限定して利食いを行うようになったことで、利益が増えてきたのです。もちろん、売りは損失が青天井なので、必要証拠金いっぱいまでポジションを持つことは一切しませんでした。

　最初に運用資金を分割して、どこまで損失が許せるかを考えていました。売りを行うことが勝てるきっかけになったということもありますが、それ以上に「退場しないためのルール」を確立することができたのです。

▶「退場」しないための3つのルール

　これからFXを始めようと思っている方は、わざわざ僕の失敗を再現する必要はありません。**僕が失敗経験から確立した、裁量トレードで最低限守って欲しい3つのルール**を紹介します。

1 必ずストップロスを置く

ポジションを保有したら、損失を限定するために即座にストップロスを置く。せっかく保有したポジションを損切りしてしまうのは悔しいが、「タネ銭」が残ればまたいつでも再投資できる。焦る必要はない。

2 資金管理

一度に全資金分の取引を行うのではなく、資金を分割して資金配分にしたがったポジション量を厳守する。例えば、伝説の相場師と呼ばれているウィリアムD. ギャンは、資金を10分割して損失限度内にストップロスを置いていた。

3 過剰なポジションを持たない

FXを始めると、何かポジションを持っていないと落ち着かない「ポジポジ病」にかかりやすくなる。過剰なポジションは、必要証拠金不足や損失の増大を招き、ひいては判断や見極めの失敗につながる。

プロローグ

3 基本を押さえてマナブ式トレードをスタート！

▶たった数クリックでできるのがＦＸトレード

　マナブ式トレードはもちろん、ＦＸトレード自体が初心者の方もいるでしょう。でも心配は無用です。ＦＸ業者に口座を開設したら、たった数クリックでトレードできてしまうのがＦＸの魅力です。

　ＦＸ初心者の方の場合は、まず２章で紹介しているＦＸの基本の基本を押さえてください。ここでは、ＦＸ取引に関する基礎知識から取引方法まで学ぶことができます。この章の内容を押さえれば、ほかの知識は「あとからゆっくり」でも大丈夫。

　ある程度ＦＸ経験のある方でしたら、さっそく１章で僕がオススメしている３つのトレード手法を使ってみてください。これは、僕と同じようなサラリーマンでもうまく取引を成功させることができるトレードパターンになっていて、比較的簡単に勝率を上げることができる売買手法ばかりです。

▶応用テクニックを身につけてトレーダーとしてもランクアップしよう！

　マナブ式トレードの考え方にもとづいて自分で考えながらトレードをしたいなら、３章のテクニカル分析と４章のファンダメンタルズ分析についての知識が必要です。こうした分析を行うことで相場のトレンドをつかめるようになり、直感ではなく合理的にトレードを考えられるようになります。

　５章では各通貨の特徴をつかんでください。

　６章では、マナブ式トレード手法として僕のマネーマネジメントや裏技的知識を紹介しています。みなさんのＦＸトレードのステップアップに役立ててもらえると思います。

　それではさっそく、ＦＸトレードにチャレンジしてみましょう！

1章 マナブ式一押し３つの必勝トレード法

サラリーマンやＯＬ、主婦の方など、昼間は本業で忙しくしている人が、短い時間で効率的にＦＸで勝利できるマナブ式オススメのトレード法を紹介します。
「スキャルピングでバリバリ売買したい人」、「短時間で効率的にトレードしたい人」、「じっくりのんびりと運用したい人」それぞれにあった３つの必勝トレード法を大公開！

必勝トレード①:スキャルピング、デイトレでバリバリ取引

第1章
トレンドをつかまえて細かく売買する

平均足チャートを使って上昇・下降を素早く把握し、トレードに活かします！

バリバリ派なら、トレンドを押さえること！

サラリーマンや主婦の中にも、投資好きな人は多いでしょう。資産形成や資産運用目的なのはもちろん、トレード自体を楽しみながら、お金を増やしたいという人もいるはずです。

そんなリクエストに応えられるのがFXトレードです。

昼間は本業で忙しく過ごしながらも、夕方以降はトレード用にまとまった時間を確保して、バリバリトレードしたいという人は、数秒から数十秒でポジションを決済するスキャルピングや、1日で売買を完結させるデイトレードがオススメです。

かといって、「よーし、バリバリ取引するぞ！」といきなり行動するだけではいけません。

単に直感に頼って闇雲にトレードしても、儲けることはできません。FXトレード経験者ならよくわかると思いますが、相場はそんなに甘くはないのです。

バリバリと裁量トレードをして儲けたいなら、真っ先に押さえておきたいのが「トレンドをつかまえる」ことです。

今の動きが「上昇してるのか」「下降してるのか」がわからなければ、どうトレードすれば儲かるかもわかりませんよね。

これから紹介するテクニカル分析を活用

スキャルピングとデイトレードって？

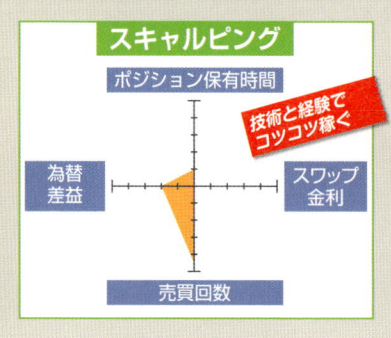

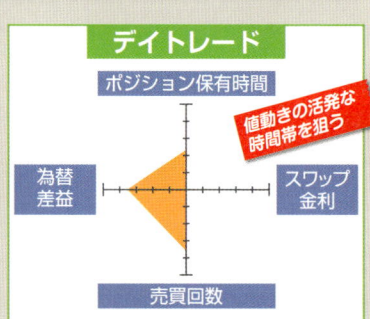

スキャルピング
- ポジション保有時間
- 為替差益
- スワップ金利
- 売買回数

技術と経験でコツコツ稼ぐ

デイトレード
- ポジション保有時間
- 為替差益
- スワップ金利
- 売買回数

値動きの活発な時間帯を狙う

すれば、その判断がつけられるようになりますよ！

というわけで、僕がオススメする<mark>必勝トレード①は、トレンドをつかまえてスキャルピングやデイトレでバリバリ取引する方法</mark>です。

ローソク足はトレンドを見分けにくい

「チャート」と言えば、始値・終値・安値・高値をもとにしたローソク足が一般的です。日本発祥のチャートで、今や世界でも広く使われている優れもののチャートなのですが、トレンドを判断するとなると、ややわかりづらい部分があるのです。

例えば、上昇トレンドが発生しているときのローソク足は、徐々に下値を切り上げて陽線を中心に右肩上がりで上がっていく形が普通ですが、よく見ると陽線の中にちらほら陰線が混じっています。その部分だけ取り出して見ると、<mark>「このローソク足はトレンド転換を示唆しているのでは？」</mark>と思えます。

これは下降トレンドでも同じで、大半は陰線が連なって下降トレンドを形成しているものの、ところどころに陽線の連続が見られ、これがトレンド転換を示すかのように見えるのです。

このように、上昇トレンドや下降トレンドが発生しているときでも、その途中経過だけを見ると、<mark>トレンドと反対の性格を持つ足が出現するおかげで、トレンド判断に迷いが生じてしまう</mark>ことがあります。

ローソク足はトレンドがわかりにくい

下降トレンドへのトレンド転換？

上昇トレンドへのトレンド転換？

1章　マナブ式一押し　3つの必勝トレード法

トレンドチェックは平均足で！

そこで僕がオススメするのが、「平均足」です。平均足は、ローソク足を作る始値・終値・安値・高値の4本線を平均化したもので、陽線や陰線が連続して出現しやすい特徴を持っています。

つまり、一度陽線（陰線）が出現すると、次の足やその次の足も陽線（陰線）になる可能性が高いのです。

そのため、上昇トレンド中に突然、陰線が連続するようなことは少なくなります。上昇トレンドなら陽線が中心、下降トレンドなら陰線が中心になって現れる傾向があります。

このように平均足なら、トレンドの途中に逆の方向を示すローソク足が出現する可能性はぐんと低くなりますから、トレンドを把握しやすくなります。

平均足の作者は、絹糸相場で巨額の利益を上げた伝説の相場師と伝えられていますが、FXトレードでも素晴らしい効果を発揮します。FXの初心者で、「チャート画面の表示設定をローソク足から平均足へ変えただけで勝てるようになった」という話もよく聞きます。

これは平均足を用いることで、トレンドの判断に迷わなくなって的確にトレンドをとらえられるようになったからだと思います。

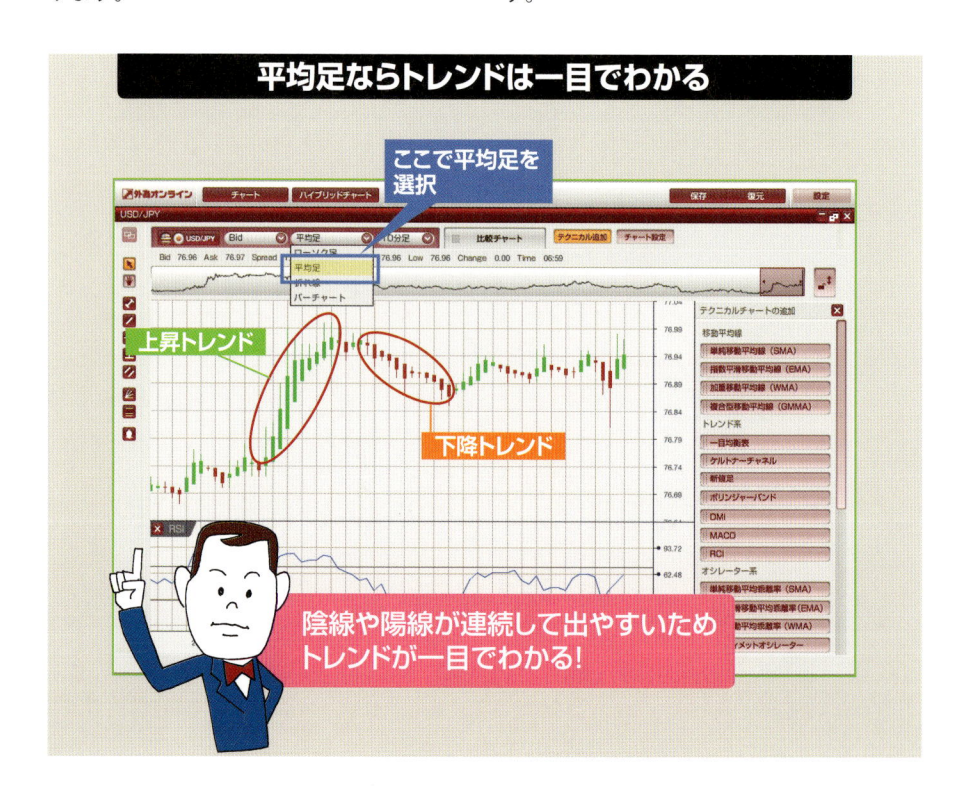

平均足ならトレンドは一目でわかる

ここで平均足を選択

上昇トレンド

下降トレンド

陰線や陽線が連続して出やすいためトレンドが一目でわかる！

どのポイントで「買う（売る）」か？

平均足でトレンド判断に迷わなくなったら、次はいよいよ売買のポイントを探ります。そこで登場するのが「ボリンジャーバンド」です。

ボリンジャーバンドはトレンド系テクニカル指標の1つで、このバンドの±2σ範囲内に価格が収まる確率は約95.4%とされています。

簡単に言うと、たいていはこの範囲内で上がったり下がったりしている、ということです。さらに言うと、価格が＋2σまで上がったら、たいていは「下がる」。そして、価格が－2σまで下がったら、たいていは

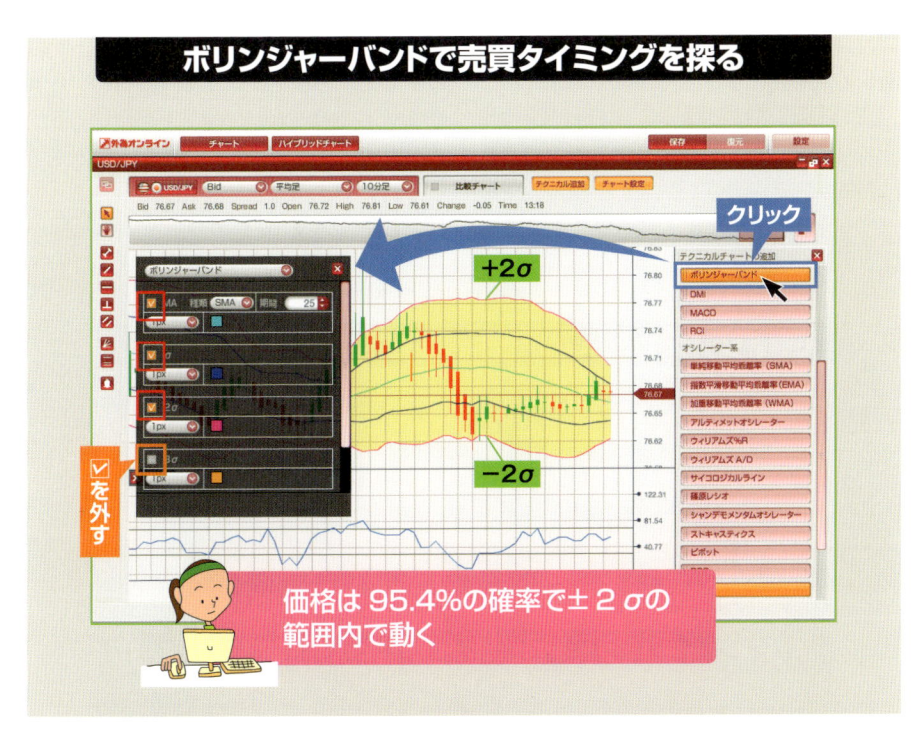

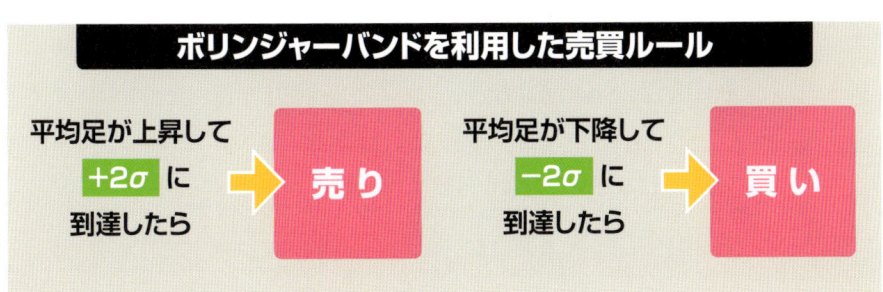

ボリンジャーバンドで売買タイミングを探る

価格は95.4%の確率で±2σの範囲内で動く

ボリンジャーバンドを利用した売買ルール

平均足が上昇して +2σ に到達したら → 売り

平均足が下降して －2σ に到達したら → 買い

1章　マナブ式一押し　3つの必勝トレード法

「上がる」ということ。

この特徴を利用して、前ページ下図のように売買のルールを決めます。

±2σに収まる確率は約95.4％。ということは、この外側へ出るような変動は約5％程度しかないはず。

しかし、実際にはこの「まれにしかない変動」で大きな損失を出してしまうのも事実です。9回勝っても1回の大きな負けで「投資終了」となってしまうこともあるのがFXです。

大負けに備えて「RSI」のお墨付きをもらう

そこで、こうしたリスクに備えるのがRSIです。

RSIは、買われ過ぎ、売られ過ぎを見るためのオシレーター系テクニカル指標の1つです。0％から100％の範囲で推移しています。

RSIが70％を超えると買われ過ぎ、30％を割れてしまうと売られ過ぎの水準なのですが、ボリンジャーバンドと合わせることによって、精度が増します。

こうしてボリンジャーバンドとRSIを組み合わせて、下図のようなトレードのルールを決めます。

そしてこのとき、トレンドが発生するかどうかは平均足を見るとわかるという寸法です。

利益確定する（手仕舞う）タイミングは、エントリーしたときと逆になります。

ボリンジャーバンド＋RSIを利用した売買ルール

平均足が上昇して＋2σに到達しても…
RSIが 70％を超えていない なら ➡ 売らない

平均足が下降して－2σに到達しても…
RSIが 30％を下回っていない なら ➡ 買わない

ボリンジャーバンド＋RSIを利用した利益確定のルール

買いから入ったら（ロングポジション）
☑ ボリンジャーバンドが＋2σに到達
&
☑ RSIが70％を超えた
➡ 利益確定

売りから入ったら（ショートポジション）
☑ ボリンジャーバンドが－2σに到達
&
☑ RSIが30％を下回った
➡ 利益確定

エントリーは複数のシグナルが発生したときのみ

スキャルピングやデイトレは、細かく利益確定をくり返すので、ある程度勝率を上げる必要があります。この場合、エントリーするタイミングが重要なので、==複数のテクニカルが同時にサインを出したときのみエントリーするようにします。==それまではなにもせず、ただひたすら「待ち」です。安易な売買を極力減らすようにしましょう。

また、テクニカル指標は単独で使用すると「ダマシ」にあうことが多々あります。それを防ぐために、==それぞれのテクニカル指標の短所を補う形で、複数のテクニカル指標を組み合わせて使うのです。==

平均足、ボリンジャーバンド、RSIでの売買例

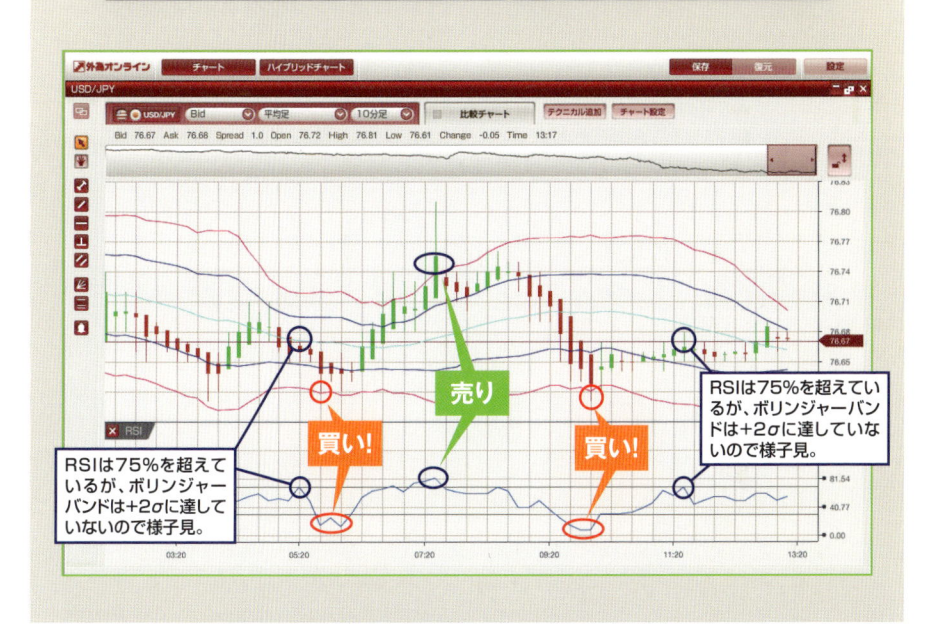

- 売り
- 買い！
- 買い！
- RSIは75％を超えているが、ボリンジャーバンドは+2σに達していないので様子見。
- RSIは75％を超えているが、ボリンジャーバンドは+2σに達していないので様子見。

1章　マナブ式一押し　3つの必勝トレード法

マナブ式 儲けのコツ

細かく売買して小さな利益を積み重ねるというのが、このトレード手法①のねらいです。ポイントは「損しないこと」。スキャルピングとはいえ、安易な売買も禁物。待つことが大切です。そしてポジションは持ち過ぎず、素早い利益確定が重要ですよ。これが勝つためのマネーマネジメントです。

必勝トレード②：取引時間を絞って素早く売買

第1章 2 MT4で売買ポイントをサッと見つける

話題のMT4のシグナルにしたがうだけでトレードが完了します

忙しい人でも短時間で素早く売買を決断できる！

　FXをやってみたいけれど、普段は仕事や家事で忙しくてなかなか時間が取れないから、バリバリトレードするのは無理という人も多いと思います。しかし、FXは「24時間取引可能」です。これを活かさない手はありません。自分の都合のつく時間に、素早くトレードしましょう。

　必勝トレード②では、==取引時間を絞ってすばやく売買する==トレード法を紹介します。使うのは、売買シグナルを表示してくれる無料インジケーターの「VQ」です。

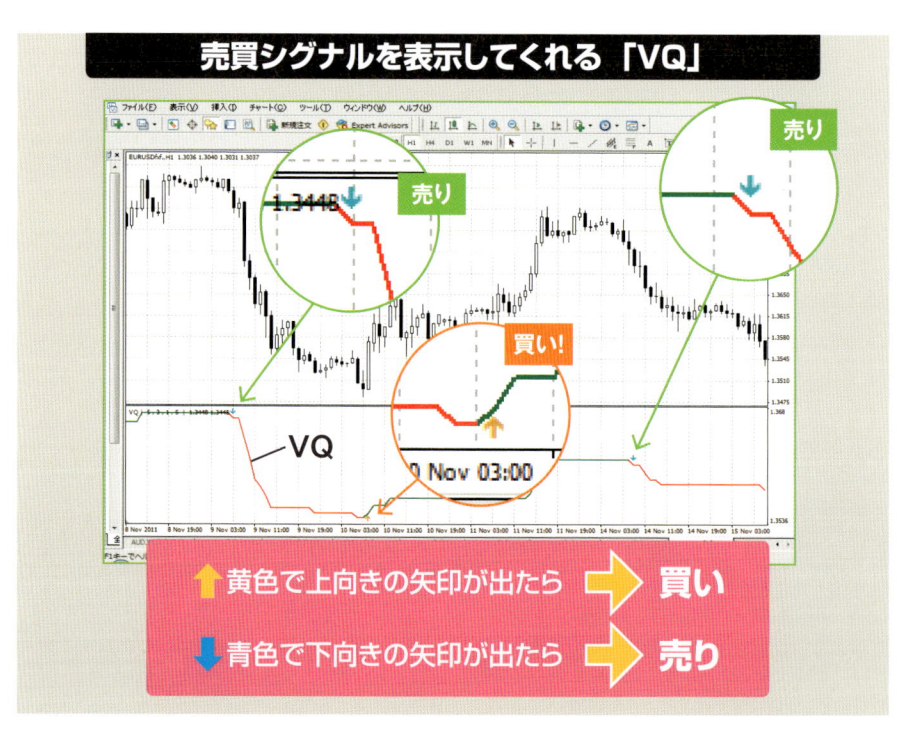

売買シグナルを表示してくれる「VQ」

- ↑黄色で上向きの矢印が出たら ➡ 買い
- ↓青色で下向きの矢印が出たら ➡ 売り

売買サインを矢印で教えてくれる

「ＶＱ」は「Volatility Quality」の略で、ボラティリティの質から値動きを予想するインジケーターです。無料高機能チャートソフトＭＴ４（MetaTrader4）に組み込むことによって、売買サインを矢印で知らせてくれます。

使い方は簡単で、ＭＴ４のサブウィンドウに表示された<mark>「ＶＱ」が、黄色で上向きの矢印を出したときは買い、青色で下向きの矢印を出したときは売りのサイン</mark>となります。

ラインの色は緑が上昇、赤が下落を表していて、矢印が出ると同時にどのレートで矢印が出たかダイアログボックスが出てきて教えてくれます。矢印が出たあと、ラインの角度がきつければ信憑性が高く、ラインが水平に近いときはサインがすぐに転換する可能性が高いです。

また、ＶＱは<mark>パラメーターを変更して、より相場にフィットさせる</mark>ことが可能です。世界的に人気のあるインジケーターなので、多くの人がパラメーターの調整を行っています。

ＶＱには、「Length（移動平均の期間）」、「Method（移動平均の方法）」、「Smoothing（利用する終値の位置）」、「Filter（許容設定）」というパラメーターがあるのですが、この数値を変えることで、ＶＱの精度を調整することができます。

<mark>通貨ペアによって値動きのクセが違うの</mark>

VQパラメーターを調整しよう！

Custom Indicator - VQ

Variable	Value
Crash	false
TimeFrame	0
Length	5
Method	3
Smoothing	2
Filter	1

通貨ペアごとのクセに合わせられる

おすすめのパラメーター設定（上から順に数値を変更）

- $ USD JPY　(4,2,4,1)（2,0,4,1)（5,3,2,5)（6,3,3,2)
- € EUR JPY　(5,3,1,2)（5,3,1,3)
- £ GBP JPY　(7,3,2,2)（3,2,3,4)（4,0,2,4)

で、それぞれ設定することでより正確な売買指示をしてくれるようになります。23ページの図を参考に通貨ペアごとのパラメーター設定を試してみてください。

21時以降のトレードではＡＤＸも一緒に使うと効果的

　ＶＱだけでも十分に戦えるツールですが、21時以降のニューヨーク時間は、「トレンドの勢い」がつかめると、トレードの成功率がさらにアップします。

　そんな場面で使いたいのが、トレンドの強弱を測るＡＤＸです。ＶＱにＡＤＸを加えたトレードを説明しましょう。

　ＡＤＸが上昇しているときは（上昇または下降）トレンドが継続していることを表し、ＡＤＸが下落しているときはトレンドが弱まってきたことを表します。

　つまり、下降トレンドでもＡＤＸが上昇していれば、その下降トレンドに勢いがあることを表すのです。

　決済判断として使う場合は、ＡＤＸが上昇している間はトレンド発生中なのでポジションを持ち続け、ＡＤＸの勢いがなくなってきたら決済する、という使い方をします。

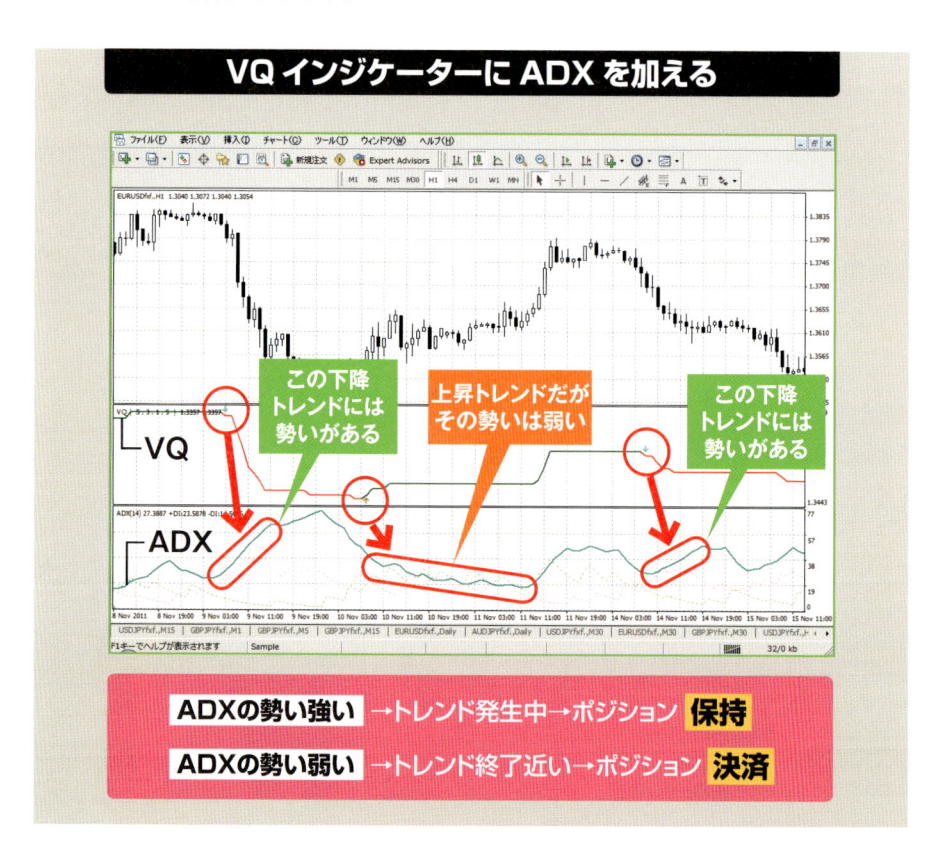

VQインジケーターにADXを加える

- ＡＤＸの勢い強い → トレンド発生中 → ポジション **保持**
- ＡＤＸの勢い弱い → トレンド終了近い → ポジション **決済**

相場が大きく動いたときに活躍する

ＶＱは、その名の通り、「ボラティリティ（Volatility）＝変動率」が高いときに最も効果を発揮（Quality）します。

ボラティリティが高いということは、相場が大きく動いているということ。上昇トレンドや下降トレンド発生時はもちろん、急騰や急落など相場が急変したときに、明確な売買シグナルを発してくれます。

相場の急変にとっても強いＶＱですが、これは逆に言うと、ボラティリティがない相場が苦手ということになります。

つまり、変動幅が少なかったり、明確なトレンドが発生していなかったりすると、売買シグナルが多発してしまって、その精度が落ちてしまうのです。

下図のチャートで、急落後急騰したのち、相場が一服している部分がありますが、このようなときにはＶＱのサインが多発するのに明確なトレンドが発生しません。このような局面では当てにならないのです。

ラインの角度やＡＤＸに注目してＶＱの精度を上げる

ボラティリティが高いとライン角度は急なのですが、ボラティリティが小さいとき

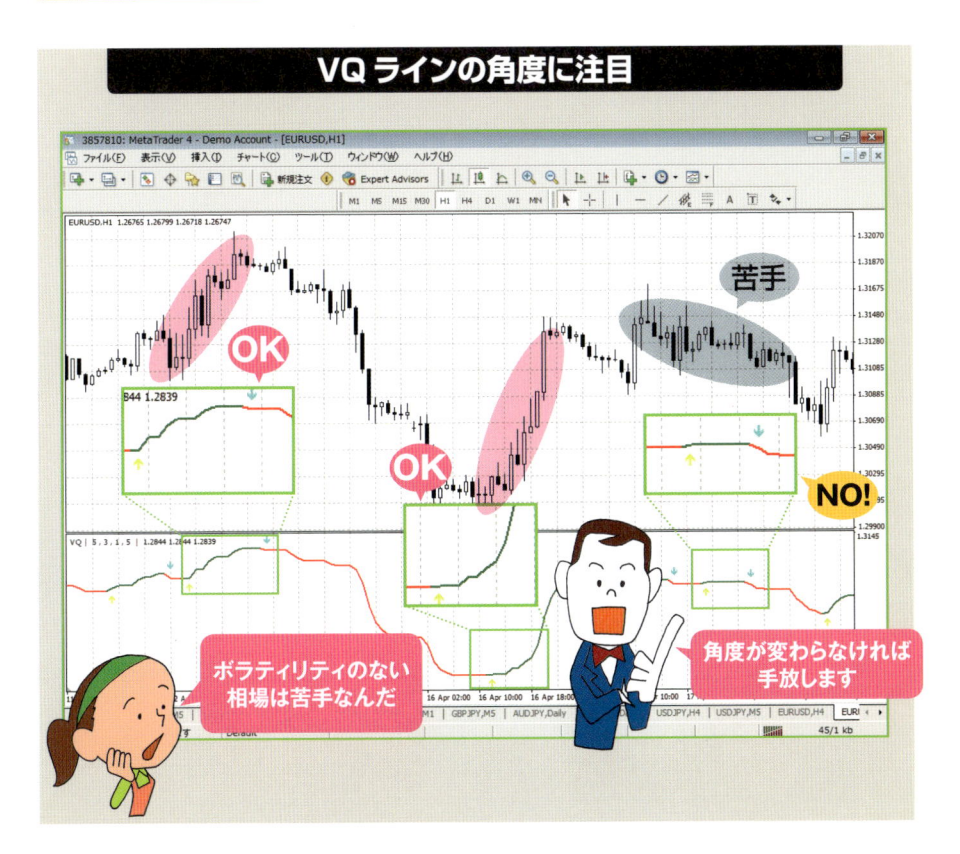

ＶＱラインの角度に注目

ボラティリティのない相場は苦手なんだ

角度が変わらなければ手放します

はＶＱのラインの角度が緩やかになります。

売買サインが出た段階で、ラインの角度がその後どうなるかは残念ながらわかりません。ですから、売買シグナルにしたがってトレードしますが、しばらくしてもＶＱラインの角度が変わらないようなら、もみ合い相場と認識し、いったんポジションを手放すのがよいでしょう。

あるいは、先ほど決済判断の手助けとして一緒に使うことを説明したＡＤＸと組み合わせて精度を高めることもオススメです。

下図のようにＡＤＸが下降しているときの売買サインはトレンドに勢いがない、もしくはもみ合い状態である、として無視するのです。

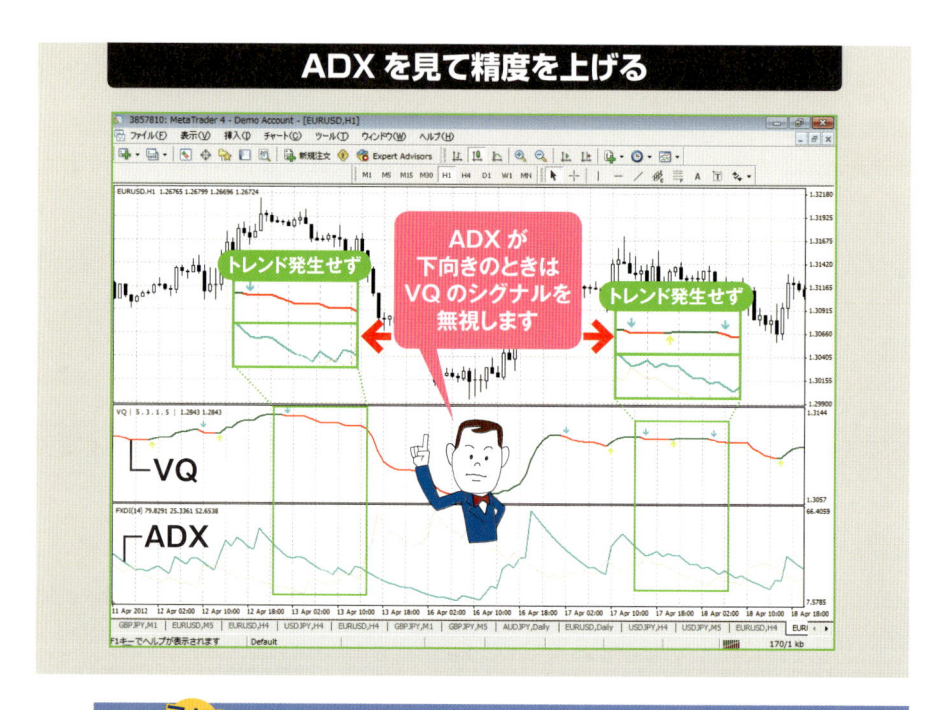

ＡＤＸを見て精度を上げる

ＡＤＸが下向きのときはＶＱのシグナルを無視します

トレンド発生せず

トレンド発生せず

VQ

ADX

儲けのコツ（マナブ式）

日頃マーケットを見ているからこそつかめる相場の急変を、トレード時間が限られた人でもいち早くキャッチして大きく儲ける。これがトレード手法②のねらいです。

ポイントはＶＱのサインに従うこと。でもＶＱも万能ではありません。ラインの角度をチェックしたり、ＡＤＸの助けを借りたりして弱点を補います。

必勝トレード②：取引時間を絞って素早く売買

第1章 3

MT4はインストールも設定も簡単

MT4のインストールからインジケーターの設定まで、これだけでOKです

ＭＴ４をチャートソフトとしてインストールする

　世界中のＦＸトレーダーから熱烈に支持されているのが、無料高機能チャートソフトＭＴ４（MetaTrader 4）です。
　システムトレード用途としても、広く活用されていますが、ここではＶＱを使うためのチャートソフトとしての使い方を説明しましょう。
　まず、ＭＴ４の公式サイト（http://www.metatrader4.com/）よりファイルをダウンロードして、「mt4setup.exe」のファイルをダブルクリックしてインストールします。
　言語選択の画面で「日本語」を選択したら、あとはほぼ「次へ」をクリックしていくだけでインストールは完了します。

インジケーターとしてＶＱを設定する

　インジケーターは、インターネットで「ＭＴ４　インジケーター名」や「インジケーター名　mq4」などで検索すれば見つけ

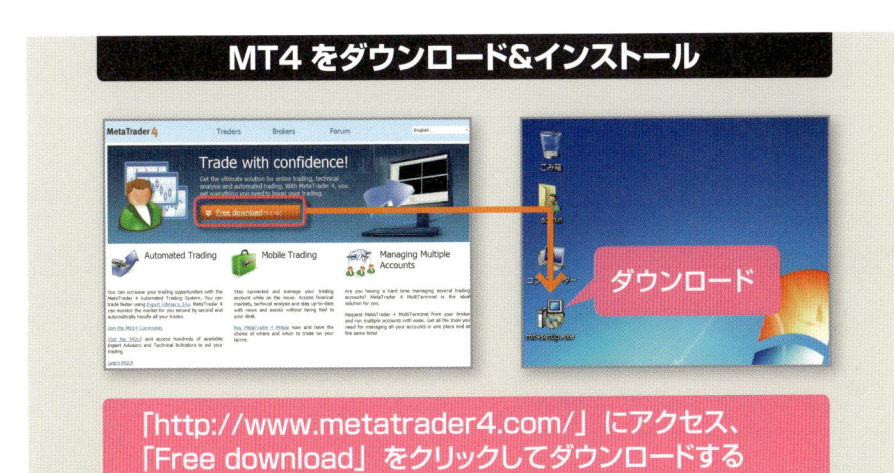

MT4 をダウンロード＆インストール

ダウンロード

「http://www.metatrader4.com/」にアクセス、「Free download」をクリックしてダウンロードする

1章　マナブ式一押し　3つの必勝トレード法

MT4をインストールする

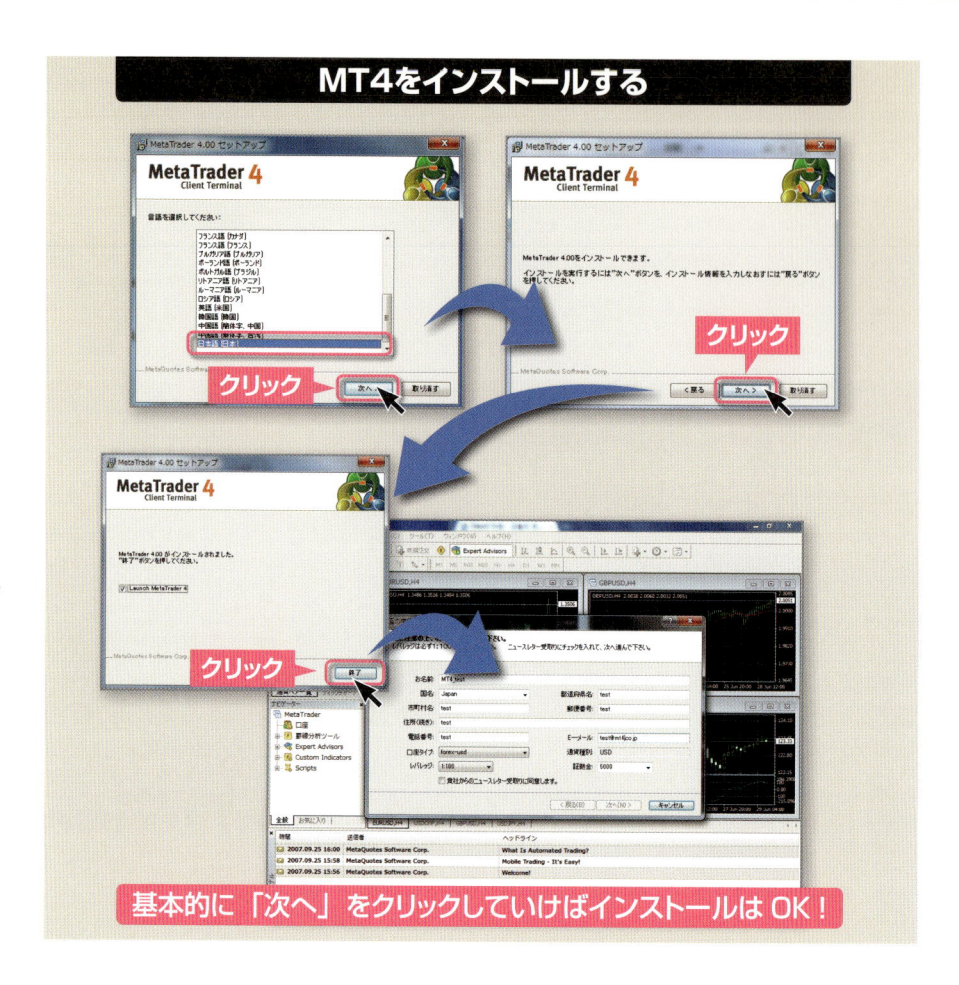

基本的に「次へ」をクリックしていけばインストールはOK！

ることができるのです。

ここではインジケーターを集めたインジケーター集サイト「ＭＴ４でＦＸ (http://www.abysse.co.jp/mt4/)」を紹介します。

サイトトップページの「ＭＴ４インジケーターを名前順から探す」、「Ｖ」を順にクリックして、「VQ.mq4」上で右クリック、「対象をファイルに保存」を選びます。保存する場所は「C:\Program Files\MetaTrader 4\experts\indicators」、ファイル名を「VQ.txt」から「VQ.mq4」に、ファイルの種類を「テキスト ドキュメント」から「すべてのファイル」に変更して保存します。

ＭＴ４チャートに反映させるときは、「ナビゲーターパネル」の「Custom Indicators」を展開して、「ＶＱ」をチャートへドラッグ＆ドロップするかダブルクリックします。するとＶＱの設定ダイアログボックスが表示されます。ＶＱをカスタマイズするときは、「パラメーターの入力」タブで数値を設定します (23ページ参照)。

VQインジケーターをダウンロードする

クリック

右クリック
「対象をファイルに保存」

ファイル名 **VQ.mq4** に
ファイルの種類 **すべてのファイル** に
変更して保存

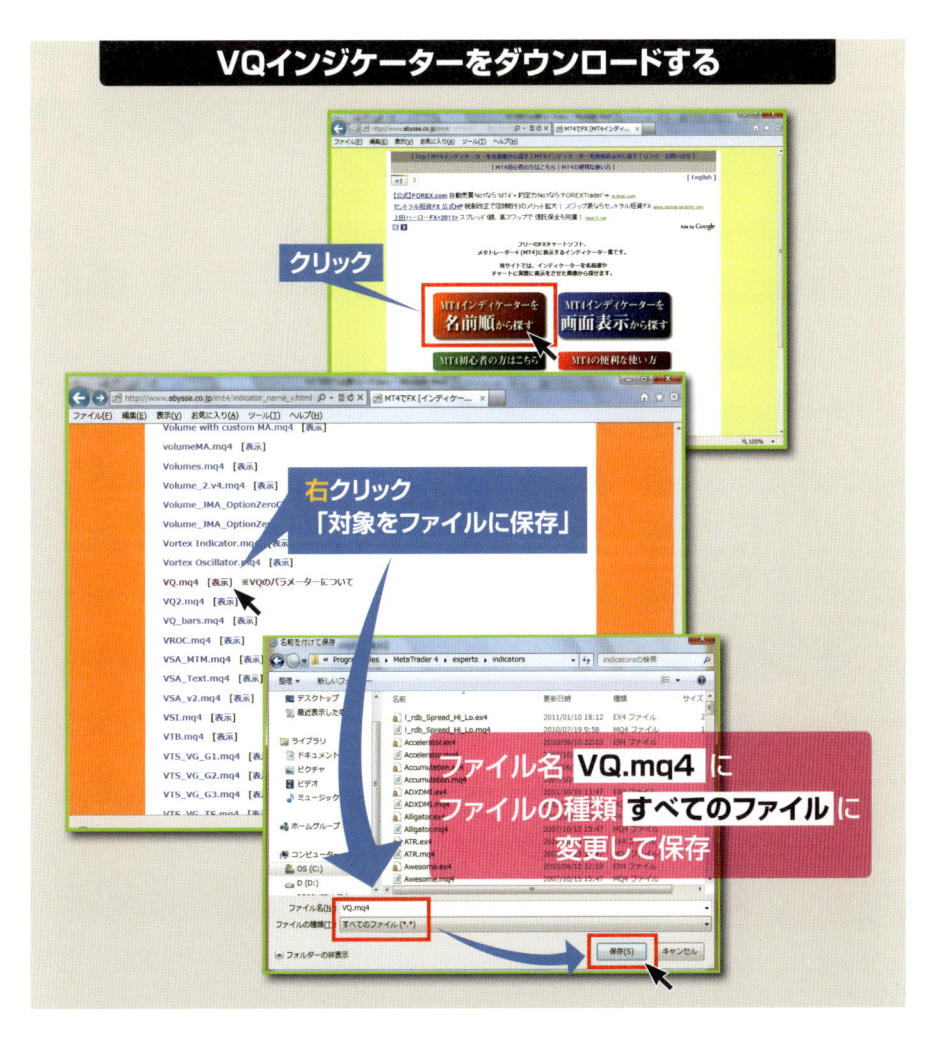

1章 マナブ式一押し 3つの必勝トレード法

マナブ式 儲けのコツ

　MT4にVQをインストールすれば、あとはサインにしたがってトレードするだけ！
　VQはどの通貨ペアでも利用できますが、僕としては21時以降、特に値動きが大きくなるユーロ・ドルでのトレードがオススメです。通貨ペアごとのパラメーターの設定、ADXを使って的確なタイミングでの利益確定がポイントです。

必勝トレード③:じっくりのんびり資産運用

第1章 4 複数の情報を画面で一覧しじっくり考える

FXでも売買回数を増やさずに、中長期でのトレードができる!

初心者でもチャート画面を見るだけでわかる

　FXを資産運用と考え、売買回数を増やさずじっくり運用したいという場合は、必勝トレード③がオススメです。MT4の「THVシステム（THV3）」を使ってじっくり相場を研究してから取引を行うとよいでしょう。

　THVシステムは、必勝トレード②で紹介した「VQ」と同様、MT4専用の無料インジケーターで、平均足と一目均衡表を

THV3システム

FX初心者がデモ画面を見るだけでトレードがわかる!?

もとにさまざまなシグナルを発します。
　このインジケーターの特徴は「FX初心者でも、画面を一目見ただけでわかるよう、さまざまな工夫がされている」点です。

THVシステムの画面に表示されるシグナルの見方

①**SLインジケーター**…ストップロスの参考値です。
②**セッションインジケーター**…時間帯セッションを表しています。
③**Ichimoku cloud**…一目均衡表の雲と同じ役割を果たします。
④**H A candles**…平均足です。緑が上昇、赤が下降になります。
⑤**コーラル（Coral）**…独自の移動平均線で、赤は弱気、黄色はフラット、緑は強気を表しています。
⑥**ファストトリックス（Fast trix）、スロートリックス（Slow trix）**…THVシステムの要となっているトリックスと呼ばれるラインで、ファストトリックスがスロートリックスを上回ったら買い、逆にファストトリックスがスロートリックスを下回ったら売りのシグナルです。
　ただし、同色ラインでのクロスが条件で、異なる色のクロスは「ダマシ」の可能性があるので見送った方が無難です。
⑦**トレンドインジケーター**…赤は弱気、黄色はフラット、緑は強気を表すバーです。
⑧**Trix シグナルズ**…現在のレートや分析結果が表示されています。

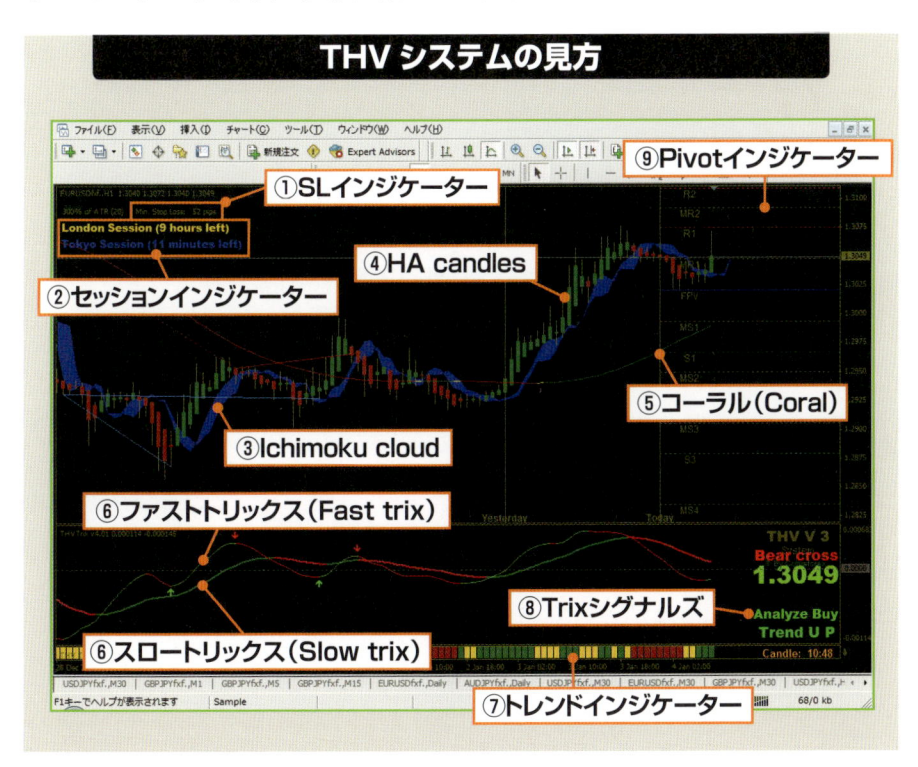

THVシステムの見方

⑨Pivotインジケーター
①SLインジケーター
②セッションインジケーター
④HA candles
⑤コーラル(Coral)
③Ichimoku cloud
⑥ファストトリックス(Fast trix)
⑥スロートリックス(Slow trix)
⑧Trixシグナルズ
⑦トレンドインジケーター

⑨ **Pivot** インジケーター…下記のサポート・レジスタンスラインを表しています。
　R２…レジスタンス大
　ＭＲ２…中間線２
　Ｒ１…レジスタンス小
　ＭＲ１…中間線１
　ＦＰＶ… First Pivot Value
　ＭＳ１…中間線１
　Ｓ１…サポート小
　ＭＳ２…中間線２
　Ｓ２…サポート大
　ＴＨＶシステムは、チャート画面がローソク足ではなく平均足で表示されているため、トレンドの把握が簡単にできます。また、<mark>トレンド転換の兆しは、「一目均衡表」の雲と平均足を用いることで、素早く察知できます。</mark>
　画面下のトレンドインジケーターも、赤や緑から黄色になれば、何らかの変化が起こりそう、というシグナル。

> **画面下の２本のライン、トリックスに注目！！**

　このように、ＴＨＶシステムにはいろいろなテクニカル分析が組み合わされているのですが、<mark>特に重要なのは⑥のファストトリックス、スロートリックスの２本のトリックス</mark>です。
　トリックスのグラフの見方・使い方を説明しましょう。トリックスはＭＡＣＤと似ていて、<mark>ファストトリックスがスロートリックスを上に抜けたら買い、下に抜けた</mark>

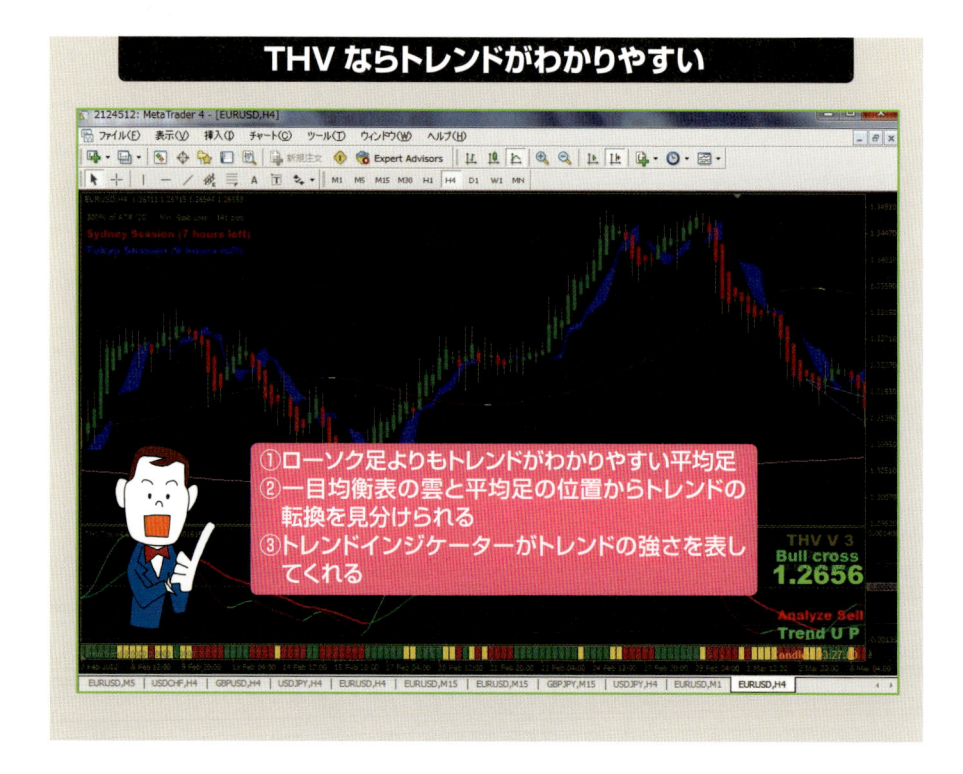

ＴＨＶならトレンドがわかりやすい

①ローソク足よりもトレンドがわかりやすい平均足
②一目均衡表の雲と平均足の位置からトレンドの転換を見分けられる
③トレンドインジケーターがトレンドの強さを表してくれる

ら売り。さらに、画面上部のメインチャートの方で、平均足の同色が連続しているか、一目の雲を上回っているのか下回っているのかも確認します。

これらの条件がそろったら、売買シグナルの発生です。

THVの売買ポイント

①トリックスの赤色クロス
②平均足（赤）の連続
③一目の雲を下回っている
→ 売り

①トリックスの緑色クロス
②平均足（緑）の連続
③一目の雲を上回っている
→ 買い

【エントリーから決済まで】

画面下のサブウィンドウの2本のトリックスが同色でクロス
▼
メインチャートの平均足の連続性を確認
▼
一目の雲の位置（上か下か）を確認
▼
エントリー
▼
エントリー時と逆の色のトリックス同色クロスで**決済**

1章 マナブ式一押し 3つの必勝トレード法

トリックスのクロス 要注意の2つ

　ＴＨＶシステムを使う上で注意しなければいけないのが、「トリックスの異色クロス」です。

　異色クロスは同色クロスと同じように動くときもありますが、多くの場合、すぐに再クロスしたり、シグナルとは逆の方向に動いたりします。

　異色クロスはこのようにダマシになる可能性が大きいので、ここでは無視します。

　また、トリックスがクロスする角度も重要です。クロスの角度が大きなときは、発生するトレンドも大きくなります。逆に、クロスの角度が小さなときは、トレンドが短く小さくなる傾向があります。

　問題は、極端に小さな角度のクロス。この場合は明確なトレンドが生じずに、もみ合いが継続することも多いので、エントリーする際には注意が必要です。

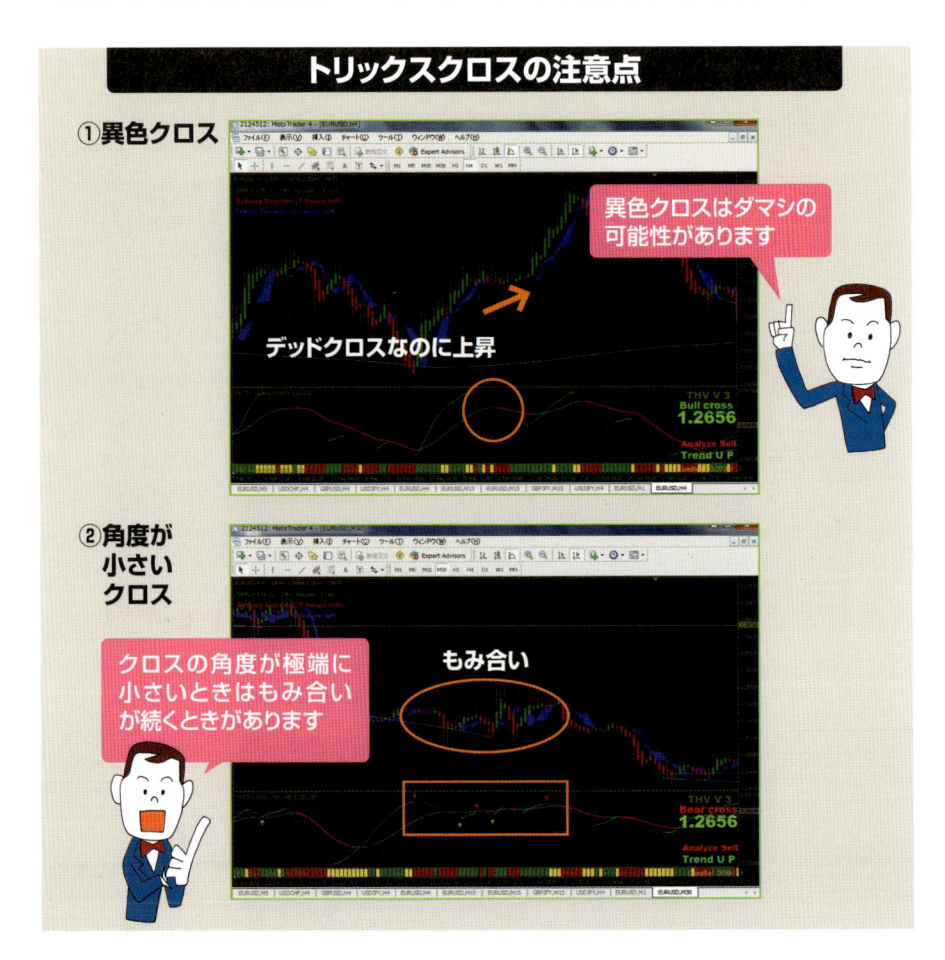

トリックスクロスの注意点

①異色クロス

異色クロスはダマシの可能性があります

デッドクロスなのに上昇

②角度が小さいクロス

クロスの角度が極端に小さいときはもみ合いが続くときがあります

もみ合い

ダイバージェンスでは
トレンドの転換に注意

　また、トリックスに矢印が表示されるときがありますが、これは<mark>売買サインではなく、「分析が必要」というサイン</mark>です。価格が上がっているのにトリックスが下がってきていたり、逆に価格が下がっているのにトリックスが上がっていたりするときに出ます。

　このように、<mark>テクニカルでの分析と実際の値動きが逆に動いているような状態を「ダイバージェンス（逆行現象）」</mark>と言います。

　このときは、トレンドに変化が起きる兆しがないかどうかを、しっかり分析しましょう（ダイバージェンスについては3章で解説します）。

THVシステムは
スキャルピングにも使える

　今回、THVシステムはどちらかと言うと中長期用売買判断として紹介しましたが、制作者（Cobraforex 氏）はユーロ・ドル5分足のスキャルピングで利用するとよいと言っています。

　THVシステムは中長期トレードに限定するのではなく、スキャルピングにも活用できるシステムなのです。

　また、THVシステムには1〜4のバージョンが存在しますが、ここではTHV3を使っています。

　THVシステムの最終バージョンはTHV4なのですが、動作が遅く若干使い勝手が悪いので、動作が安定していると評判の高いTHV3を紹介しました。

ダイバージェンスとは、こんなとき

その後反転

ダイバージェンス

トリックスが上がっているのに
価格が下がっている

必勝トレード③:じっくりのんびり資産運用

第1章 5 たった数クリックでシステム導入完了

MT4&THVシステムの組み合わせなら、画面とのニラメッコも不要です

THVシステムをダウンロードしてインストール

　THVシステムも無料のインジケーターですから、導入は至って簡単です。まず、THVシステムを配布しているサイトにアクセスします（http://www.forexfactory.com/showthread.php?t=127271）。少し下にスクロールし、V3.zipファイルをダウンロードします。

　ダウンロードファイルを開き、「THV V3」フォルダを開きます。

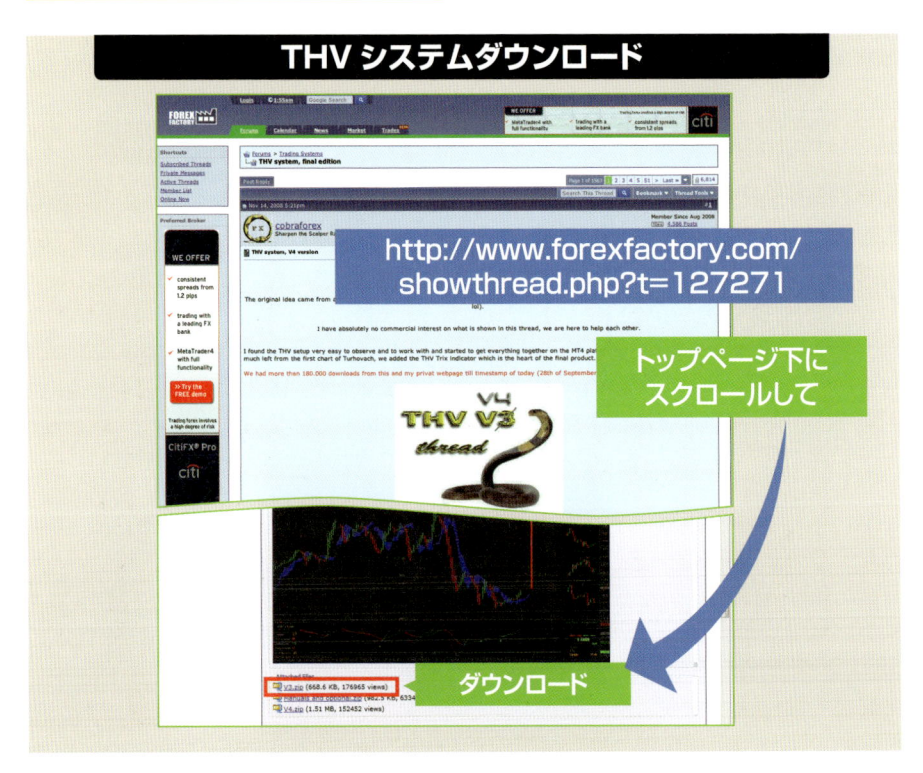

THVシステムダウンロード

http://www.forexfactory.com/showthread.php?t=127271

トップページ下にスクロールして

ダウンロード

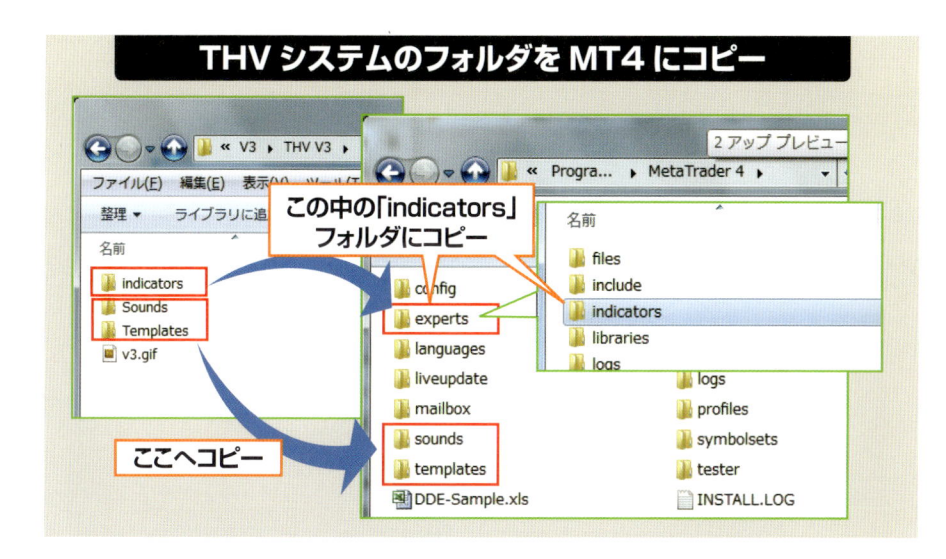

THVシステムのフォルダをMT4にコピー

そこには「indicators」、「Sounds」、「Templates」の3つのフォルダがあります。

そして、ＭＴ４フォルダも開いておきます。ＭＴ４フォルダの場所は、「Ｃドライブ」→「Program Files」→「MetaTrader 4」にあるはずです。

次に、「ＴＨＶ Ｖ３」フォルダの「Sounds」と「Templates」の中身を、それぞれ「MetaTrader 4」フォルダにコピーします。「MetaTrader 4」フォルダに「Sounds」と「Templates」という同じ名前のフォルダがあるので、その中へコピーします。

さらに、「ＴＨＶ Ｖ３」フォルダの「indicators」の中身を、「MetaTrader 4」フォルダの「experts」フォルダにある「indicators」フォルダにコピーします。

これで、ＴＨＶシステムを使用することができます。

最後にＭＴ４を起動しましょう。ＴＨＶ システムで利用したい通貨ペアのチャートを表示し、チャート上で右クリック、定型チャートから「ＴＨＶ Ｖ３」を選択すると、ＴＨＶシステムが表示されます。

トレードチャンスを音声で知らせてくれる

また、ＴＨＶシステムにはトリックスがクロスしたりダイバージェンスが発生したときに、アラートウィンドウを表示させたり音声を鳴らす機能があります。

初期設定では音声が鳴らない設定になっていますが、プロパティで音声が鳴る設定に変更できます。

音声では、それぞれ下のようなメッセージを知らせてくれます。

「Classic Bearish Divergence」…男性の声で弱気のダイバージェンスになったことを知らせてくれます。

「Classic Bullish Divergence」…女性の声で強気のダイバージェンスになったことを

音声通知の設定をする

知らせてくれます。
「**Reverse Bearish Divergence**」…男性の声で弱気のヒドゥン（隠れた）ダイバージェンスになったことを知らせてくれます。
「**Reverse Bullish Divergence**」…女性の声で強気のヒドゥン（隠れた）ダイバージェンスになったことを知らせてくれます。

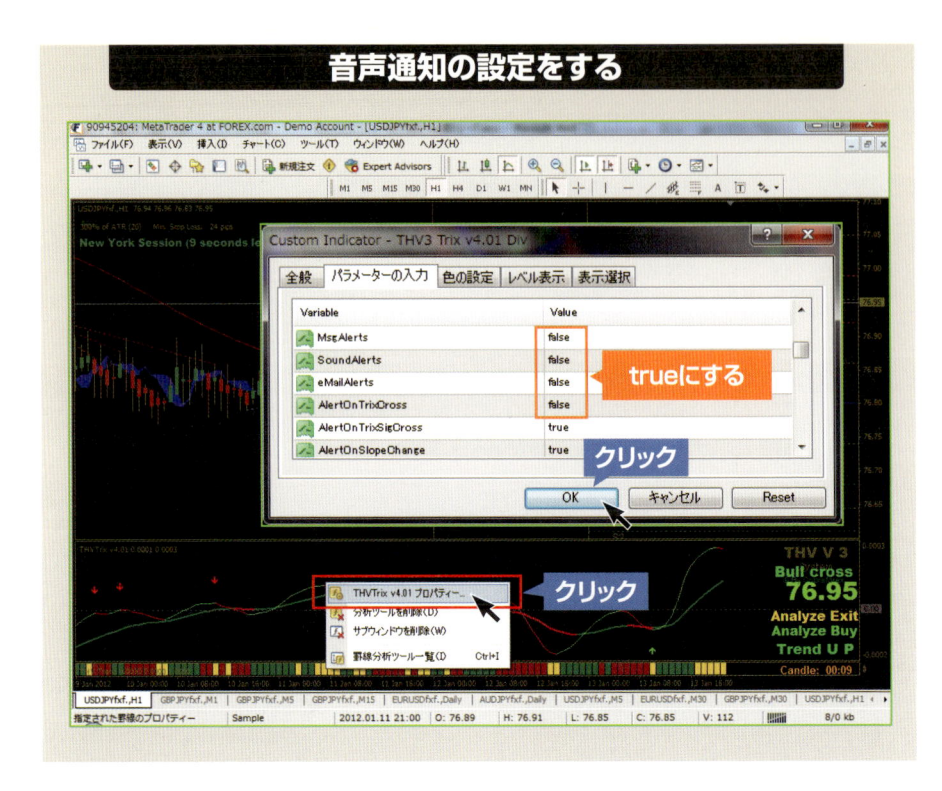

　この音声通知機能を利用すれば、パソコンの画面を見ていなくてもトレードチャンスを逃すことはなくなります。便利な機能ですから、是非、設定して使ってみてください。

> **マナブ式 儲けのコツ**
>
> ＴＨＶは画面の見方さえ覚えてしまえば、１つの画面を眺めているだけで用が足りる、初心者にも優しいトレード法です。じっくりポジションを持つこのトレード法では、売買のテクニックよりも、ピラミッティング（180ページ）のようなマネーマネジメントが大切になります。大きな視野でトレードを考えましょう。

2章 ここだけ押さえる！マナブ式基本のFX

ＦＸの魅力は何と言っても手軽に始められる点。取引会社に口座を開設すれば、あとは数回クリックするだけで取引ができます。でもその前に、「基本の基本」だけは押さえておきましょう。ＦＸのお勉強のための知識ではなく、トレードに必要な知識だけをマナブ式で抽出しました。これだけ覚えれば、もうトレードを始められますよ！

第2章 1 トレードで勝つために、FXをざっと理解する

> 為替レートの動きを予想して通貨の取引をするのがFXです

為替レートが上がるか下がるかを予想する投資法

　ＦＸとは「Foreign Exchange」の略で、「外国為替証拠金取引」という意味です。これが「Forex（フォレックス）」に縮まり、さらにＦＸ（エフエックス）に略されました。
　ＦＸを簡単に言うと「為替取引」のことで、日本円やアメリカドルだけでなく、ユーロやイギリスポンド、オーストラリアドルや南アフリカランドなどのさまざまな通貨を取引することができます。
　為替の動向は日本経済にも大きく影響するので、テレビや新聞で円高や円安についての話題が取り上げられることも多くなってきました。

　為替取引と聞くとなんだか小難しそうな気もしますが、そんなことはありません。
　簡単に言うと、１ドル80円の時に１万通貨買って、１ドル81円のときに売ると、１万円の利益になります。逆に、１ドル80円で売って１ドル79円で買い戻せば、１万円の利益です。==要は、為替レートが上がるか下がるかを予想するわけです。==
　ＦＸ会社の口座開設も即日から数日で完了しますし、パソコンだけでなく、携帯電話やスマートフォンからも簡単に取引することができます。
　世界中で取引が行われているので、株取引と異なり24時間取引が行え、通貨によってはスワップポイントと呼ばれる金利差分を毎日受け取れることも大きな魅力です。

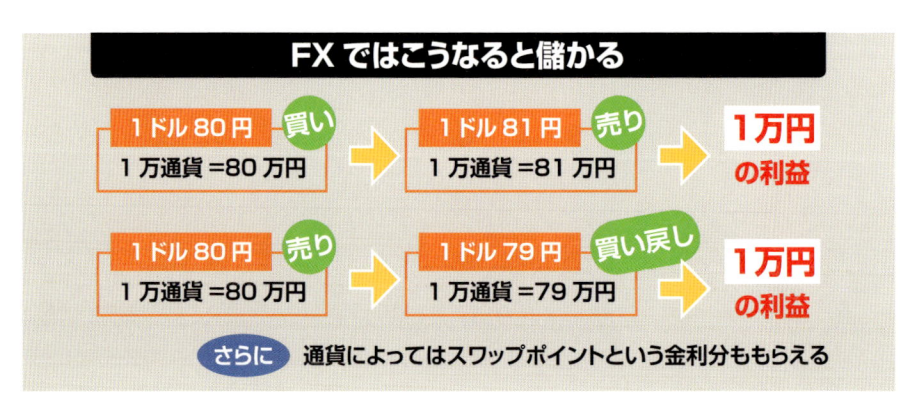

FXではこうなると儲かる

１ドル80円 買い　１万通貨＝80万円　→　１ドル81円 売り　１万通貨＝81万円　→　**１万円の利益**

１ドル80円 売り　１万通貨＝80万円　→　１ドル79円 買い戻し　１万通貨＝79万円　→　**１万円の利益**

さらに　通貨によってはスワップポイントという金利分ももらえる

ＦＸならではのメリットが５つもある！

ＦＸには、他金融商品にはないさまざまなメリットがあります。数万円程度から始められ、24時間いつでも取引できたり、スワップポイントが毎日付いたりします。どれもＦＸ特有のメリットなので、大いに活用しましょう。

メリット1　24時間取引できる

為替取引は、時差の関係で「東京→ロンドン→ニューヨーク（世界三大市場）」と取引がバトンタッチされていくため、土日を除く24時間取引することができます。世界中にある金融機関が相互に取引を行っているインターバンクを中心に、1対1の関係で通貨、数量、価格を決め、直接取引をしているのです（相対取引）。　→43ページ

メリット2　少ない元手でできる

ＦＸではレバレッジ（てこの原理）をかけることによって、少額でも取引することができます。さらに、証拠金制度というものを活用することで、元手以上の大きな取引ができるため、少額の元手で大きく儲けることもできます。　→45ページ

メリット3　毎日スワップポイントが付く

金利の安い国の通貨を売って金利の高い国の通貨を買うことで、2国間の金利差分のスワップ（交換）ポイントがもらえます。スワップポイントは毎日もらえるので、定期預金のように満期まで待つ必要はありません。　→48ページ

メリット4　倒産、上場廃止がない

株は個別銘柄で倒産や上場廃止の危険性がありますが、為替は通貨と通貨の取引なので、倒産がありません。ストップ高やストップ安などの値幅制限もないので、売りたくても売れないような状態も起こりません。

また、株は数千もの銘柄から取引銘柄を選ばなければなりませんが、ＦＸで取り扱う通貨ペアは数十種類なので、迷うことはありません。

メリット5　インサイダー取引がない

ＦＸは通貨の取引なので、インサイダー情報がありません。また、為替市場の取引量が膨大なため、一部の筋が故意に動かすことは非常に困難です。東京株式市場の取引量は売買金額ベースでおよそ2兆円ですが、世界中の外国為替市場の取引量は350兆円を超え、100倍以上の差があります。

さらに、誰でもできる！

ＦＸ口座は、20歳以上であれば口座開設することができます。レバレッジを使って少額からでも取引できるようになっているので、社会人だけでなく、主婦や大学生にも人気があります。

損しないためにも押さえておきたい3つのデメリット

　いくらFXにメリットがたくさんあると言っても、当然リスク（デメリット）もあります。損をしないためにも、デメリットも押さえておきましょう。

デメリット1　為替変動リスク

　為替レートは毎日変動しているため、素早い対処が必要な場合があります。年に数回、急激な円高局面が訪れることがあるのですが、このときは高金利通貨ほど急落が激しく、スワップポイント以上に為替差損が大きくなってしまう危険性があります。

デメリット2　金利変動

　景気の良いときは金利が上がっていきますが、景気が悪くなってくると金利が下がってきます。金利が下がるとスワップポイントも下がるので、毎日付与されるスワップポイントが将来的に減少したり、場合によってはスワップポイントがマイナス（スワップポイントを支払う）になってしまったりすることもあります。

デメリット3　カントリーリスク

　政情や財政が安定していない国の通貨は、政治的・経済的なリスクを伴います。とりわけ発展途上国の通貨は、テロや紛争などの地政学リスクが発生する可能性があるので注意しましょう。こうしたリスクが発生すると、通貨が急激に変動し、大きな損失が発生することがあります。

　たくさんあるメリットに比べれば、FXのデメリットはそれほど多くなく、マーケットの動きやニュースをチェックしてさえいれば、相当程度はコントロールできそうなものばかりです。投資に絶対安全はありませんが、リスク管理を怠らずにいれば、それほど恐れる必要はありません。

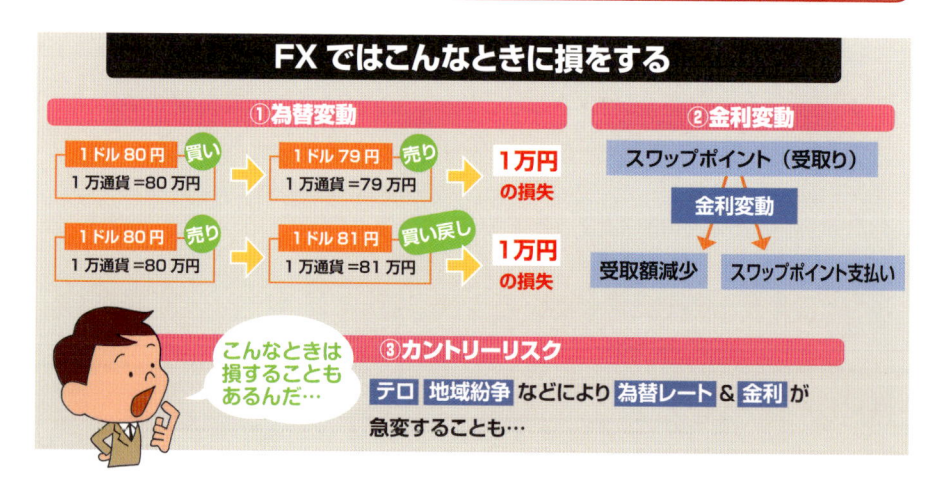

FXではこんなときに損をする

①為替変動

| 1ドル80円 買い | → | 1ドル79円 売り | → | 1万円の損失 |
| 1万通貨＝80万円 | | 1万通貨＝79万円 | | |

| 1ドル80円 売り | → | 1ドル81円 買い戻し | → | 1万円の損失 |
| 1万通貨＝80万円 | | 1万通貨＝81万円 | | |

②金利変動

スワップポイント（受取り）
↓
金利変動
↓
受取額減少　／　スワップポイント支払い

こんなときは損することもあるんだ…

③カントリーリスク

テロ　地域紛争　などにより　為替レート　＆　金利　が急変することも…

第2章
21時以降がトレードのゴールデンタイム

> 昼間働いているサラリーマンや主婦でも、空いた時間に取引できます

自分の都合に合わせて取引できる

　投資と言えば株取引が一般的ですが、いざ株取引を行おうと思っても、取引時間が限られているため、思うように取引することができないのが現実です。

　特に、日中は会社勤めや学校、家事で忙しくて、夜しか時間が空かないとなると、すでに株取引を行える時間は終了してしまっています。

　でも、FXなら24時間取引を行うことが可能です。なぜなら、為替取引は世界中で行われていて、地球の自転の方向にしたがって取引される市場が次々と引き継がれるからです。

　為替取引は月曜日の早朝にニュージーランドのウェリントン市場が開き、続いてオーストラリアのシドニー市場が開きます。

　朝8時以降は東京市場の出番です。そして、香港、シンガポール、中近東のバーレーンと続きます。夕方15〜17時以降はイギリスのロンドン市場に引き継がれます。

　夜21時以降はニューヨーク市場が開くのですが、これからの時間帯が最も活発な取引の行われる時間です。この時間帯は、サラリーマンだけでなく主婦や学生でも、夕食も終わって比較的ゆっくりできる時間だと思います。

　取引が最も活発な時間帯であるニューヨーク市場は、日本との時差が13〜14時間あります。だいたい半日くらいずれてい

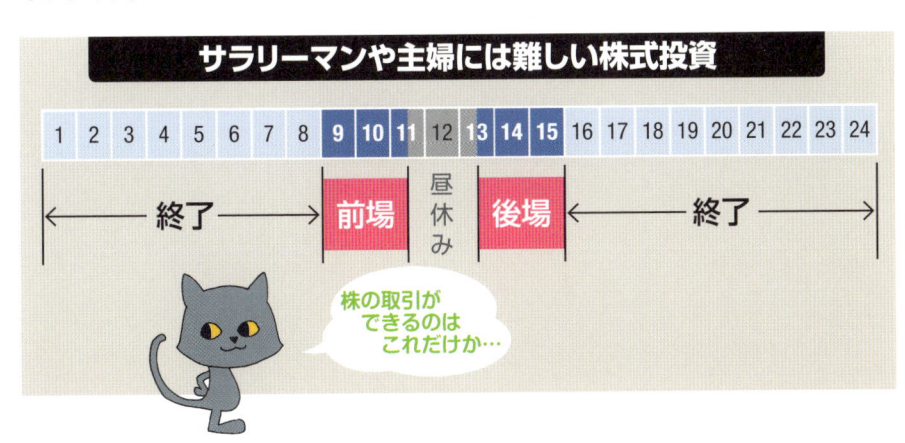

2章　ここだけ押さえる！　マナブ式基本のFX

サラリーマンや主婦には難しい株式投資

| 1 | 2 | 3 | 4 | 5 | 6 | 7 | 8 | 9 | 10 | 11 | 12 | 13 | 14 | 15 | 16 | 17 | 18 | 19 | 20 | 21 | 22 | 23 | 24 |

←　終了　→　前場　昼休み　後場　←　終了　→

株の取引ができるのはこれだけか…

43

るということは、日本が夕方ならニューヨークは朝ということになります。取引は朝からスタートしますから、「最も活発なニューヨーク市場の取引がこれから始まる」というところを、リラックスした状態で迎えられるチャンスに恵まれるのです。

　また、日本の株式市場は15時で終了しますから、その後に事件などが起こって大きな動きが予想されるときでもリアルタイムでの取引はできません。その点、ＦＸなら可能です。17時に日本のマーケットが終了してもヨーロッパのマーケットが開き、さらにニューヨークへとつながります。ニューヨーク市場が終わると再びニュージーランドのウェリントン市場に引き継がれ、これが土曜日の朝まで続くことになります。

　ＦＸは、24時間取引できるだけでなく、時差を利用できるわれわれ日本人にとって、特別なチャンスであると言えるのです。

為替相場が盛り上がるのは夕方以降、昼は安心して仕事

　取引が活発に行われている、東京市場、ロンドン市場、ニューヨーク市場は「三大市場」と呼ばれています。

　とはいえ、ニューヨークの時間が夜になっている東京市場は、参加者が少なく、それほど活発に取引は行われません。為替取引は、ロンドン市場、ニューヨーク市場と徐々に盛り上がっていくので、日中は安心して仕事や家事が行えます。

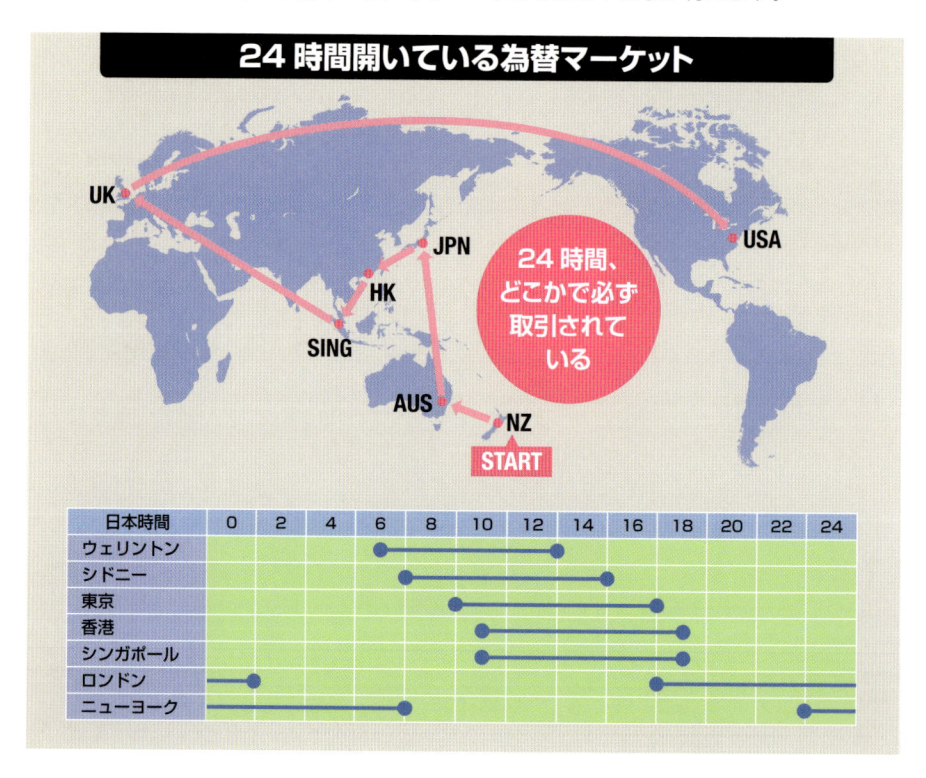

24時間開いている為替マーケット

24時間、どこかで必ず取引されている

日本時間	0	2	4	6	8	10	12	14	16	18	20	22	24
ウェリントン				●━━━━━━━━━●									
シドニー					●━━━━━━━━●								
東京						●━━━━━━━●							
香港							●━━━━━━━●						
シンガポール							●━━━━━━━●						
ロンドン	━●									●━━━━━━━			
ニューヨーク	━━━━━●											●━━━	

第2章 3

3万2000円で取引でき、1円動けば1万円儲かる

> 証拠金取引とレバレッジを活用することで、少額で大きな取引ができます！

実際のところ、いくらでできるの？

実際にFXで取引を行うとなると、いったいいくらくらい必要になるのでしょうか？ FX会社によって最低取引通貨量が1000通貨だったり1万通貨だったりと異なるのですが、==多くのFX会社が標準で採用している1万通貨で考えてみます==。

例えば、1ドル＝80円だったとします。これは、80円で1ドルと交換できるということなのですが、最低取引通貨量は1万通貨となっています。つまり、1万ドルから取引できるということ。

1万ドル＝80万円となりますから、1万通貨取引するには80万円必要になります。

80万円となると結構な額ですが、ここでレバレッジの登場です。

レバレッジとはテコの原理のことで、FX会社に「証拠金（自己資本金）」を担保として預けることで、証拠金以上の取引が可能になります。

一般的には、レバレッジは1～25倍までかけることができます。

例えば、==レバレッジ10倍なら、80万円の10分の1の8万円、レバレッジ25倍==

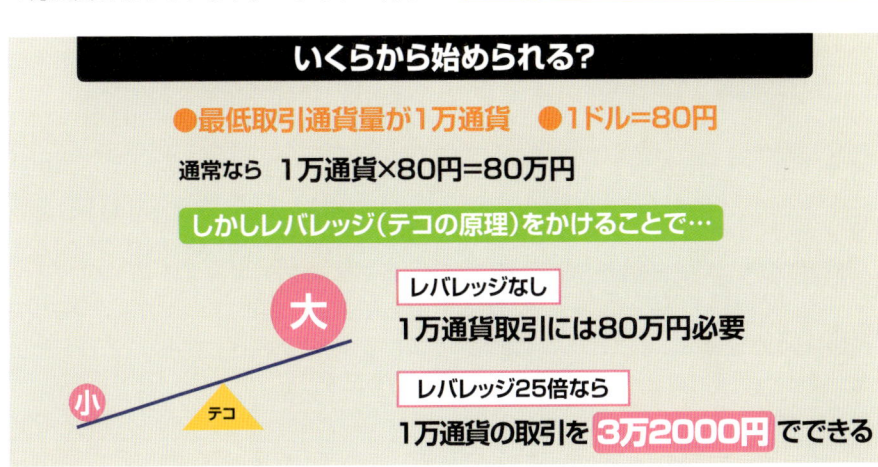

2章 ここだけ押さえる！ マナブ式基本のFX

いくらから始められる？

● 最低取引通貨量が1万通貨　　● 1ドル＝80円

通常なら　**1万通貨×80円＝80万円**

> しかしレバレッジ（テコの原理）をかけることで…

レバレッジなし
1万通貨取引には80万円必要

レバレッジ25倍なら
1万通貨の取引を **3万2000円** でできる

45

1000通貨単位で取引できるFX会社

外為ジャパン
http://www.gaitamejapan.com/

FXプライム
http://www.fxprime.com/

FXブロードネット
http://www.fxtsys.com/

サイバーエージェントFX
http://www.cyberagentfx.jp/

ヒロセ通商
http://hirose-fx.co.jp/

マネックスFX
http://www.monexfx.co.jp/

みんなのFX
http://min-fx.jp/

なら80万円の25分の1の3万2000円で取引可能ということになります。

1000通貨で始める場合はなんと3200円

また、最低取引通貨量が1000通貨の場合は、最低1000ドルから取引できるということ。1ドル80円の場合、8万円あればよいことになります。

つまり、1000通貨ならレバレッジをかけなくても8万円で取引することができます。そして、レバレッジ10倍なら8000円、レバレッジ25倍なら、なんと3200円あれば、1000通貨の取引ができるというわけです。

トレードの練習として実際の売買は行わないデモトレードを利用するという方法がありますが、真剣味を増すためにデモトレード代わりに利用してみるのもいいかもしれません。

為替レートが上がると考えるなら「ロング」

FXトレードで利益を得ようと思った場合、為替差益とスワップポイントという2つの手段があります。ここでは、そのうちの為替差益で儲かる仕組みを簡単に説明します。

為替差益とは、自分が取ったポジションの方向へ為替レートが動けば、その変動分が利益になるというものです。

これには、買いから入るロングポジションと、売りから入るショートポジションがあります。

例えば、1ドル80円だったとします。レバレッジ5倍で1万通貨取引したとすると、必要な資金は16万円です。

今後、為替レートが上がる（ドルが高くなって円が安くなる）と予想した場合は、「買い（ロングポジション）」から入ることになります。要するに、「安く買って高く売る」ことで利益を得ようという考え方ですね。

80円で1万通貨買ったあとに、予想通り81円へ上がれば（ドル高＝円安になれば）、差額の1円が儲けです。

1ドル80円で1万ドル80万円だったものが1ドル81円では1万ドル81万円になるわけですから、差額の1万円が利益になります。

これが、ロングポジションのときのトレード例です。

ロングとショートは「買い」と「売り」

ロング
「買い」
ドル高・円安
になれば儲かる

ショート
「売り」
ドル安・円高
になれば儲かる

80円で1万通貨買ったあとに、予想に反して1ドル79円へと下がってしまった（ドル安＝円高）場合は、1万ドル80万円だったものが79万円になってしまうので、差額の1万円が損失です。

為替レートが下がると考えるなら「ショート」

これとは逆に、今後為替レートが下がる（ドルが安くなって円が高くなる）と予想した場合は、1ドル＝80円で「売り（ショートポジション）」から入ることになります。

売りから入るということは、簡単に言うと、「最初に高く売って、安くなったときに買い戻す」ことで利益を得ようという考え方です。

ロングの場合は、高くなると儲かるわけですが、「あとで買い戻す」ショートの場合は安くなると儲かります。

ですから、ショートでは、1ドル80円から79円へ下がれば（ドル安＝円高）、差額の1円分が儲け。1万ドル80万円で売ったものを79万円で買い戻すわけですから、1万円の利益ということになります。

逆に、1ドル81円に上がってしまった（ドル高＝円安）場合は、1万ドル80万円で売ったものを81万円で買い戻さなくてはならないので、1万円の損失になります。

「下がっても儲かる」ショートポジションの考え方を理解するのが、FXトレーダーとしての成功への近道です。是非、マスターしましょう。

マナブ式 儲けのコツ

レバレッジをかけた運用は、為替差益やスワップポイントにも反映されるので、少額で大きなリターンが期待できる半面、ちょっとした変動で大きな為替差損をこうむってしまう可能性もあります。

FXを初めて行う場合は、レバレッジを5倍程度に抑えて行うか、取引単位を抑えて1000通貨単位から行うとよいでしょう。

第2章 4 お小遣い感覚でもらえるスワップポイント

ダントツの低金利通貨・円を売って外貨を買えば、ほとんどのケースで受け取れます

金利差＝スワップポイント

FXは通貨取引のため、2国間の金利に差があると、スワップポイント（スワップ金利）がもらえます。

円のような低金利の通貨を売って、高金利の通貨を買うと、その金利差分をスワップポイントとして、毎日受け取れます。

現在、世界の主要通貨のほとんどが日本円よりも高金利なので、==日本円で外国通貨を買えばほとんどの場合スワップポイントを受け取ることができます。==

逆に、売りから入った場合は、毎日スワップポイントを払わなければなりません。毎日いくらスワップポイントがもらえるのかは、各FX会社が毎日発表しています。

実際は為替差損益と合算される

実際の取引では、為替差益にスワップポイントが加わる形になります（下図参照）。

こうして見ると、もれなくスワップポイントが受け取れる買いポジションの方が有利に見えますが、そう単純ではありません。

為替差損益とスワップポイントは合算される

●ドル円を10日間保有していたらどうなる？（スワップポイント3円時）

ロングポジションで1万円の差益が出た場合
為替差益1万円 ＋ スワップポイント3円×10日間【受取り】 ＝ **1万30円**

ショートポジションで1万円の差益が出た場合
為替差益1万円 － スワップポイント3円×10日間【支払い】 ＝ **9970円**

ロングポジションで1万円の損益が出た場合
為替差損－1万円 ＋ スワップポイント3円×10日間【受取り】 ＝ **▲9970円**

ショートポジションで1万円の損益が出た場合
為替差損－1万円 － スワップポイント3円×10日間【支払い】 ＝ **▲1万30円**

ドル・円の為替相場で==円高の傾向が続いてしまうと、スワップポイントでは補えないほどの為替差損が発生する==からです。投資ですから、「こっちが絶対儲かる」「絶対損しない」ということはないんですね。

スワップポイント目的でトレードするなら

スワップポイント目的で高金利通貨を保有し続ける、という戦略もあります。

各通貨ごとのスワップポイント

取扱通貨	スプレッド 単位:Point	取引証拠金(個人) 単位:円	スワップポイント 単位:円 売	スワップポイント 単位:円 買
米ドル／円	1	32,000	-10	5
ユーロ／円	2	40,500	-8	3
英ポンド／円	5	50,200	-21	16
豪ドル／円	5	32,700	-90	85
NZドル／円	6	25,600	-50	45
カナダドル／円	5	31,400	-28	23
スイスフラン／円	5	33,700	0	-5
豪ドル／スイスフラン	6	32,700	-100	85
豪ドル／NZドル	10	32,700	-33	23
豪ドル／米ドル	2	32,700	-85	80
ユーロ／豪ドル	8	40,500	95	-105
ユーロ／カナダドル	7	40,500	12	-25
ユーロ／スイスフラン	5	40,500	-17	7
ユーロ／英ポンド	4	40,500	0	-10
ユーロ／NZドル	12	40,500	58	-70
ユーロ／米ドル	1	40,500	0	-5
英ポンド／豪ドル	9	50,200	105	-117
英ポンド／スイスフラン	9	50,200	-30	20

出所：外為オンライン　2012年7月現在

> 円を売って外貨を買うときはほとんどでスワップポイントがもらえるんだ！

木曜日早朝ならスワップポイントは3倍

月　火　水　**木**　金　土　**日**　月

ロールオーバー → スワップポイント

ロールオーバー → スワップポイント

ロールオーバー → スワップポイント

ロールオーバー → スワップポイント ×3

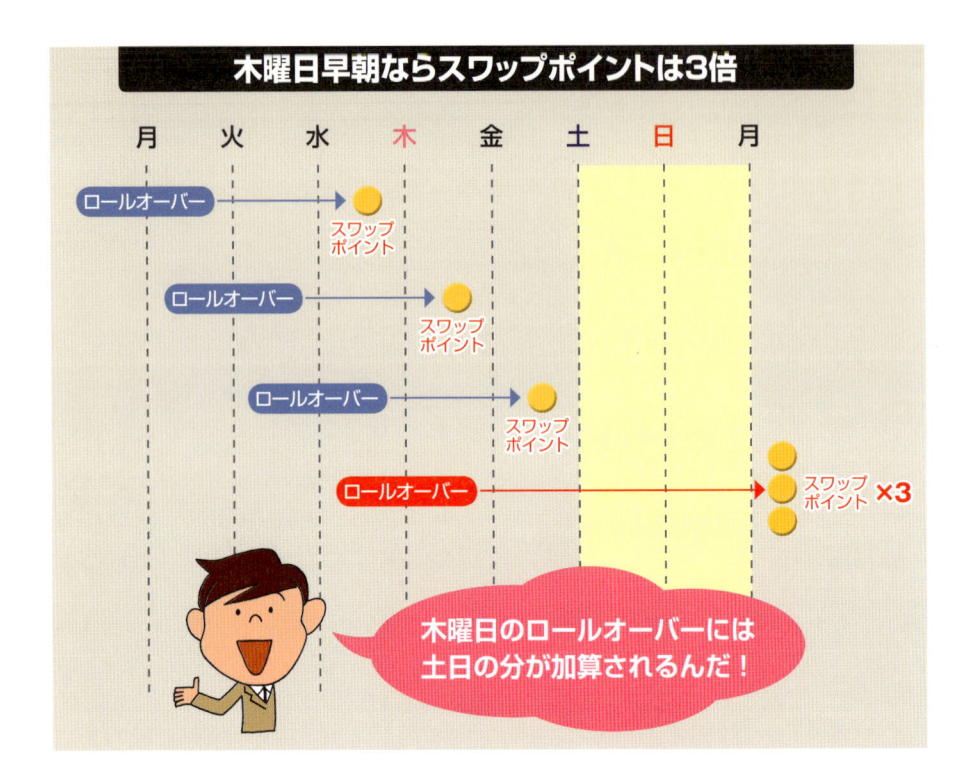

木曜日のロールオーバーには土日の分が加算されるんだ！

　例えば、低金利の日本円を売って高金利通貨であるオーストラリアドルを買うと、2012年7月現在、1万通貨当たり1日約85円のスワップポイントが付きます。このスワップポイントは日によって若干変動しますが、オーストラリアの金利が変わらない限り、毎日継続して付きます。

　スワップポイントは土・日、祭日関係なく毎日もらえるので、==1年間豪ドル・円を1万通貨保有したとすると、85円×365日＝3万1025円のスワップポイントが付与==されます。

　しかも、スワップポイントは証拠金の額ではなく、保有通貨量によって決まるので、レバレッジをかけて運用した保有ポジションにもそのまま付きます。

　ポジションを保有しただけで、毎日お小遣い感覚でスワップポイントがもらえることになります。FX会社によっては、ポジションを決済しなくてもスワップポイントだけ引き出すことのできるところもあります。==スワップポイントを銀行金利のように考えるなら、日本の銀行に預けておくより、断然お得==ということになりますね。

　ただし、スワップ金利目的でポジションを保有した場合、為替変動リスクと政策金利の変動に注意しなければいけません。比較的中・長期で保有することが多いので、レバレッジを2〜3倍程度にして為替変動リスクを押さえ、政策金利に変動がないか常にチェックする必要があります。

木曜日の早朝なら3日分のスワップポイントがもらえる！

また、FXは原則2営業日後の取引なので、水曜日に買いポジションを持った場合＝木曜日の早朝6、7時を迎えた場合、2営業日後は土日となり取引がされないので、水曜日のスワップ金利は土日の分を含めて3日分付きます。

つまり、<mark>木曜日のスワップポイント付与時間にポジションを持っていれば、3日分のスワップポイントが付く</mark>のです。

そのため、木曜日などはスワップポイントのボーナスデーなどと言います。

さらに、ゴールデンウィークのように、土日のあとに祭日や振替休日が続くと一気に5〜6日分のスワップポイントがもらえるときもあります。

スワップポイントねらいでポジションを持つ場合は、1日中持っている必要はありません。<mark>大切なのは、スワップポイントが付与される時間にポジションを持っていること。</mark>

スワップポイントが受け取れる時間帯はFX会社によって異なりますが、だいたい早朝の6、7時が多いです。

その時間の少し前にポジションを持てば、為替変動のリスクをほとんど負わずにスワップポイントが受け取れるわけです。

では、スワップポイントが付く瞬間は一体どうなるのでしょう？ スワップポイントが付与される前後の短い時間（10分から1時間程度）、各FX会社ともメンテナンス中となって、取引が一時停止になるのです。その間にスワップポイントが付与されて、再び取引再開となります。

スワップポイントねらいならスプレッド固定のFX会社を

ただし、このようなことを考えるトレーダーは結構いるので、普段では見られないような歪みがマーケットに生じてしまうことがあります。

その1つが、このときだけ、スプレッドが大きく開いてしまうことがある、というものです。

この手法をメインにしたいと考えるなら、<mark>スプレッドは固定のFX取引会社を選択するのがよい</mark>でしょう。

2章 ここだけ押さえる！ マナブ式基本のFX

マナブ式 儲けのコツ

スワップポイント目当てで、中長期で保有するならレバレッジを2〜3倍程度にして為替変動リスクを抑えましょう。

いつでもポジションを決済できるのがFXのメリットの1つですから、なんらかの出来事で急激な変動があった場合は無理して持ち続けず、貯まったスワップポイントが為替差損で打ち消されないうちに決済してしまいましょう。

第2章 5 トレードスタイルで取引する通貨ペアを選ぼう

> 数千銘柄もある株式投資に比べて、FXの取引通貨は選びやすい数です

通貨ペアは数十種類 選択肢として丁度いい数

　ＦＸで取引できる通貨ペアは、取引会社によって異なりますが、だいたい数十種類あります。最もなじみの深いアメリカドルと日本円の通貨ペアであるドル・円をはじめ、ヨーロッパのユーロやイギリスのポンド、オーストラリアの豪ドルなど、さまざまです。

　それでも、選択肢が多すぎて困るということはなく、丁度いい数だと僕は思います。

　株取引の場合、銘柄数は数千種類以上あるので、いったいどれにしたらよいのか迷ってしまいます。

　ＦＸでは取引できる通貨ペアが数十種類程度なので、==通貨ペアごとの特徴などを吟味して選択することが可能==です。さらに、異なる特徴を持つ通貨ペアを組み合わせて、さまざまな投資戦略を立てることもできます。

初心者向けの「ドル・円」 デイトレなら「ユーロ・円」

　==初心者向けの通貨ペアは**ドル・円**==です。ドルは基軸通貨として世界中のさまざまな貿易の決済で使われ、日本国内で手に入る情報量も多く急激な値動きの少ないのが特徴です。

　あまり値動きのない日もあるので、==スキャルピングやデイトレをやりたいなら、ある程度値動きのあるユーロ・円やポンド・==

マナブ式目的別オススメ通貨ペア

初心者向け
ドル・円

スキャルピング＆デイトレ
ユーロ・円　ポンド・円　ユーロ・ドル
カナダドル・円　ポンド・ドル

スワップポイントねらい
豪ドル・円　南アランド・円
豪ドル・ドル

リスク回避
スイスフラン・円
ドル・スイスフラン

円、ユーロ・ドルがよいでしょう。

スワップポイントねらいなら、豪ドル・円や南アフリカランド・円などの高金利通貨がオススメ。

ただし、ひとたびリスク回避の動きが始まると、貯まったスワップポイント以上に為替差損が発生することがありますので、注意してください。

リスク回避通貨であるスイスフラン・円にも注目。近年では、有事のドル買いよりも有事のスイスフラン買いの方が優勢なこともありますから、人気が高まっています。

ちなみに、「急激な円高」という言葉からもわかるように、リスクが発生したときに一番強いのはスイスフランではなく、日本円です。

各通貨の特徴については、5章でくわしく説明します。

ドル・円以外の円がらみの通貨ペアであるユーロ・円、ポンド・円などは、まとめて「クロス円」と呼ばれています。

また、ドルがらみの通貨ペアであるドル・円やユーロ・ドル、ポンド・ドルは、「ドルストレート」と呼ばれます。「ドル・円に比べて、クロス円の値動きは軟調でした」といった使われ方をするので、覚えておきましょう。

「円高」と「円安」どちらもドルに対する表現

ここまでも、たびたび登場した表現ですが、「円安」「円高」とは、なんだかわかりにくいですよね。でも、為替取引だけでなく、普段の生活でも頻繁に使う言葉です。

考え方さえわかれば全然難しくないので、おさらいしましょう。

簡単に言うと、円高は「ドルに対して円の価値が高くなること」、円安は「ドルに対して円の価値が安くなるということ」を言います。

円高の場合だと、円が強いので輸入品や原材料などを安く買ったり、海外旅行に行ったときの支払いが安く済みます。

逆に円安だと、海外で物を売った輸出企業が、ドルを円に買えるときに、売り上げが同じなのに日本円の額が増えるので、輸出企業に有利です。

そして日本の場合、大企業をはじめ輸入よりも輸出に頼っている企業が多いため、円安よりも円高の方が不利に働きます。

例えばトヨタ自動車は、1円円高に動くだけで、350億円以上の利益を失うと言われています。

だからと言って、急激に円安が進んでしまうと、資源や食料品の多くを輸入に頼っている日本の場合、物価が上昇して家計を圧迫してしまいます。

「円高」というよりも実情は「ドル安」

円高がいいのか円安がいいのかは、対象が輸出企業か輸入企業なのかによって変わってきますので一概には言えません。ただ、リーマンショック以降、日本の円が強くて円高になっているというよりは、アメリカのドルが弱くなったために円が強くなっているという状況は、あまりよくありません。

この場合、アメリカの景気回復を待つような形になってしまうので、日本政府として為替介入以外にも対処が必要になっています。

第2章 6

FX会社はここで選ぶ！

信頼度と自分のトレードスタイルとの相性で取引口座を決めましょう！

口座開設は1つに限定する必要はない

　実際にFXを始めようとする場合、真っ先に必要なのが取引口座です。FX会社に口座開設を行う必要があります。

　FX会社の選び方ですが、いくつかのチェックポイントがあります。まずはその会社の信頼度を見てください。取引口座数や取引高、自己資本比率の高いFX会社なら安全でしょう。

　また、FX会社選びには、自分がどのようなスタイルでFXを行うかも関係します。例えば、頻繁に売買して取引回数が多くなる場合は、スプレッドが小さいFX会社、中・長期で保有する目的なら、スワップポイントが高いFX会社、充実したテクニカル分析や高機能チャートを使いたければ、そのようなサービスを提供しているFX会社になります。

　取引手数料に関しては、ほとんどのFX会社が無料なので、それほど気にしなくてもよいでしょう。

　FX取引に使う口座は、なにも1ヵ所しか開設してはいけないということはありません。複数のFX会社で口座を開設することも可能です。

　最近は、携帯電話やスマートフォンなどのモバイル環境で取引できるFX会社がほとんどです。モバイル取引が多い人は、

FX会社のチェックポイント

トレードスタイルとの相性			
	・スプレッド	・取引画面の使いやすさ	・ニュース・お知らせ
	・スワップ	・注文方法	・モバイル環境への対応
	・通貨ペア	・チャート機能	・各種サポート

信頼度	・自己資本比率	・取引口座数	・取引高

画面が小さい分、取引画面は見やすいか、ニュースやチャートはきちんと閲覧できるのかどうかなどを、しっかり確認しておいてください。

　各FX会社とも、口座数や取引数を増やそうと、さまざまなキャンペーンを行っています。口座開設でプレゼントがもらえるもの、取引量に応じてキャッシュバックがあるもの、家電や食品がもらえるものなどさまざまです。

　キャンペーンはかなりバリエーションに富んでいますので、これらのキャンペーンに参加するのも、1つの楽しみだと言えそうです。

デモトレードを行う

　FX会社の中には無料でデモトレードが行えるところもあります。

　仮想資金が準備されているので、本番取引するのに不安がある場合や、取引画面や各種サービスがどのようなものなのか確認したい場合に利用してみるとよいでしょう。名前やメールアドレスなどの簡単な登録で、すぐにデモトレードを行うことができます。

マナブ式 儲けのコツ

外為どっとコムが提供しているバーチャルFXでは、仮想資金で取引した結果で、20万円相当の地金や家電、食品などの豪華賞品がもらえます。参加はもちろん無料で、取引も仮想資金なのでまったくお金がかかりません。それにもかかわらず、上位入賞すると豪華賞品がもらえるので、デモトレードでは物足りない方は、ぜひ試してみてください。

第2章 7

2WAYプライスとスプレッドが大切

> FXの場合は、取引手数料よりもスプレッドに注目しましょう!

買うときの値段と売るときの値段が違う

　経済ニュースで「現在1ドル80円10銭から12銭の間で取引されています」というフレーズを聞いたことがあるでしょう。これは2WAYプライスと呼ばれていて、買値を「Ask（アスク）」、売値を「Bid（ビッド）」と言います。そして、その差をスプレッドと言います。

　例えば先ほどの場合では、80円12銭が買値、80円10銭が売値となるので、80円12銭でロングポジションを約定しても、売るときは80円10銭と、取引直後は2銭分のマイナスになります。このスプレッドはFX業者によって異なります。

　スキャルピングやデイトレードのように短期売買を行う場合は、スプレッドの狭いFX会社がお得です。スプレッドが小さいFX業者はスワップポイントが若干少なく、スプレッドが小さくないFX業者はスワップポイントが多少高めに付与される傾向があります。

　スプレッドを表す単位は「pip（ピップ）」や「ポイント」、「銭（せん）」などですが、ユーロ・ドルやポンド・ドルなど外貨同士の通貨ペアの場合はpip（複数形はpips）で表すのが一般的です。

　FX会社の口座を複数開設して、スキャルピングやデイトレード用のFX会社と、スワップポイントを目的としたFX会社を使い分けるとよいでしょう。

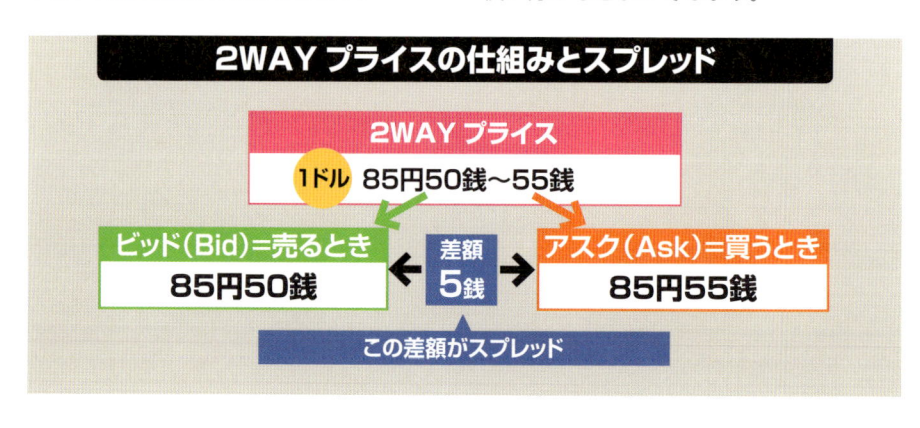

2WAYプライスの仕組みとスプレッド

2WAYプライス
1ドル 85円50銭〜55銭

ビッド(Bid)＝売るとき
85円50銭

← 差額 5銭 →

アスク(Ask)＝買うとき
85円55銭

この差額がスプレッド

2WAYプライスで透明性が確保される

2WAYプライスのように、なぜ価格が2つ提示されているのかというと、1つはFX会社の手数料、もう1つは透明性を確保するためです。

つまり、スプレッドはFX会社のマージンのようなもので、取引手数料0円の代わりに、スプレッドで利益を上げているのです。

また、もし価格が1つしか表示されていなかったら、FX会社がいったいいくらのスプレッドを取っているのか全くわからなくなってしまうので、FX会社による不正を防止して、透明性の高い取引を行える、という役割も担っているのです。

約定スピードと約定率にも注目！

注文する際は、一見すると買値と売値の差であるスプレッドに目が行ってしまいがちですが、別の要因として約定スピードと約定率も影響してきます。

たとえスプレッドが狭くても、約定スピードが遅いと注文した価格がすでにずれてしまった状態で約定してしまったり、約定率が低いと成行注文がすべってしまって、思わぬ高値づかみをしてしまうことがあります。

スプレッドだけでなく、約定スピードや約定率なども見て総合的に判断するとよいでしょう。

主なFX会社のスプレッド比較

会社名	ドル円	ユーロ円	ポンド円	豪ドル	スイス	ランド	ユーロドル
インヴァスト証券（固定）	0.8	1.4	2.2	1.8	2.8	2.0	0.9
マネーパートナーズ（約定率100%）	0.5	1.5	3.5	1.5	4.8	4.6	1.8
外為ジャパン（ポンド円極狭）	0.4	0.7	1.2	1.2	2.7	2.5	0.6
FXプライム（固定）	1.8	2.8	4	2.8	4	3	2
ライブスター証券（スプ極狭）	0.8	1.8	2	1.5	2.9	4.5	1.2
FXトレーディングシステムズ	0.3	0.8~1.2	4.7	3.6	3.8	6.4	0.5~0.9
みんなのFX（売買シグナル有）	0.5~1.0	0.9~1.8	1.6~2.2	1.9~2.5	変動	変動	0.9~1.6
FXCMジャパン証券（固定）	0.6	1.9	4	5	4	7	0.9
DMM.com証券（取引ポイント高）	0.4	0.8	1.3	1.2	2.4	1.9	0.6
サイバーエージェントFX	0.4	1.0	1.8	1.2	2.4	1.9	0.8
外為オンライン（固定）	1	2	3	3	5	5	1
SBIFXトレード	0.19	0.79	1.29	1.19	2.99	1.89	0.59
GMOクリック証券（固定）	0.4	0.8	1.3	1.2	2.4	1.9	0.6

2012年7月現在　　　　　　1万通貨あたり、単位：銭

第2章 8

FXで駆使したい
7つの注文方法

> 自動売買的に使えるなど、FXには便利な注文方法がたくさんあります

最初は成行注文、損失限定には逆指値を

ドルが上がると思ったら買い（ロング）、逆に下がると思ったら売り（ショート）の注文を出せばよいのですが、実際にトレードをするときには、数種類ある注文方法の中からどれかを選ぶ必要があります。

例えば、現在の価格ですぐに約定＝注文成立させることができる成行注文や、指定した価格で注文が出される指値注文のほか、相場の変化に臨機応変に対応できる便利な注文方法があります。

==初めのうちは成行注文や指値注文を行って==、慣れてきたらほかの注文方法にもチャレンジしてみてください。

例えば、指値注文と逆で現在のレートよりも不利なレートを指定して注文を行う==逆指値は、損失を限定させるストップロスとして使うことができます。==

80円50銭で約定したポジションを、80円で逆指値の設定をすることで、仮にレートが78円まで下がってしまっても、途中の80円で自動的に決済注文が出されます。本来なら80円50銭から78円までの下落分・2円50銭の損を出していたところを、80円50銭から逆指値設定の80円までの50銭の損失に限定できます。

それ以外の注文方法も、うまく使いこなせるようになれば、チャンスが広がります。

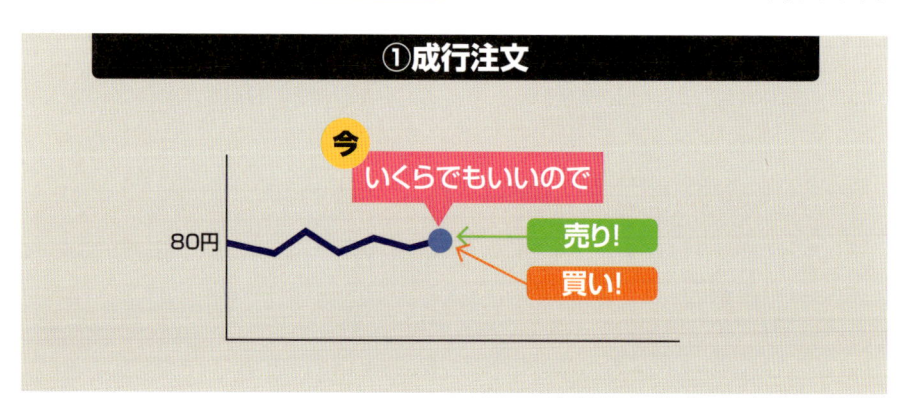

①成行注文

今
いくらでもいいので
80円
売り！
買い！

【①成行注文（クイック、ストリーミング）】

現在のレートですぐに買ったり売ったりしたい時に使う注文方法です。ただし、為替レートは絶え間なく変動しているため、==表示されたレートとずれて約定してしまうことがあります==。

このズレの許容範囲は、あらかじめ「スリッページ」で設定できたり、レートがずれてしまった場合には約定せずに再提示などが行われるFX会社もあります。

【②指値注文（リミット）】

売買を成立させたい価格を指定して注文を出す方法です。買い注文は現在の値段より安い値段で出し、売り注文は現在の値段より高い値段で出します。つまり、==現在のレートより有利なレートを指定して行う注文方法==と言えます。ただし、指定したレートに達しないと売買が成立しないため、すぐに取引したい場合には不向きです。

【③逆指値注文（ストップ）】

指値と同じく、価格を指定して注文を出す方法ですが、==指値と違って現在のレートより不利なレートを指定して行う注文方法==です。買い注文は現在の値段より高い価格で出し、売り注文は現在の価格より安い価格で出します。そうすることで、保ち合い

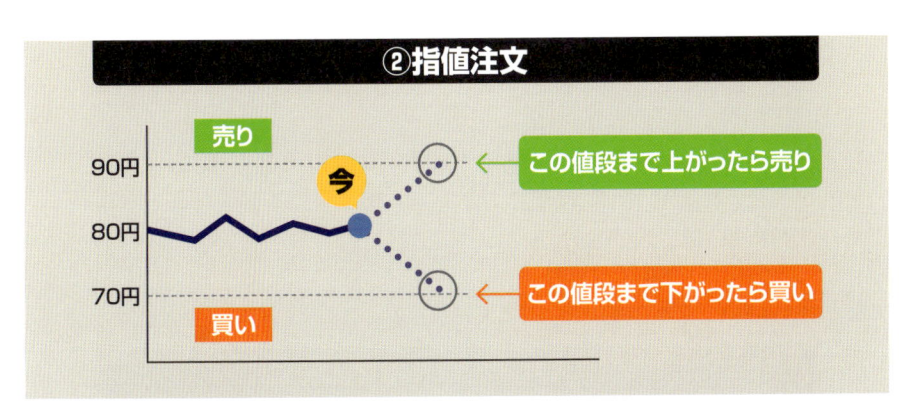

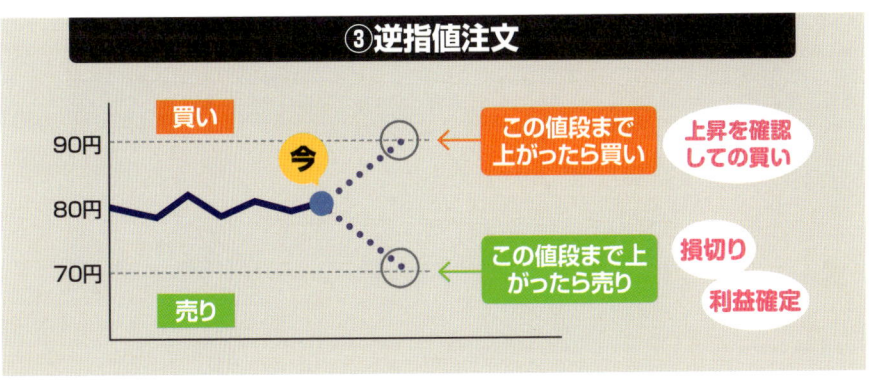

状態から放れたときに買いを約定させたり、損失限定の決済をさせたりという注文を出しておくことができます。

【④IFD（イフダン）注文】

If done order の略で、新規注文とその注文が成立したら自動的に有効となる決済注文をセットで出す注文方法です。

例えば80円で買い指値を入れたあと、81円で利益を確定させるための指値注文を入れたり、逆に79円の逆指値売りを入れることもできます。

【⑤OCO（オーシーオー）注文】

One Cancels the Other order の略で、新規で指値注文、または逆指値注文を同時に出し、一方の注文が成立すると、他方の注文が自動的にキャンセルされる注文方法です。

例えば、現行レートが80円のとき、79円に出す指値と81円に出す逆指値を同時に出し、79円（81円）で約定したら、も

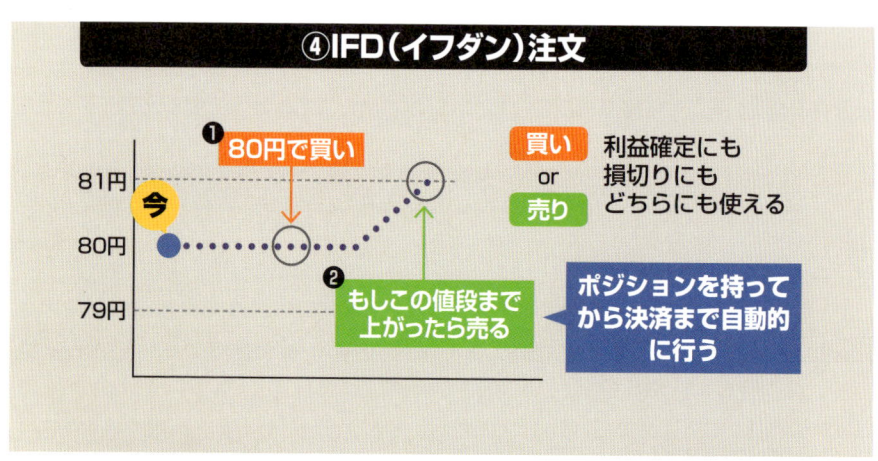

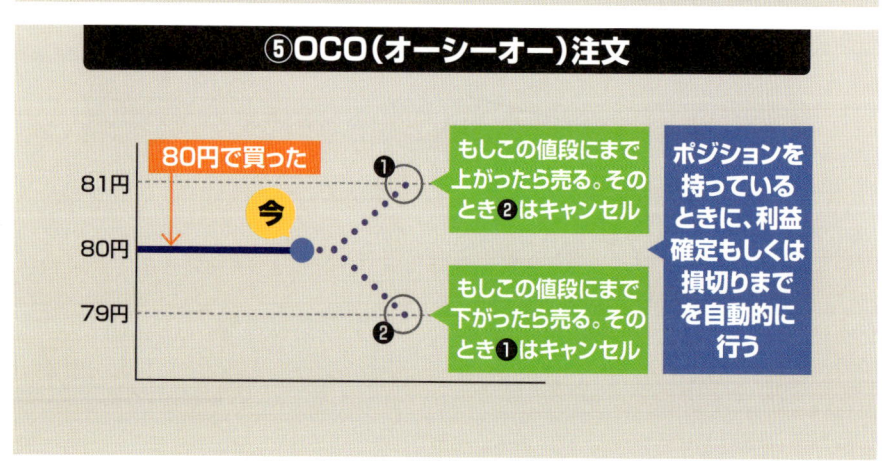

④IFD（イフダン）注文

- ❶ 80円で買い
- ❷ もしこの値段まで上がったら売る

買い or 売り

利益確定にも損切りにもどちらにも使える

ポジションを持ってから決済まで自動的に行う

⑤OCO（オーシーオー）注文

80円で買った

- ❶ もしこの値段にまで上がったら売る。そのとき❷はキャンセル
- ❷ もしこの値段にまで下がったら売る。そのとき❶はキャンセル

ポジションを持っているときに、利益確定もしくは損切りまでを自動的に行う

⑥IFDO（イフダンオーシーオー）注文

- **❶ 80円で買い**
- 81円 — **❷ もしこの値段にまで上がったら売る。そのとき❸はキャンセル**
- 79円 — **❸ もしこの値段にまで下がったら売る。そのとき❷はキャンセル**

ポジションを持ってから、利益確定もしくは損切りまでを自動的に行う

う片方の81円（79円）の注文は自動的に取り消されるという注文方法です。

例えば80円の買い保有ポジションがあるときには、81円の利益確定注文と79円の損切り注文を同時に出しておくことができます。

【⑥IFDO（イフダンオーシーオー）注文】

If Done ＋ One Cancels the Other order の略で、ＩＦＤとＯＣＯを組み合わせた注文方法です。新規で指値注文、または逆指値注文を出し、同時に利益確定と損失確定の決済注文を出すことができます。ＩＦＤの決済注文としてＯＣＯの方法を用いて利益確定の注文と損失確定の注文を同時に出しておくことが可能です。

例えば、80円で指値を出し、それが約定した場合、自動的に81円の利益確定注文と79円の損失確定注文を同時に出すことができます。

【⑦トレール注文】

トレール（trail）とは「後ろについて行く」という意味で、為替レートが動くと常に一定の値幅で自動的に逆指値の注文価格を上げたり下げたりしてくれます。

一度大きな利益が出ていたのに、その後反転して利益が減ってしまうことがありますが、そんなとき、このトレール注文が役に立ちます。

トレール注文を出しておくと、相場が上昇すれば利益確定分の注文もトレール幅分上昇します。仮に相場が反転して下落したとしても、そのトレール注文で増えた分は下落しないので、当初設定した利益よりもトレール幅分上昇した利益が上乗せされるのです。

これを利用すれば、「あの上がったときに売っておけばよかった……」という後悔をしなくて済みます。

値幅は自分で好きな幅に設定できるので、「損失リスクを限定しながら利益の拡大をねらう」ことが可能になります。

ＦＸ会社によってはトレーリングストップ注文とも言います。

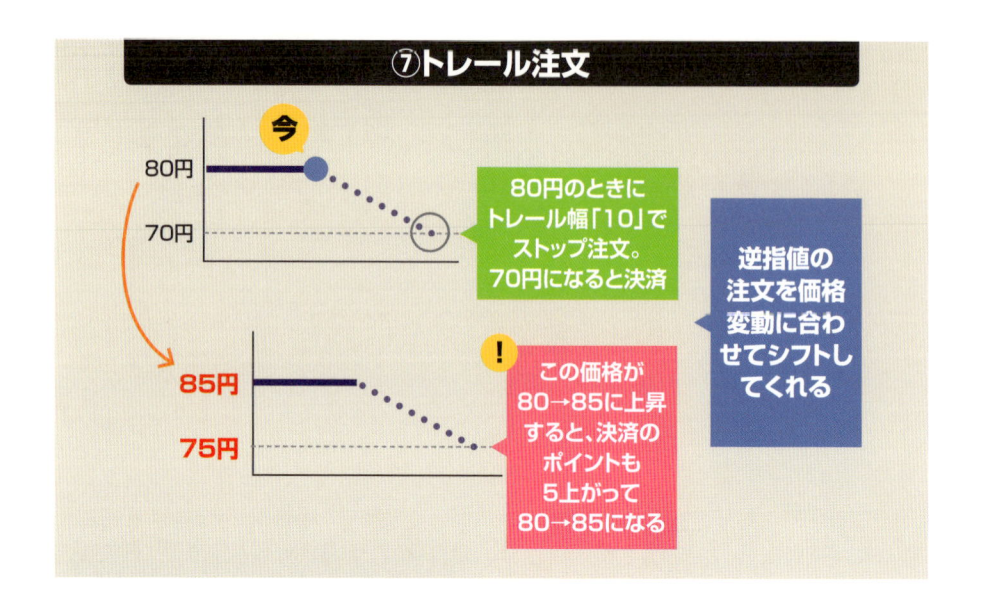

⑦トレール注文

80円のときにトレール幅「10」でストップ注文。70円になると決済

逆指値の注文を価格変動に合わせてシフトしてくれる

この価格が80→85に上昇すると、決済のポイントも5上がって80→85になる

トラップリピートイフダンとは？

一度設定した注文を何度もリピート（くり返し）し、特定の範囲内で自動売買のような注文を行える「トラップリピートイフダン」という注文方法があります。

トラップリピートイフダンは、「ＩＦＤ（イフダン）」に、「トラップ」（罠）、「リピート」（くり返し）、という単語を組み合わせてつくられたものです。

「トラリピ」「トラッピ」とも呼ばれていて、マネースクウェア・ジャパンというＦＸ会社でのみ利用できる注文方法です。

==ＩＦＤ（イフダン）は、一度に２つの注文を出して、最初の注文が約定したら、次の注文が自動的に出されるという注文方法でしたが、これを何度もリピートして自動的に売買される機能が、トラップリピートイフダン==になります。

例えばドル・円のトラップリピートイフダン注文で、次の3つのトラップを仕掛けたとします（右図参照）。
① 80円で買って、80円50銭で利益確定売り。
② 80円50銭で買って、81円で利益確定売り。
③ 81円で買って、81円50銭で利益確定売り。

ドル・円レートが80円から81円50銭まで動くとそれぞれ約定するので、1回で合計1円50銭の利益が得られます。

レンジ相場が続く限り利益は積み上がっていく

この注文はくり返されるので、ドル・円が再び80円まで下落してもう一度81円50銭を目指すようなレンジ相場となった場合、再度注文が執行されるので、さらに

トラップリピートイフダン

例えば80円から81円50銭のレンジ相場が形成されているような場合…

3つのトラップを仕掛ける
① 80円 買い → 80円50銭 売り（利確）
② 80円50銭 買い → 81円 売り（利確）
③ 81円 買い → 81円50銭 売り（利確）

レンジ相場が続く限り何度でも売買をくり返す

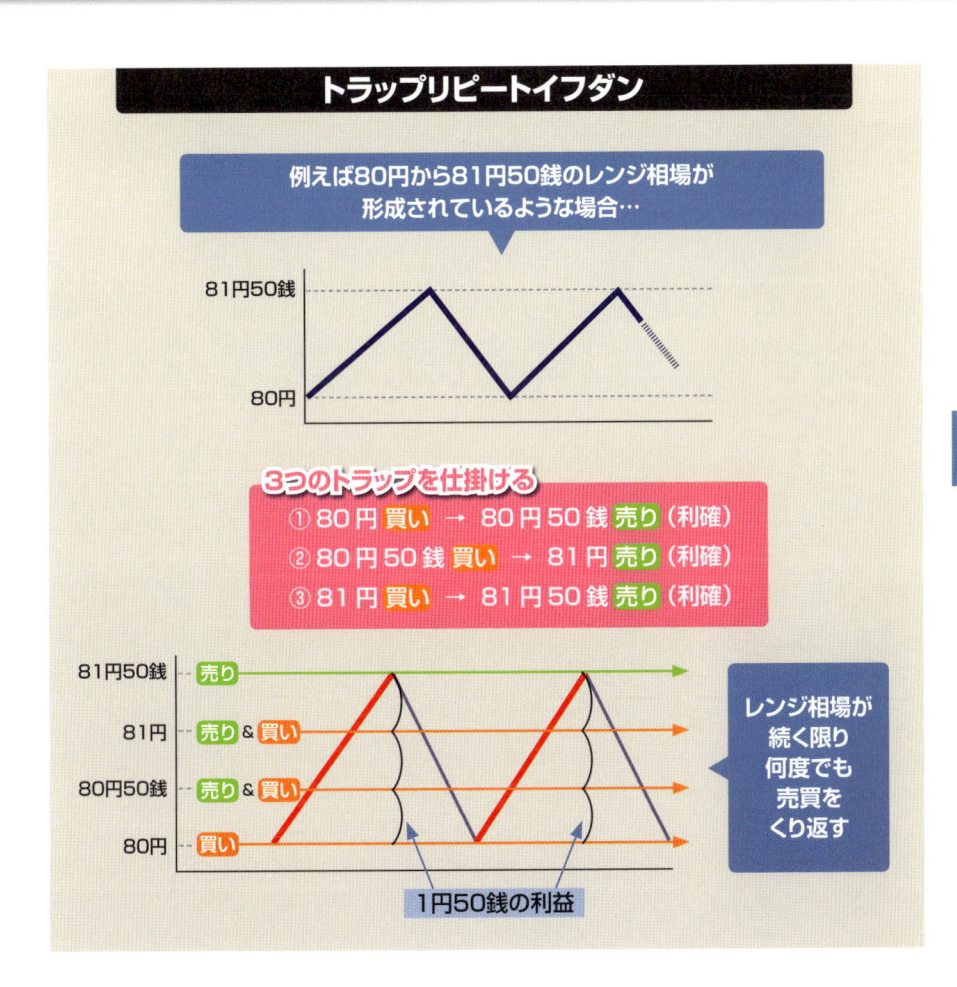

1円50銭の利益

1円50銭の利益が得られます。

ということは、80円～81円50銭の<mark>レンジ相場が続く限り、自動的に何度も1円50銭の利益が得られる</mark>のです。利益は「1円50銭×レンジ相場の回数」となります。同じレンジで数十回程度動くことは珍しくありませんから、これなら「塵も積もれば山となる」です。レンジ相場で最適な注文方法と言えるでしょう。

逆にいうと、ポジションを保有したまま80円を切ってしまうと、そのまま損失が拡大していってしまうので、レンジ相場が終了してしまったときは要注意です。損失を限定する逆指値の設定ができますので、必ず設定しておきましょう。

なお、トラップを仕掛けるポイントは、1つのトラップで大きく稼ぐというよりは、細かいトラップを複数しかけて、少ない利益を何度も積み上げていくことです。

また、ロット数を低くして、レンジ幅を広く仕掛ける方法も有効です。

自分にあったトレードスタイルを見つけよう！

スキャルピング

ポジション保有時間／為替差益／スワップ金利／売買回数

技術と経験でコツコツ稼ぐ

　数pipsの利益を取れたらすぐに決済する、ということをくり返して、数十秒から数分以内に取引を終了する超短期トレードスタイルです。スワップポイントの支払いを気にすることなく取引できるので、高金利通貨でもショートポジションを取るのに抵抗がありません。積み上げてきた利益を一度の損失で失うこともあるので、それなりの技術と経験が必要です。

デイトレード

ポジション保有時間／為替差益／スワップ金利／売買回数

値動きの活発な時間帯をねらう

　1日で取引を終了するもので、日に何回も取引をして利益を積み重ねることもできます。
　スキャルピングと同じく、スワップ金利の支払いを気にすることなく取引できます。経済指標発表や要人発言などのイベントがある日や、値動きの活発な時間帯など、ボラティリティ（変動性）の高い時をねらって取引すると効率がよいでしょう。

スイングトレード

ポジション保有時間／為替差益／スワップ金利／売買回数

サラリーマンや主婦に向いている

　数日から数週間で行うトレードで、ある程度大きな為替差益とスワップポイントをねらっていきます。
　保有期間はそれほど長くないので、スワップポイントの支払いが発生するショートポジションも取りやすいです。サラリーマンやOL、主婦といった人が、夜の自由な時間を利用して投資する場合、スイングトレードになることが多いです。

中長期トレード

ポジション保有時間／為替差益／スワップ金利／売買回数

レバレッジを抑えるのがポイント

　ポジションを、数ヵ月から数年の間保有するスタイルです。大きな為替差益や、大量のスワップ金利をねらうことができます。
　中・長期トレードでスワップ金利をねらう場合は、急激な為替変動にも耐えられるよう、レバレッジを抑えて投資するのがコツです。為替取引を資産運用のポートフォリオの一部としてとらえる場合は、ゆっくりじっくりと長く保有するとよいでしょう。

第2章 9 マージンコールと強制決済

最悪のシナリオを想定しておくことで、リスク管理は万全になります

損失が大きくなり過ぎると追加の証拠金が必要になる

ポジションを持ったあと、自分の思った方向と逆に相場が動くと損失が発生することがあります。

FX取引では、FX会社に「証拠金（保証金）」を預けて、「レバレッジ」を効かせ取引をしています。もしレバレッジをかけた状態で損失が拡大していくと、預けた証拠金が足りなくなって、証拠金追加を求める「マージンコール」が発生します。

マージンコールが発生したら、指定された時刻までに追加の証拠金を証拠金維持率を超えるまで追加するか、ポジションの一部を決済して証拠金維持率が証拠金残高を下回るまで引き下げる必要があります。

強制決済は損失を限定するための方策

指定した時刻までに追加の証拠金を補充できなかったり、急激な変動で一気に必要証拠金維持率（ロスカットレベル）を割り込んでしまった場合は、「ロスカット（強制決済）」が行われます。保有しているポジションのすべてが、強制的に決済されてしまうことです。

この措置は、損失を最低限に食い止めるためのリスクヘッジですが、それでも相場が過度に変動した場合には、預けた以上の損失が発生してしまうこともあります。

このような事態を避けるためにも、必要証拠金の額には余裕を持ち、レバレッジを抑えた取引をしましょう。

マナブ式 儲けのコツ

外為オンラインの場合、マージンコールはありません。ロスカット値を下回った時点で、ロスカットが行われます。

例えばドル・円1万通貨の必要証拠金は3万800円（2012年7月現在）なので、口座に4万800円入金して取引した場合、1円の損失（－1万円）が出るとロスカットされます。

第2章 10 時間帯によって為替相場はこんなに変動する

為替マーケットは時間帯ごとに値動きの傾向が異なるのです！

為替マーケットにも1日のリズムがある

前述した通り、為替取引は24時間いつでもできます（土日除く）。また、==時間帯によって大きく動くときやほとんど動かないとき、通貨ペアごとに特徴的な値動きをするとき==など、さまざまな特徴があります。

例えば、スキャルピングやデイトレードをしようとしても、早朝などのほとんど動かない時間帯にエントリーしてしまってはなかなか利益が得られません。

多くの動物は、夜は眠っていて動かなくても昼間になれば活発に活動を始めるように、為替にも「1日のリズム」があります。

為替の場合は、輸出企業が決済用の通貨を売買する時間や、投資信託がドル建てファンドなど海外の通貨で運用する場合に必要な資金を調達する時間など、いわゆる機関投資家が動くパターンが決まっています。==為替取引を始める前に、時間帯による値動きの特徴をしっかり覚えておきましょう。==

各国の市場がオープンしている時間を俯瞰すると、67ページのような図になります。まずはこれを眺めて、大きな流れをざっとつかんでください。

早朝5時～7時 値幅の小さいボックス相場

早朝6時は、シドニーのウェリントン市場が開く時間です。ウェリントン市場は小規模なので、値動きも穏やかに、静かに取引が始まります。

普段、僕たち日本人が目を覚ますのは朝5～7時くらいですが、この時間帯は前日のNY市場の終了前後。よほどのニュースがない限り大きく動くことはありません。==1日のうちで最も値動きの小さい時間帯==と言ってもよいでしょう。

ただし、週末に大きなニュースがあった場合は、週明けである月曜日の朝は値動きが激しくなります。

また、7時は多くのFX業者が短時間のシステムメンテナンスを行い、同時にスワップポイントを付与する時間でもあります。

木曜日の朝のように3日分のスワップポイントがつく日や、メンテナンス中に大量の注文が貯まったときは、一瞬、激しく値が動くことがあります。それでもほとんどの場合、だいたい朝8時くらいまでは値幅の小さいボックス相場となります。

8時～9時
日本の指標発表も影響力小

朝8時になると、次第にまとまった注文が入り始めます。とはいうものの、まだ市場参加者は少ないため、数pipsほど値が飛ぶことがある程度です。

そして、朝8時50分になると、日本のGDPや機械受注など、国内の重要な経済指標（詳細は5章175ページ参照）が発表されます。その数値次第では為替レートが上下することもあります。

しかし、==日本の経済指標はよほどインパクトのある数字が出ないと動かない==ので、実際は依然として値動きの小さい相場が続きます。

9時～11時30分
円安傾向でドル・円中心

朝9時に日本の株取引が始まるとともに、為替の注文もたくさん入ってきます。東京市場が始まると為替の値が飛ぶこともなくなり、ドル・円やクロス円の取引が活発になります。==特に、9時55分～10時に行われる「仲値決め（なかねぎめ）」に向けて、急に動く==ことがあります。

仲値とは、ＴＴＭ（Telegraphic Transfer Middle rate）とも呼ばれていて、金融機関が現状の相場水準をもとに決める顧客に対する取引レートのことです。

また、輸出企業によるドル売りの注文は1日中ありますが、輸入企業によるドル買いの注文は9時55分に集中しがちです。

さらに、11時は海外の株式や債券を組み入れて運用する投資信託の外貨買いが活発に行われるため、ドル買い需要が高まります。ですから==日本時間の午前中は、比較的ドル高（円安）になりやすいのです。==

前日のＮＹダウが下がった場合は、日経平均株価も下がって円高傾向になりやすいのですが、それでも午前中は為替のみ前日比プラスになることもよくあります。

逆に、日本の午前中はユーロ・ドルなどのドルストレートがほとんど動かない時間帯でもあります。

この時間帯にデイトレードをしたい場合はドル・円やクロス円にしましょう。ただし、まれにドルストレートの商いが薄いところをねらって、ファンドが売りを仕掛けてくることがあります。その場合は数十pips～数百pips動くことがありますから注意しましょう。

24時間開いている為替マーケット

日本時間	0	2	4	6	8	10	12	14	16	18	20	22	24
ウェリントン				●━━━━━━━━●									
東京					●━━━━━━━━●								
香港						●━━━━━━━━●							
シンガポール						●━━━━━━━━●							
バーレーン									●━━━━━━━━●				
チューリッヒ	●━━━●									●━━━━━━━━━━━━━━━●			
ロンドン	●━━━●									●━━━━━━━━━━━━━━━●			
ニューヨーク	●━━━━━━━━━●										●━━━━━━━━●		

各国の市場スケジュール

8:00	9:00	10:00	11:00	12:00	13:00	14:00	15:00	16:00	17:00	18:00	19:00
		🇳🇿 ウェリントン株式市場									
	NZ政策金利発表	NZ指標発表									

6:00	7:00	8:00	9:00	10:00	11:00	12:00	13:00	14:00	15:00	16:00	17:00
			🇦🇺 シドニー株式市場								
					豪指標発表			豪政策金利発表			

5:00	6:00	7:00	8:00	9:00	10:00	11:00	12:00	13:00	14:00	15:00	16:00
				🇯🇵 日本株式市場							
			日本指標発表				日銀政策金利発表		日本指標発表		
		★スワップポイント付与(FX取引会社によってバラツキあり)		●東京仲値						●東京オプションカット	
参加者が少ないため流動性が低く取引量が少ない				円安傾向		レンジ取引に向いている時間帯		円安傾向		ドルストレート始動 円高傾向 急激な変動に注意	
				🇰🇷 韓国株式市場							
					🇸🇬 シンガポール株式市場						
						🇨🇳 上海株式市場					
						🇭🇰 香港株式市場					

20:00	21:00	22:00	23:00	0:00	1:00	2:00	3:00	4:00	5:00	6:00	7:00
	ロンドン時間										

15:00	16:00	17:00	18:00	19:00	20:00	21:00	22:00	23:00	0:00	1:00	2:00
NY株式市場						ニューヨーク時間					

※日本は11:30-13:30、上海は12:30-14:00、香港は13:00-14:00が株式市場の昼休みとなる

68

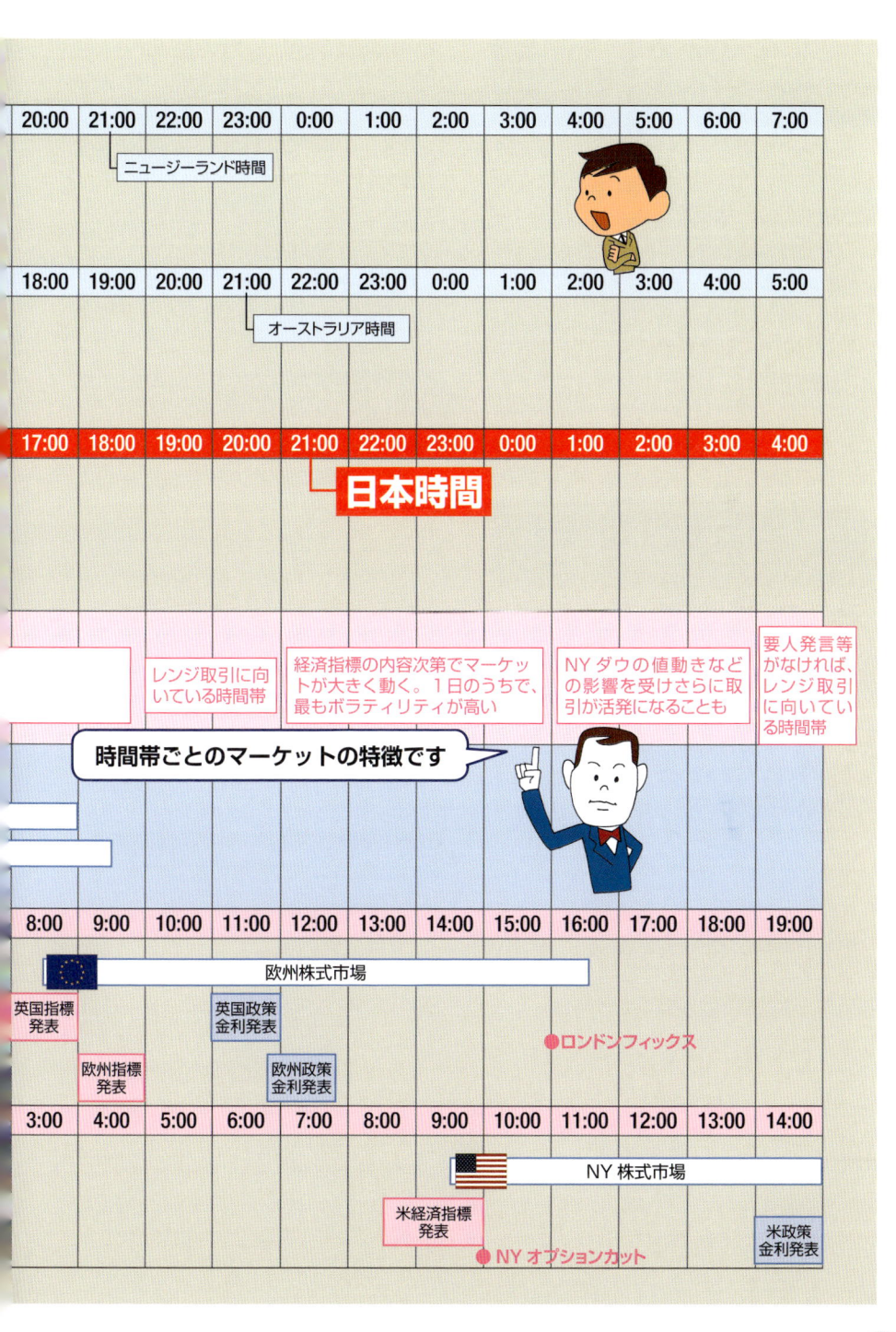

20:00	21:00	22:00	23:00	0:00	1:00	2:00	3:00	4:00	5:00	6:00	7:00
	ニュージーランド時間										

18:00	19:00	20:00	21:00	22:00	23:00	0:00	1:00	2:00	3:00	4:00	5:00
			オーストラリア時間								

17:00	18:00	19:00	20:00	21:00	22:00	23:00	0:00	1:00	2:00	3:00	4:00

日本時間

| レンジ取引に向いている時間帯 | 経済指標の内容次第でマーケットが大きく動く。1日のうちで、最もボラティリティが高い | NYダウの値動きなどの影響を受けさらに取引が活発になることも | 要人発言等がなければ、レンジ取引に向いている時間帯 |

時間帯ごとのマーケットの特徴です

8:00	9:00	10:00	11:00	12:00	13:00	14:00	15:00	16:00	17:00	18:00	19:00
				欧州株式市場							

| 英国指標発表 | | | 英国政策金利発表 | | | | | ●ロンドンフィックス | | | |
| | 欧州指標発表 | | 欧州政策金利発表 | | | | | | | | |

3:00	4:00	5:00	6:00	7:00	8:00	9:00	10:00	11:00	12:00	13:00	14:00
						NY株式市場					
					米経済指標発表	●NYオプションカット				米政策金利発表	

2章 ここだけ押さえる！ マナブ式基本のFX

11時30分～15時
レンジ相場から円安相場へ

　日本株の前場が終了したあとの、昼休みの時間帯です。為替の注文も減るので、値動きは急におとなしくなります。韓国や中国、香港などのアジア市場が開き始めた時間帯でもあるので、日本以外の国にも注意を向ける必要が出てきます。

　12時30分に日本株の後場が開始されると、午前中以上に日経平均株価の値動きに影響を受けるようになります。午前11時のときと同様、14時には投資信託の外貨買いが行われるので、円安傾向になります。

15時～19時
ドルストレート始動、円高へ

　17時ごろからは欧州が為替市場に参入してくるため、為替が急激に変動することがある時間帯（ロンドン市場）です。

　この時間帯になると、ユーロ・ドルなどのドルストレートの取引が活発になり始めます。クロス円でも、ユーロ・円とポンド・円の値動きが活発になります。

　さらに15時は、「東京オプションカット」の時間でもあります。15時は通貨オプション取引の権利行使期限の時間で、その日の東京市場の行使期限のオプションが消滅するので、突然値動きが荒くなります。

　通貨オプション取引は、通貨を予め定められた期間または期日（権利行使期間）に、予め定められた価格（権利行使価格）で、買う権利（コールオプション）または売る権利（プットオプション）を売買する取引です。機関投資家を中心に、リスクヘッジと利ザヤねらいの両方で利用されています。

　17時から20時は、イギリスやユーロ圏の経済指標が発表される時間帯です。発表された経済指標に対して素直な反応を示すことが多く、特にポンドの値動きは大きくなります。

　ちょうど仕事が終わって一段落ついたときや、自宅へ帰る時間帯になるので、取引が活発になるニューヨーク時間への準備として、モバイル端末で為替レートや関連ニュースをチェックするとよいでしょう。

19時～21時
欧州一段落でレンジ相場

　欧州の経済指標発表が終わって、一段落ついた時間帯です。特別なニュースがなければ落ち着いた値動きが続くので、ほとんどレンジ相場で終わることが多いです。スキャルピングやデイトレードで、コツコツpips数を稼ぐのによいでしょう。

　ニューヨーク時間に向けて、この時間帯にポジションを仕込むのも手です。

　ただ、あまりに動かなくて退屈する日もあるので、用事があればこの時間帯に済ませておくことをおすすめします。

21時～24時
ＮＹ市場スタートで活発に

　21時を過ぎると、マーケットの注目はアメリカへ移ります。この時間帯は米国の経済指標の発表が集中します。もちろんその内容次第で為替相場は大きく動きますので、米国の雇用統計やＧＤＰなどの重要経済指標発表予定は必ずチェックする習慣をつけてください。

　経済指標発表は、主に22時30分～24時に集中しています。この時間、無理にポジションを持つと急激な変動ですぐにス

ＦＸと似ているけど違う通貨オプション取引って？

　通貨オプション取引は、通貨を予め定められた期間または期日（権利行使期間）に、予め定められた価格（権利行使価格）で、買う権利（コールオプション）または売る権利（プットオプション）を売買する取引です。

　通貨オプション取引には、権利行使価格というものがあります。例えば「80円を下回れば利益が出て、上回ってしまうと権利がなくなってしまう」というオプションがあったとします。

　すると、このオプションを持っている参加者がなんとかして80円に乗せないよう、79円90～99銭にドル売りの注文を大量に出してくる、という現象が起こります。

　ちょうど欧州が市場に参加してくる時間帯でもあるので、権利行使価格に向けて一気に相場が動くという現象が見られます。そして、15時を過ぎるとオプションが消滅するので、15時直後は値動きがますます荒くなることもあります。

　売る権利（プットオプション）を成立させるために、一気にストップロスを巻き込ませて仕掛けてくる場合があるので、「午前中は円安だったのに午後になったら突然円高になった」、というのはこの時間帯によく見られる現象です。

通貨オプション取引はどこでできるの？

　通貨オプション取引は、サクソバンクＦＸ（http://www.saxobank.co.jp/）やKakakuFX（http://kakakufx.com/fx/）でサービスを提供しています。みんなのＦＸ（http://min-fx.jp）で行える「みんなのバイナリー」も、オプション取引の一種です。

　なお、オプション取引はＦＸ以上にハイリスク・ハイリターンです。事前の勉強をしっかり行って、リスクを限定するようにしてください。

●サクソバンクＦＸ

●みんなのバイナリー

==トップロスとなってしまう==ことがあるので、心配な場合は、経済指標発表が終わってから取引するようにしましょう。

また、24時は、「ニューヨークオプションカット」の時間になります。15時に東京カットがありましたが、取引量が東京カットよりも多くなる傾向にあるため、より注意が必要です。急激な変動に注意してください。

その前の21時はロンドンで金（ゴールド）の取引が活発になる時間でもあります。これまでほとんど動かなかった金相場が活発に動くようになります。

特に、金とドルは逆相関が強く、金が買われるとドルが売られ、金が売られるとドルが買われる傾向があります。

金と同じくドル建てで決済される原油にもこの傾向が見られますが、原油も22時になるころには取引が盛んになります。

==21時を過ぎたら、金相場と原油相場にも注目してみましょう。==

為替相場の時間帯別特徴

時間帯	特徴
5:00〜8:00	基本的に値動きが小さい時間帯。「窓明け」と「窓閉め」が起こりやすい。
8:00	次第にまとまった注文が入り始める。
8:50〜	GDPや機械受注など、日本の重要な経済指標が発表され、その数値次第で為替レートが動く。
9:00〜11:30	日本株の取引開始。（東京市場） 午前10時の仲値決め（金融機関内の取引相場水準を基に決める対顧客レート）の時間。輸出業者によるドル売り需要は終日続いているのに対し、輸入業者によるドル買いは9時55分に集中する。 日本の輸出入企業が決済に必要なドルを売買する時間なので、この時間帯はドル高が進みやすくなる（円安傾向）。 ドル円、クロス円中心の相場で、ドルストレートはあまり動かない。
11:30〜12:30	日本株の前場が終了したあとの、昼休みの時間帯。値動きは急におとなしくなる。
11:00、14:00	海外の株式や債券を組み入れて運用する投資信託の外貨買いが活発に行われるため、ドル買い需要が高まる（円安傾向）。
15:00〜19:00	15:00　東京オプションカット 欧州が為替市場に参入してくるため、為替が急激に変動することがある時間帯（特にドルとユーロ）。
19:00〜21:00	レンジ相場。
21:30〜24:00	米国の経済指標が発表される。経済指標の内容次第でマーケットが大きく動く。サラリーマンが仕事から帰ってきてからでも参加できる時間帯。ここが株取引と違うところ。
24:00	24:00　NYオプションカット NY勢参加で、1日のうちで最もボラティリティの高い時間帯。
0:00〜3:00	1:00　ロンドンフィックス 引き続き、活発な値動き。
3:00〜5:00	ニューヨーク市場終了に向けて、次第に値動きがレンジ相場に。

0時〜3時
引き続き活発な値動き

　午前1時は、ロンドンで仲値が発表される「ロンドンフィックス（ロンドンフィキシング）」の時間です。

　東京市場でもそうでしたが、この時間はさらにニューヨーク市場の時間でもあるので、<mark>ロンドンフィックス前後は非常に値動きが荒くなります。</mark>急に上がった（下がった）と思ったらまた元の価格に戻っている「行って来い」が起きることも多いので、動きに惑わされないよう、余裕を持ってポジションを保有しましょう。

　<mark>為替がＮＹダウに連動して動く現象も見られる</mark>ので、為替や商品市況だけでなく、米国株の値動きにも注意しましょう。

3時〜5時
ＮＹ市場終盤でレンジ相場

　要人発言やＦＯＭＣなどの重要経済指標発表がなければ、これまで激しかった値動きが次第に落ち着いていきます。そして、<mark>特にニュースや材料がなければレンジ相場に移行します。</mark>

　朝7時にニューヨーク市場が終わるのと前後して、再びニュージーランドのウェリントン市場が開くので、ニューヨークからニュージーランドへとバトンが引き継がれる形になります。

　そして再び東京市場へと引き継がれ、ロンドン市場→ニューヨーク市場→東京市場と世界三大市場を中心に取引が行われるのです。

Column: 夏時間と冬時間

　アメリカをはじめとした世界80カ国で、時間を1時間早めた生活を送る「サマータイム（Daylight Saving Time）」と呼ばれる制度が実施されています。

　これは、昼間の長い春から秋までの約半年間、仕事後のまだ明るい時間の有効活用や、照明用エネルギーの節約などを目的としたもので、金融市場にもそのまま適用されます。

　つまり、夏時間の時期は21：30に米国経済指標が発表されるのに対し、冬時間の時は22：30になるのです。また、ニューヨーク市場も夏時間は朝5時に終わりますが、冬時間は朝6時に終わります。

　サマータイムの期間は年によって異なり、経済指標発表の時間も1時間ずれますので注意しましょう。

●サマータイム期間

3月 第2日曜日　午前2時〜11月 第1日曜日　午前2時（現地時間基準）
2012年3月11日（日）〜 2012年11月4日（日）
2013年3月10日（日）〜 2013年11月3日（日）
2014年3月 9日（日）〜 2014年11月2日（日）

2章　ここだけ押さえる！　マナブ式基本のＦＸ

第2章 11 為替相場の曜日、ゴトビ、月別の値動き

曜日、ゴトビは実需面の影響が大、中長期なら月別も把握するべきです

月曜日と金曜日は円安傾向になる

為替は時間帯によって値動きに特徴があることがわかりましたが、週明けと週末の動きや、月初と月末の値動きにも、同じく特徴があるのです。

よく言われることですが、==月曜日と金曜日（つまり週明けと週末）は機関投資家からのまとまった注文が入りやすく、==ドルが買われる（円安）というもの。

また、ゴトビ（五十日、ごとおび）と言われる日（5日、10日、15日、20日、25日、30日の日付の最後に5か0がつく日）も、やはりまとまった注文が入りやすく、円安傾向になります。

ゴトビは、会社の給料の締め日や給料支払日だったり、さまざまな機関の期限の日として設定される場合が多い日です。そのため、金融機関の窓口が混みあったり、道路が企業の営業車によって渋滞したりする傾向もあります。

20日以降は一層の円高傾向＆値動きも激しくなる

為替取引の場合は、銀行側がドルを買いたい顧客にドルを売るためのカバーディール（通貨の残高を調整するために行われる、顧客の注文とは逆の取引）により、==仲値が決まる午前10時までドルを買い上げることが多い==ようです。

これは、買い上げることで仲値をつり上

為替相場の曜日別、ゴトビ別の特徴

円安傾向	円高傾向
月曜　金曜 5日、10日、15日、20日 （25日、30日）	20日以降〜

げ、つり上げた値段で顧客にドルを売って利ザヤを稼いでいると言われます。

ただし毎月20日以降は、輸出企業が従業員の給与や子会社への支払いを行うため、保有しているドルを円に換える動きが活発化します。そのため、==ドル売りが増えたり（＝円高）、値動きが激しくなったりするので注意してください。==

月曜日か金曜日とゴトビは円安傾向ということは、月初（20日以前）の月曜日か金曜日でしかもゴトビであれば、需要面からみて円安になりやすいと言えます。

中長期保有なら月別の大きな流れを押さえておくこと

為替に限らず、株取引や商品取引などでも言えることなのですが、==決算や国債利払い、季節的な需要と供給の関係などの影響==で、買われやすい時期や売られやすい時期が存在します。

買うタイミングというのは非常に重要で、いくら将来的に上昇する確率が高いからといって、波乱含みの月に買ってしまっては、安心して保有し続けることができません。

ポジションを中・長期の期間保有しようと考えている場合はなおさらです。==ポジションを長めに保有したいなら、1日の流れや1週間の流れを見るよりも、月別の大きな動きの特徴をつかんだ方がよいでしょう。==

1月〜3月
年度末決算に向けて円高傾向

3月に日本の金融機関が決算を迎えるので、==金利の高い海外で運用していた資金を日本国内に戻す動き==が出始めます。そして、それを先回りする現象が起きて円が買われやすい傾向があります。

そのため、1月は円高になる傾向があります。

毎年2月15日に、==米国債の利払い==が行われます。利払いや満期になって償却される日なので、ドルを受け取る人や会社が出ます。これを日本へ送る場合、ドルで受け取った利子を円に換えることになるので、ドルが売られやすくなります。

なお、米国債の利払いは、2月以外にも5月、8月、11月に行われます。

3月は==多くの日本企業の決算の月==に当たります。決算に備えて、手持ちのポジションを手仕舞いすることが多くなり、円高に振れやすくなります。「節分天井彼岸底」のアノマリー通りに動く年もあります。

あるいは、「買ったものは売り、売ったものは買い戻す」ので、それまでのトレンドと逆の動きが起きやすくなる時期でもあります。1、2月の円高傾向が強かった場合は、この時期に円安に振れるということもあるでしょう。

4月〜7月
外貨買いで円安傾向

4月は日本の投資信託や生命保険会社が、年間の海外投資計画を行動に移すタイミングなので、1〜3月にかけて円に戻した==資金を再び海外に持っていく動き==があります。ドルが買われて円が売られるので、3月まで円高だったとしても4月に反転することが多いです。

5月は2月と同様、==米国債の利払い==が5

2章 ここだけ押さえる！ マナブ式基本のFX

月15日に行われますが、額は小さいので弱い円高傾向となります。ただし、ゴールデンウィーク前後は薄商いをねらって仕掛けられることが多く、値動きが荒くなる場合があるので注意しましょう。

6月は4月と同様、各種投資が活発になり、円安傾向となります。

また、ボーナスの時期でもあるので、金融機関が外貨預金などの販売に力を入れます。すると、外貨預金を始める人が増えるのでドルが買われて円が売られることが多くなります。

理由不明ですがドル高（円安傾向）になりやすいのが7月です。1994年から2011年までの17年間のうち、12年がドル高（円安傾向）になっています。

8月～11月
ドル売りで円高傾向

2月と同様、8月15日に米国債の利払いが行われるため、ドルが売られやすくなります。また、日本のお盆休み期間も為替取引は行われているので、薄商いをねらって仕掛けられることがあり、その場合は値動きが荒くなります。

9月は3月と同様、日本企業の決算があるので、3月ほどではないにしろ、円高になりやすいです。8月のお盆休みでいったん様子見していた資金があらためて投入されるので、値動きも活発になります。

10月は翌月の11月に、ヘッジファンドの決算がたくさんあるため、ポジション調整が行われてマーケットが大きく動く年があります。

1929年10月24日の世界大恐慌を始め、1987年10月19日のブラックマンデー、1998年のアジア通貨危機（10月7～8日の2日間で20円の急騰）、2008年のリーマンショック（株価9月－13.9％、10月－23.8％）、2011年10月欧州債務危機など、かなり激しく動くことが多く、「10月は魔の月」と呼ばれています。

11月は2月と同様、15日に米国債の利払いがあるので、額は少ないですがドルが売られやすくなります。

12月
米企業決算で円安傾向

12月は米国企業の決算があるので、ドル高になりやすくなります。この時期に、アメリカの企業が世界中の国々で稼いだ利益をドルに換えてアメリカに送金します。するとドル買い需要が多く発生するので、円安傾向に振れやすくなるのです。

また日本は6月と同様ボーナスの時期でもあるので、外貨預金を始める人が増えるとドルが買われることが多くなります。

ただし月末は、税金対策による売買で損失確定の注文が入ることがあり、一時的にボラティリティ（変動率）が高くなることもあります。

このように、月ごとの傾向が把握できれば、このあとに説明するテクニカル分析やファンダメンタルズ分析と合わせてマーケットの動きを展望できるようになります。こうした考え方ができるようになれば、マーケットを見る眼がぐんとレベルアップしますよ。

為替相場の月別の特徴

月	特徴	傾向
1月	3月に日本の金融機関が決算を迎えるため、金利の高い海外で運用していた資金を日本国内に戻す動きがあり、それを先回りして円が買われやすい(円高傾向)。	円高傾向
2月	米国債の利払い(2月15日)のため、ドルで受け取った利子を円に換える需要が強まり、ドルが売られやすくなる(円高傾向)。	
3月	日本企業の決算でポジションの手仕舞いが発生するため、円高になりやすい。	
4月	日本の投資信託や生命保険会社が年間の海外投資計画を行動に移すタイミングであり、1〜3月にかけて円に戻した資金を再び海外に持っていく動きがある(円安傾向)。	円安傾向
5月	2月と同様、米国債の利払い(5月15日)のため、ドルで受け取った利子を円に換える需要が強まり、ドルが売られやすくなる(弱い円高傾向)。	円高傾向
6月	4月と同様、各種投資が活発になり、円安傾向に。	円安傾向
7月	理由不明だがドル高(円安傾向)になりやすい。1994年から2011年までの17年間のうち、12年がドル高(円安傾向)に。	
8月	2月と同様、米国債の利払い(8月15日)のため、ドルで受け取った利子を円に換える需要が強まり、ドルが売られやすくなる(円高傾向)。	円高傾向
9月	3月と同様、日本企業の決算で、円高になりやすい。	
10月	11月のヘッジファンド決算に向け、マーケットが大きく動く年がある。	
11月	2月と同様、米国債の利払い(11月15日)のため、ドルで受け取った利子を円に換える需要が強まり、ドルが売られやすくなる(円高傾向)。	
12月	米国企業の決算があり、ドル高(円安傾向)になりやすい。月末はクリスマス休暇のため閑散としているところに税金対策による売買で値動きが激しくなることも。	円安傾向

2章 ここだけ押さえる！ マナブ式基本のFX

ビッグマック指数と購買力平価

　マクドナルドのビッグマックは、世界中で同じ品質のものが提供されています。この価格を国ごとで比較すると購買力の水準を計ることができるので、ビッグマック指数と呼ばれています。

　例えば、ビッグマックが日本で100円、アメリカで1ドルで販売されていたとしたら、100円と1ドルは等価ということになり、1ドルは100円が適正だということになります。これは購買力平価（PPP purchasing power parity）とも呼ばれていて、購買力平価から大きく乖離した状態が長期的に続くことは難しいと考えられています。

　ビッグマック指数は、毎年イギリスの経済誌『エコノミスト』に掲載されているのですが、直近発表のものではアメリカの価格が4.16ドルで日本の価格が320円でしたから、320÷4.16＝76.92円となり、1ドル＝76.92円でした。最近の為替レートと見比べてみると、現状がやや円安気味と言えるかもしれません。

　逆に、1ドル75円を超えるようなら円高気味ということになります。

　ただし、たった1品目では厳密な比較ができないのは言うまでもありません。あくまで参考値として見てみてください。

　下の表は日本円に換算したときの各国のビッグマックの価格ランキングです。

順位	国名称	価格（円）	価格（USドル）
1	ノルウェー	652	8.31
2	スイス	632	8.06
3	スウェーデン	599	7.64
4	ブラジル	483	6.16
5	デンマーク	430	5.48
6	カナダ	392	5.00
7	オーストラリア	387	4.94
7	ユーロ圏	387	4.93
9	アルゼンチン	380	4.84
10	コロンビア	372	4.74
11	イスラエル	366	4.67
12	ニュージーランド	346	4.41
13	日本	320	4.08
14	アメリカ	319	4.07
14	チェコ	319	4.07
16	ハンガリー	317	4.04
17	チリ	314	4.00
18	イギリス	305	3.89
19	トルコ	296	3.77
20	シンガポール	286	3.65

3章 勝つためのテクニカル分析活用法

テクニカル分析と言えば、定番の移動平均線や一目均衡表といったトレンド系から、RSI、ストキャスティクスといったオシレータ系といった顔ぶれが並びます。テクニカル分析で大切なのは、このラインナップを一通りなぞることではなく、そのなかのどれをどう使うかです。この章では、僕なりの視点で代表的なテクニカル分析たちを紹介・解説しましょう。

第3章 1 テクニカル分析に欠かせないローソク足チャート

> 4つの値段が一目でわかる、日本が世界に誇るチャートです

日本から世界に広がったローソク足チャート

テクニカル分析に欠かせないものが、過去の値動きをグラフにした「チャート」です。チャートの形には大きく3種類あって、日本で開発されたローソク足を始め、欧米でよく用いられているバーチャートやラインチャート（止め足）があります。

ローソク足は、その名の通りローソクに似た形の日本発のチャートで、今や世界中で親しまれているものです。

ローソク足は、始値（その時間で最初についた値）、終値（その時間で最後についた値）、高値（その時間で最も高かった値）、安値（その時間で最も安かった値）の4つの値で構成されています。

終値が始値よりも高く終わったとき（値上がりのとき）は陽線、逆に終値が始値よ

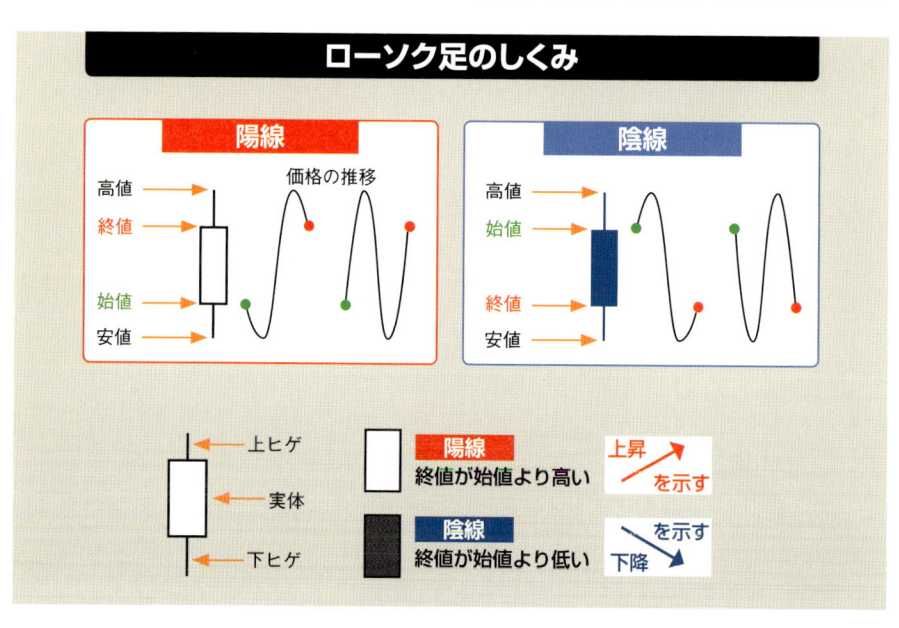

ローソク足のしくみ

陽線
- 高値
- 終値
- 始値
- 安値
- 価格の推移

陰線
- 高値
- 始値
- 終値
- 安値

- 上ヒゲ
- 実体
- 下ヒゲ

陽線：終値が始値より高い → 上昇を示す
陰線：終値が始値より低い → 下降を示す

りも低く終わったとき（値下がりのとき）は陰線となります。また、始値から終値までの部分を「実体」、始値や終値からはみ出た部分を「ヒゲ」と呼びます。

その形からさまざまなメッセージを読み取る

ローソク足は、ある一定期間の値動きを表すので、例えば5分の為替レートの動きを使って作られたローソク足は「5分足」と呼ばれます。これが、30分であれば「30分足」、1時間であれば「時間足」となります。

さらに、1日の値動きを表したものを「日足」、1週間、1ヵ月間、1年間など一定期間の中で、それぞれの期間の始値、高値、安値、終値の4つの値を使うと、「週足」、「月足」、「年足」のローソク足を作ることができます。

ローソク足は、その長さや形で相場の強弱や方向性を知ることができます。例えば、ローソク足の「実体」が長ければ相場の勢いが強く、長いヒゲが発生していれば、ヒゲと逆方向への力が強く働いていることがわかります。

実際にローソク足を見て判断する場合は、ローソク足1本の足型から相場を見たり、2本以上のローソク足を判断する方法があります。また、形だけでなく、出現した場所やタイミングも重要です。同じローソク足の形でも、底値圏で出現したものと天井で出現したものでは意味が異なります。さまざまな値動きの結果できあがったローソク足の形や出現場所には、それぞれ意味がありますから、しっかり理解しておきましょう。

欧米で主流なのがバーチャート

バーチャートは欧米で主流のチャートで、高値と安値を結んだ棒足に、始値を左側に、終値を右側に表示します。欧米では終値を重視する傾向が強いので、始値のない3本線のタイプもあります。

トレンドラインが引きやすい半面、ローソク足と比べると見づらいので値動きの流れがつかみづらいという欠点があります。

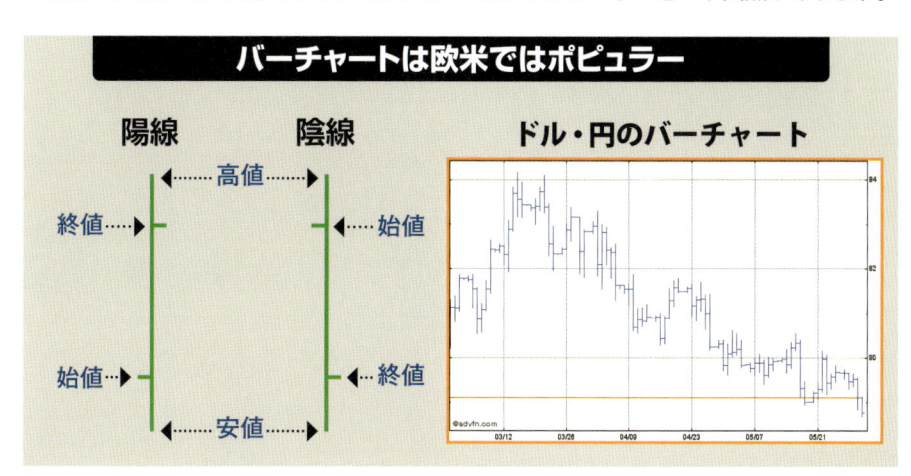

バーチャートは欧米ではポピュラー

陽線　　陰線

高値　　高値
終値　　始値
始値　　終値
安値　　安値

ドル・円のバーチャート

ローソク足の足型一覧

足型	線の呼び名	俗称	形状	線の性質
	大陽線	陽の丸坊主	ヒゲが全くない大陽線	一方的に買いが強い。底値圏では反転示唆。
		陽の大引け坊主	上ヒゲがない大陽線	買いが強く、上昇しやすい。底値圏では反転示唆。
		陽の寄付坊主	下ヒゲがない大陽線	買いが強い。高値圏では反転示唆も。
		大陽線	上下にヒゲのある大陽線	先高見込みの買い。
	小陽線	小陽線	ひげが全くない小陽線	強保ち合い。
		陽の極線・コマ	上下にヒゲのある小陽線	保ち合い。
	上影陽線	上ヒゲ陽線	下ヒゲよりも上ヒゲの長い陽線	高値圏では反転示唆も。
		トンカチ・トウバ	実体が小さく、下ヒゲよりも上ヒゲが長い陽線（もしくは下ヒゲなし）	天井では反転示唆。
	下影陽線	下ヒゲ陽線	下ヒゲの長い陽線	上昇の継続。
		首つり・たぐり足・カラカサ	実体が小さく、上ヒゲよりも下ヒゲが長い陽線（もしくは上ヒゲなし）	底値は反転、天井では反落暗示。

足型	線の呼び名	俗称	形状	線の性質
	寄引同時線（寄せ線）	十字線	上下のヒゲが同じ長さの寄引同時線	相場の転換期を示唆。
		足長同時	上下のヒゲが同じ長さで長い寄引同時線	攻防の分岐。
		トンボ	上ヒゲがなく下ヒゲが長い寄引同時線	転換か保ち合いへ移行。

足型	線の呼び名	俗称	形状	線の性質
	大陰線	陰の丸坊主	ヒゲが全くない大陰線	一方的に売りが強い。高値圏では反転示唆。
		陰の寄付坊主	上ヒゲがない大陰線	売りが強い。底値圏では反転示唆も。
		陰の大引坊主	下ヒゲがない大陰線	売りが強く、下落しやすい。高値圏では反転示唆。
		大陰線	上下にヒゲのある大陰線	先安見込みの売り。
	小陰線	小陰線	ひげが全くない小陰線	弱保ち合い。
		陰の極線・コマ	上下にヒゲのある小陰線	保ち合い。
	上影陰線	上ヒゲ陰線	下ヒゲよりも上ヒゲの長い陰線	高値圏では反転示唆も。
		トンカチ・トウバ	実体が小さく、下ヒゲよりも上ヒゲが長い陰線(もしくは下ヒゲなし)	天井では反転示唆。
	下影陰線	下ヒゲ陰線	下ヒゲの長い陰線	底値圏では反転示唆も。
		首つり・たぐり足	実体が小さく、上ヒゲよりも下ヒゲが長い陰線(もしくは上ヒゲなし)	底値は反転、天井では反落暗示。
	寄引同時線(寄せ線)	トウバ・塔場	下ヒゲがなく上ヒゲが長い寄引同時線	トレンドの終了とその後の転換、または保ち合いを示唆。
		四値同時	4本値がすべて同じ	新しい相場への移行を示唆。
		上十字	下ヒゲが長い寄引同時線	相場の転換を示唆。
		下十字	上ヒゲが長い寄引同時線	

3章 勝つためのテクニカル分析活用法

第3章 2

複数のローソク足が発するシグナルを押さえよう！

複数のローソク足を組み合わせることでより具体的な予測ができる

相場の転換点を示すシグナルが多い

単独でローソク足を見るときは、形だけでなく出現した場所も重要ですが、複数のローソク足を組み合わせて見ることで、より具体的に相場を予想することができます。

相場の転換点を示すものが多いので、買いの力と売りの力のどちらが強いのかしっかり確認し、次のローソク足がどのようになるのかをしっかり予想しましょう。

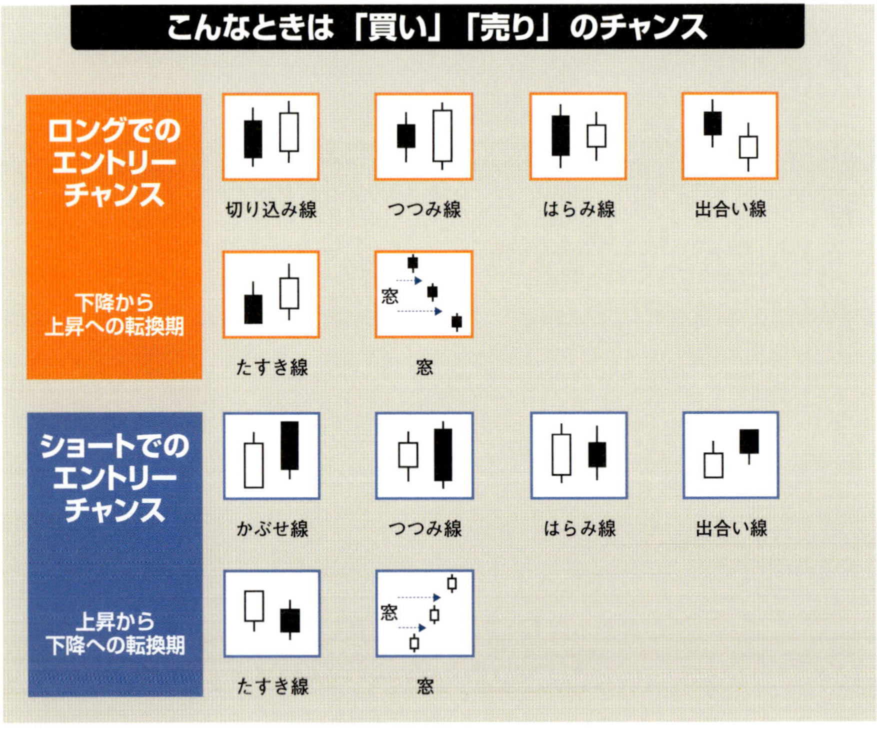

こんなときは「買い」「売り」のチャンス

ロングでのエントリーチャンス
下降から上昇への転換期

- 切り込み線
- つつみ線
- はらみ線
- 出合い線
- たすき線
- 窓

ショートでのエントリーチャンス
上昇から下降への転換期

- かぶせ線
- つつみ線
- はらみ線
- 出合い線
- たすき線
- 窓

ローソク足の足型一覧

足型	線の呼び名	線の性質	シグナル
	かぶせ線	前日に大陽線を出したあと、次に高寄りしたのち反落、終値が前日の陽線（実体）に食い込んだ状態で、陰線で引けた形。	特に「前日陽線の中心値以下」での陰線形成は、天井打ちの可能性
	差し込み線	陰線の翌日大きく下放れて始まり反発したが、前日陰線の中心まで戻せなかった陽線が出現。	追撃売りを示唆。終値が「前日の実線の中心より上」の場合「切り込み線」に該当
	つつみ線（包み線・抱き線）	前日の陽線を完全に包む大陰線か、前日の陰線を完全に包む大陽線。	上昇相場の高値圏に出た形は「最後の抱き線」、下落相場の底値圏で出た形を「抱きの一本立ち」と言う。
	はらみ線	前日の線（値幅）の中で、ローソク足が形成された形。	はらみ線の部分が寄引同時線となった場合は「はらみ寄せ線」と呼ばれ、転換の兆し。
	出合い線（逆襲線）	前日の陰陽線と逆の線で前日と終値が同じになった線。	陽線後、陰線は下降、陰線後、陽線は上昇を示唆。
	行き違い線（振り分け線）化け線	前日の陰陽線と逆の線で前日と始値が同じになった線。	一時的に少し上げる、または下げる。陰線後、陽線は下降、陽線後陰線は上昇を示唆。
	並び足 / 並び赤	上昇途中で上放れて陽線が連続、あるいは下降途中で下放れて陽線が連続。	上放れ後の並び赤は強保ち合い、下離れ後の並び赤は追撃売りを示唆。
	並び足 / 並び黒	上昇途中で上放れて陰線が連続して出現。	高値圏で出た場合は手仕舞い売りの局面。
	入り首線	前日の大陰線から、翌日は下放れて始まり、前日の安値を少ししか上回って引けなかった形。	追撃売り。

形	名称	説明	シグナル
	切り込み線 （切り返し線）	前日の大陰線の中心より上値で引けて大陽線になった形。	長期下落時は反発の勢いが強いのでドテン買いを示唆。
	あて首線	前日の大陰線から下放れで始まり、前日の安値付近まで戻して終わった小陽線。	高値圏でのもみ合い、下げの初期で出ると下落を示唆。
	毛抜き天井	前日高値と当日高値が同じで毛抜きの形に似ていることからつけられた形。	長期上昇後の天井圏に出ると天井のシグナル。
	毛抜き底	前日安値と当日安値が同値。	長期下落後の底値で出現すると大底のシグナル。
	星、十字星、流れ星	長い陽（陰）線の後、窓をあけて短い線かコマ、十字線が出現。	変化の前兆。
	空（くう）・窓（まど）・穴（あな）、二空、三空	マドを空けた放れ足の形。	上昇時は先高、下降時は先安を示唆。
	たすき線	前日の陰線のあと高寄りして、前日の高値以上で引ける。前日の陽線のあと安寄りして前日の安値以上で引ける場合。	目先逆向かい。
	たくり線	寄付から安く、さらに大きく売られるが、引けにかけて急反発して長い下ヒゲをつけた形。	実体部分が陽線であれば、信頼性の高い買いシグナル。
	首つり線 （首吊り線）	上放れて寄り付くが、売りに押され下押しする。すると押し目待ちの買いが一斉に入って、高値引けで終わる。下ヒゲが実線の3倍以上あるものが該当。	長期上昇のあとに出ると売りシグナル。
	勢力線	大きく下放れて始まり、著しい安値を記録するが、投げ一巡から戻りに入り、引け値が寄り付き値より高くなった形。	大底確認のサイン。

ＦＸには「値ごろ感」はないから
テクニカル分析が必要

　ＦＸで失敗してしまう原因の１つに、「値ごろ感」があります。「こんなに下がって随分安くなったから、さすがに反発するだろう」といった安値感と、「5日連続で上昇しているし、もう高すぎるのではないか」という高値感のことです。

　為替は２国間の力の強弱で決まるものなので、「安い」とか「高い」といった概念自体、あまり当てになるものではありません。

　例えば、1ドル120円だったとき、だれが1ドル100円を切ると予想していたでしょうか？　今ではもうドル円が80円を切る場面も見せていますが、「1ドル100円を切ったから今は安いんだ」という値ごろ感で買ってしまった人たちは、1ドル80円を切ったときに大量にロスカットされてしまいました。

　これが株取引であれば、ＰＥＲやＰＢＲ、配当や株主優待、その会社の資産状況などを考慮して「これは安い」と考えることができますが、為替は「通貨」なので、そのような「値ごろ感」自体、存在しないと考えた方がよいでしょう。

　そんなとき、役に立つのが「テクニカル分析」と呼ばれる分析手法です。

過去の統計から値動きの傾向がわかる

　テクニカル分析とは、「チャート」と呼ばれる過去の値動きをグラフに表したものを用いて、将来の値動きを予想する手法です。

　テクニカル分析を使うと、過去の統計からおおまかな「下げ止まる位置」がわかったり、「上昇が一段落つくポイント」などを知ることができます。

　テクニカル分析には、大きく分けて２種類あります。相場のトレンドを把握する「トレンド系」と、相場の振れを分析する「オシレーター系」です。

　たとえレバレッジを抑えたとしても、値ごろ感で取引していてはいつまでたっても上達しません。

　日本は本場のアメリカと違って、まだまだテクニカル分析の知識が乏しいと言われています。為替取引は世界を相手にする取引ですから、必要最低限のテクニカル分析は覚えておく必要があります。まずは、チャートの基礎知識を学習しましょう。

第3章 酒田五法で相場の心理を読み取る

伝説の相場師が発見した5つの法則はFXでも通用します！

1兆円以上稼いだ投資家が考案した手法

酒田五法は、江戸時代に米の先物取引を行っていた相場師本間宗久によって考案された、ローソク足の形や並びによって相場を判断する手法です。

本間宗久は、現在の金額でいうと、1兆円以上稼いだと言われています。彼の出身地である出羽国（現在の山形県酒田市周辺）にちなんで酒田五法と名付けられています。

三山（さんざん）と三川（さんせん）

三山は高値圏で、上昇から下落のパターンが3度続くと、天井形成のパターンとされ、その後下落を示唆します。

3つの山のうち、真ん中の山が高かった場合は特に①三尊（ヘッドアンドショルダー）と言って、最も強力な天井形成とされています。

下落→上昇のパターンが3度続くと、大底形成のパターンとされ、その後上昇を示唆します。これが逆三山です。

3つの谷のうち、真ん中の谷が最も低かった場合は、特に②逆三尊と言って、最も強力な大底形成とされています。

三山と同じく三川にもいろいろなパターンがあります。急上昇して窓明け後、上昇が鈍化して大きく下落すると③三川宵の明星、大暴落した次の日に少し値を戻して、さらに窓を空けて急反発すれば、④三川明けの明星となります。

三空（さんくう）と三兵（さんぺい）

「空」とは、いわゆる「窓」のことで、3回連続で窓を空ける形を三空と呼びます。「窓開け」自体が、相場の勢いのよさを表しますが、それが3回も続くわけですから、相当な勢いで上昇（下落）していく形です。

「⑤三空叩き込み買いに向かえ」や「⑥三空踏み上げ売りに向かえ」の格言にもあるように、相場のトレンドが急変する可能性が高い形です。

三日連続で上昇・下落が続いた状態で、上昇の連続は⑦赤三兵、下落の連続は⑧黒三兵と呼ばれます。

一般に、大きなトレンドの初期段階に出現することが多い形です。

酒田五法の主な形①

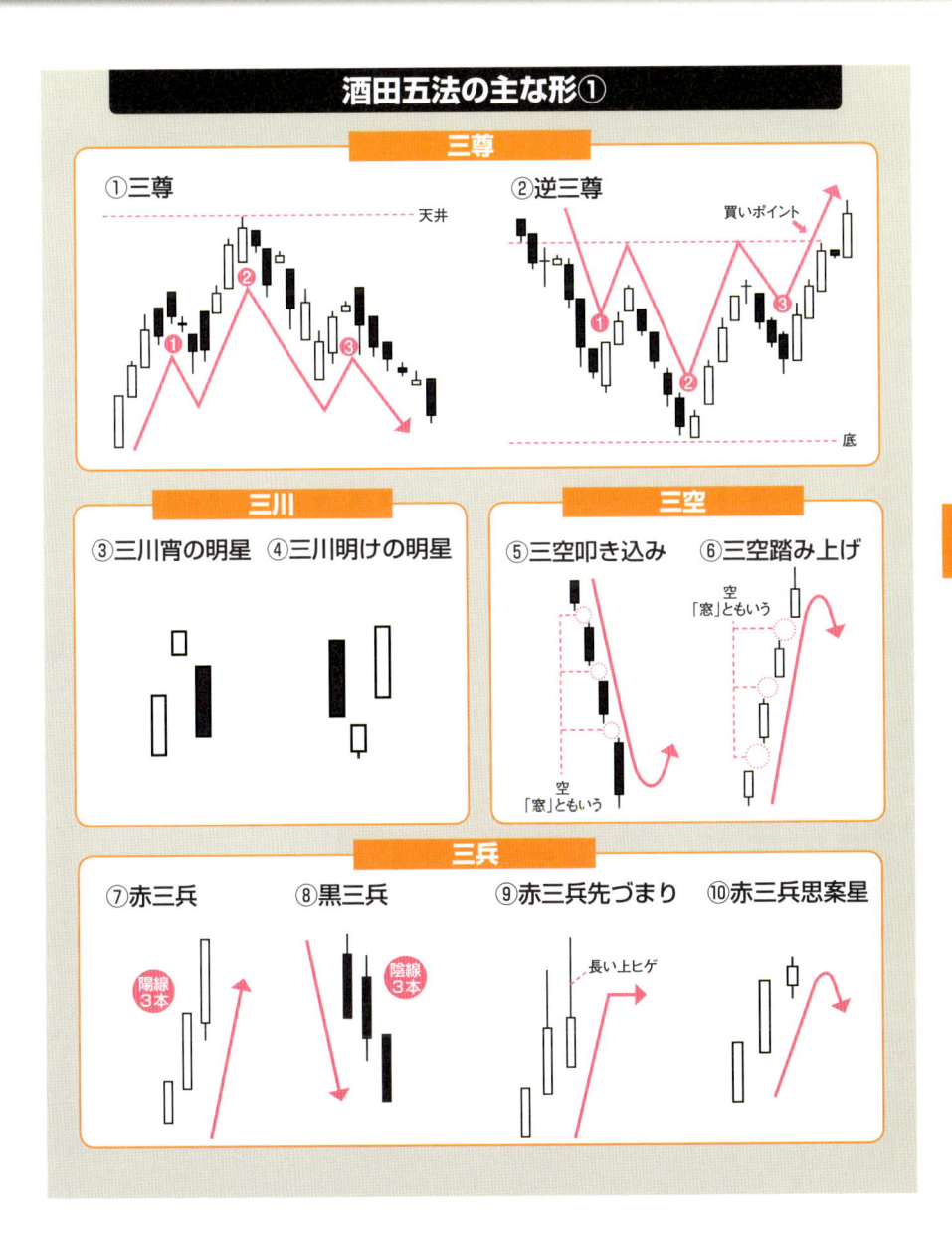

三尊

①三尊 — 天井

②逆三尊 — 買いポイント／底

三川

③三川宵の明星　**④三川明けの明星**

三空

⑤三空叩き込み　**⑥三空踏み上げ**

空「窓」ともいう

三兵

⑦赤三兵（陽線3本）　**⑧黒三兵**（陰線3本）　**⑨赤三兵先づまり**（長い上ヒゲ）　**⑩赤三兵思案星**

ただし、長いヒゲが出現したり値動きの幅が狭まったりした場合は先詰まりと判断し、<mark>トレンドの収束の前兆</mark>となります。長い上ヒゲが伸びる⑨赤三兵先づまりや、⑩赤三兵思案星といった形があります。

赤三兵なら、陽線が右肩上がりで並ぶ形、黒三兵なら陰線が右肩下がりで並ぶ形が理想です。

3章　勝つためのテクニカル分析活用法

酒田五法の主な形②

三法

⑪ 上げ三法　　中間線

⑫ 下げ三法　　中間線

「時には休め」という三法（さんぽう）

　小刻みに上昇と下落が連続して起こる場合は、売り買いが交錯してトレンドが定まらない状態で、三法と呼ばれます。

　酒田五法では、「売り」「買い」「休む」の三法が大切で、売買を行ったあとは、必ず休むように伝えられています。

　上昇相場で大陽線の出現後、小さな陽線や陰線をはさんだのち、大陽線の高値を上抜く陽線が出現すれば買いサイン（⑪上げ三法）、下降相場で大陰線出現後、小さな陽線や陰線をはさんだのち、大陰線の下値を下抜く陰線が出現すると売りサイン（⑫下げ三法）となります。

　あるいは、大きな動きの前の小さな陽線や陰線は、相場が休むことによってパワーを蓄え、さらなる上昇（下落）に備えていると判断します。

　一般にトレンドの途中で出ることが多い形です。必ずしも買いや売りのサインと受け取らずに、場合によっては「休む」と判断することも大切です。

　僕としては、テクニカル分析の古典とも言える酒田五法を、トレーディングに用いることはあまりありません。では、酒田五法をどう使ったかというと、ローソクの形から相場の心理を読むということを学びました。チャートは、相場に参加している投資家の心理状態を表したものでもあります。そんな視点で、チャートを眺めてみてください。いろいろな発見がありますよ。

マナブ式 儲けのコツ

酒田五法は実はトレンド判断の材料としても活用できます。「三山」「三川」「三兵」などが現れたときは、トレンドの転換やその前兆であることが多いのです。一方、「三空」や「三法」が現れたときは、一時的な上げや下げとなることはあっても、大きなトレンドに変化はないと見ることができます。

第3章 ④

トレンドがわかれば利益を上げるのは簡単

トレンドを分析しながら相性のよいトレードスタイルを考えましょう

相場にはトレンド（流れ）が存在する

　為替の値動きは、ただランダムに上下動をくり返しているというわけではなく、「トレンド」と呼ばれる相場の流れが存在します。トレンドとは「変動の方向」のことで、例えばある期間内に為替レートの上昇が続いたり、一方的に下降し続けたりする流れが出たようなときは、「トレンドが発生した」と言われます。

　このような上昇トレンドや下降トレンドがわかれば、そのままトレンドの流れに沿ってポジションを保有すればよいので、わりと利益を得やすくなります。

　しかし、相場ではいつもトレンドが発生しているわけではなく、上昇や下降がある一定の範囲内に収まっているレンジ相場や、まったく方向感のない時期もあります。

リスク・リターン小の順張り リスク・リターン大の逆張り

　上昇トレンドで買い、下降トレンドでは売りというように、トレンドに沿ってポジションを持つことを「順張り（トレンドフォロー）」、上昇トレンドが終了して下降トレンドに入った直後に売ったり、下降トレンドが反転して上昇トレンドとなったときに買うような場合は、トレンドが逆に動くことをねらってポジションを持つことになるので、「逆張り」と呼ばれます。

　順張りは、トレンドに沿って取引すれば含み損が出づらいのですが、すぐにトレンドが終了してしまった場合はあまり利益が取れません。一方、逆張りはうまくトレンド反転をとらえればリターンが大きくなるのですが、予想が外れた場合のリスクが大きくなります。

　順張りと逆張りのどちらがよい、というわけではなく、トレンドライン（92ページ）などのテクニカル分析を利用して、その相場の状況に応じて順張りと逆張りをうまく使い分けるとよいでしょう。

　相場には大きく分けて4つのパターンが存在します。

ボックス相場（レンジ・横ばい・もみ合い）と「方向感なし」

　トレンドがなく、一定範囲内で上下動をくり返して推移しているような流れを「ボックス相場（またはレンジ、横ばい、もみ合い）」と言います。

　為替レートが直近の高値へ近づくと上昇

3章 勝つためのテクニカル分析活用法

が下降に変わり、直近の安値へ近づくと下降が上昇に変わります。

ある意味方向感がないとも言えますが、期間内の底値と天井がはっきりしています。このどちらかをブレイクしないと、トレンドが発生しません。

年末年始やニューヨーク市場が休みの日など、市場参加者が少なく閑散としている時期は、そもそも取引量が少ないので、トレンドもなく、かと言ってボックス相場とも言い難い相場になります。ドル・円もせいぜい 20〜30 銭ほどしか動かないような状態です。

分足で細かく見ればトレンドが発生しているように見えますが、スキャルピング以外の取引は行わない方がよいでしょう。

下値支持線（サポートライン）で押し目買いを探る

上昇トレンドの際に、各ローソク足の安値を結んだ線を引いてできたトレンドラインを、「下値支持線（サポートライン）」と呼びます。上昇していた為替レートが下降しても、この下値支持線上で反発し再び上昇をするので、下値をしっかりとサポートしてくれるラインとなります。市場参加者も、「ここまで下がったのだから、反発するころだろう」と考えて買い注文を入れるポイントです。

上昇トレンド時、下値支持線まで下がってきたところを追加で買い注文を出すことを「押し目買い」と言います。上昇局面での一時的な下げで、追加でポジションを保有する形になります。

とはいえ、いつまでも上昇し続けることはなく、下値支持線で反発できずに割り込んでしまうこともあります。このように、ローソク足が下値支持線を割り込んでさらに下落してしまうことを「ブレイクダウン」と言います。一度ブレイクダウンすると売り注文が集まりやすくなるので、その後下値支持線を越えることができなければ上昇トレンドが終了し、下降トレンドやボックス相場へと移行することになります。

上値抵抗線（レジスタンスライン）で戻り売りを探る

下降トレンドの際に、各ローソク足の高

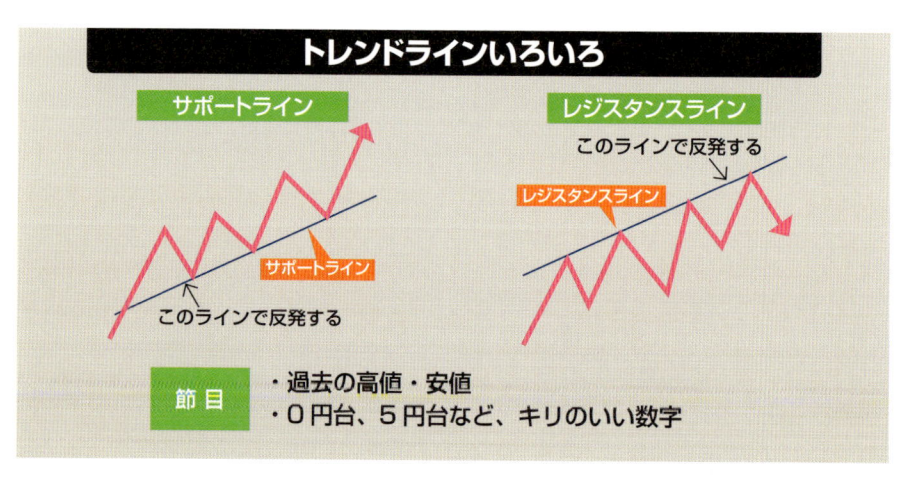

トレンドラインいろいろ

サポートライン / このラインで反発する / サポートライン

レジスタンスライン / このラインで反発する / レジスタンスライン

節目
・過去の高値・安値
・0円台、5円台など、キリのいい数字

値を結んだ線を引いてできたトレンドラインを、「上値抵抗線（レジスタンスライン）」と呼びます。下降していた為替レートが上昇しても、この上値抵抗線上で反落し再び下落するので、上値を抑えるラインとなります。市場参加者は、「ここまで反発したが、もう反落するころだから売っておこう」と考えて売り注文を入れるポイントです。下降トレンド時、上値抵抗線まで上がってきたところで売り注文を出すことを「戻り売り」と言います。下落局面での一時的な上昇で、売りポジションを保有する形になります。

しかし、いつまでも上値抵抗線で為替レートが抑えられているわけではありません。いずれ、下げ止まって上値抵抗線を越えて反発することもあります。このように、ローソク足が上値抵抗線を上回って上昇することを「ブレイクアップ」と言います。一度ブレイクアップすると買い注文が集まりやすくなるので、その後上値抵抗線を下回ることがなければ下降トレンドが終了し、上昇トレンドやボックス相場へと移行することになります。

投資家心理を反映した価格帯が「節目」

チャート上に線を引くことで、上値抵抗線や下値支持線以外にも、「節目（ふしめ）」と呼ばれる重要ポイントを見つけることができます。これは、相場の流れが変わったりトレンドが一段と勢いづくポイントになります。

①過去の高値や安値

まず、代表的な節目は高値や安値を結んだラインです。上昇や下降などの流れは、前回の高値や安値にさしかかると、その価格を意識して動くようになります。「前回はここで反発した」、「この前の高値は抜けないだろう」という心理的な思惑が発生し、節目を抜けなければトレンドが反転し、逆に節目を抜けるようなら現在のトレンドがさらに強くなります。

これがボックス相場の場合なら、ボックス相場を形成している上値抵抗線と下値支持線が節目になります。何度もつけにいっている節目である上値抵抗線をブレイクアップするか下値支持線をブレイクダウンするかで、相場に勢いがついてトレンドが発生するのです。

②0円台や5円台の価格帯

また、80円や85円などのように、次の0円台や5円台の価格帯は「大台（おおだい）」と呼ばれ、節目と同様に意識されるポイントになります。0円台や5円台には注文がたまっていることも多いので、このポイントを抜けるか抜けないかでその後の値動きがまったく違うものとなります。節目を抜けてしまった場合はそのままそちらの方向へ勢いが続き、抜けなかった場合は逆方向に急反発します。

節目や大台は、為替ディーラーやヘッジファンドなどの多くの投資家が「利益確定や損切りの目標値」としていることが多く、特にロスカットの注文がたまっているような節目や大台は値動きがかなり神経質になります。

トレンドを見たときには、節目や大台を見つけておいて、十分注意を払っておいた方がよいでしょう。

第3章 5 トレンドが転換、発生するポイントを見つける

天井や底、保ち合い放れといったビッグチャンスは形でわかるんです!

天井と大底を示す2つのパターン

チャートの値動きには、相場が大きく動く可能性の高い、ある種のパターンが存在しています。このチャートパターンを利用すれば、==相場の天井や大底、上放れや下放れの兆しを早期からとらえることができます==。代表的なパターンを説明しましょう。

天井を示すパターンの代表は次の2つの形です。

【①ダブルトップ（ダブルボトム）】

高値圏まで相場が上昇を続けたあと下落し、再度上昇したものの前回と同じ高値で失速、再び下落して、チャート上に2つの山を形成したパターンです。

==ダブルトップができたあとは、ネックライン（前回の安値）付近で戻り売りをするとよいでしょう。==

この逆の形がダブルボトムです。大底を示す形となりますから、==ダブルボトムができたあとは、ネックライン（前回の高値）==

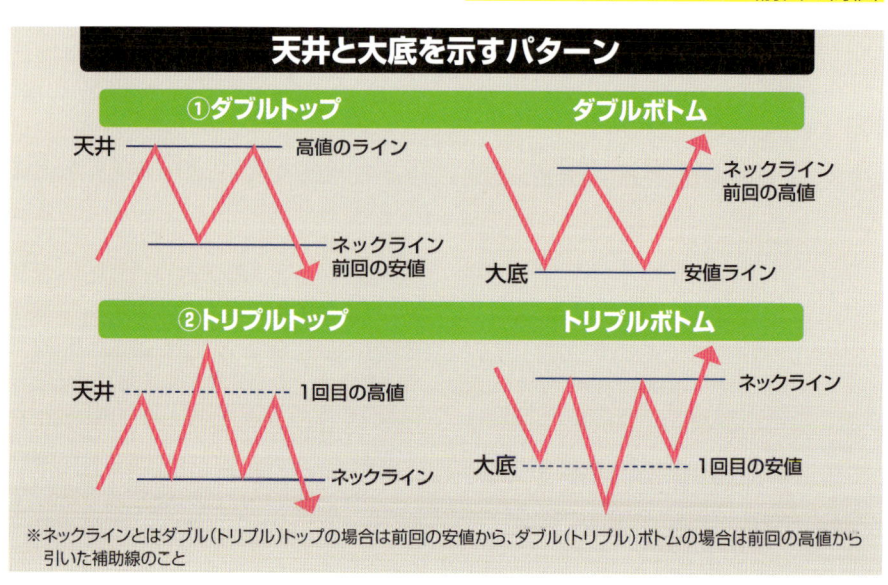

天井と大底を示すパターン

①ダブルトップ
- 天井
- 高値のライン
- ネックライン 前回の安値

ダブルボトム
- ネックライン 前回の高値
- 大底
- 安値ライン

②トリプルトップ
- 天井
- 1回目の高値
- ネックライン

トリプルボトム
- ネックライン
- 大底
- 1回目の安値

※ネックラインとはダブル（トリプル）トップの場合は前回の安値から、ダブル（トリプル）ボトムの場合は前回の高値から引いた補助線のこと

付近で押し目買いをするとよいでしょう。

【②トリプルトップ（トリプルボトム）】

「ヘッド＆ショルダー」、「三尊天井」とも言われる形です。高値圏まで相場が上昇を続けたあと下落し、再度上昇して前回の高値をやや上回ったものの失速、再び前回の安値まで下落して再び反発、今度は最初の高値付近までしか反発せずに下落すると、チャート上に3つの山を形成したパターンとなります。

全体を見ると山を3つ形成するパターンになっていて、1つ目の山と3つ目の山の高さは同じくらいなのですが、2つ目の山はやや高くなっています。

これは、相場がピークを付けた可能性が高く、その後は買いの力が弱まっていくことを示唆しています。

それにもかかわらず反発したということは、相場が目先の最安値を付けた可能性が高く、その後は売りの力が弱まっていくことを示唆しています。

この逆の形が大底を示すトリプルボトムになります。

徐々に変動幅が狭まっていく保ち合い（もちあい）

保ち合いとは、相場が上がる力と下がる力が拮抗したために、為替レートが一定の範囲を上下するだけの動きになってしまうことを言います。

変動幅が同じボックス相場と異なり、保ち合いは徐々に変動幅が狭まっていくのが特徴です。平行だった変動幅が徐々に狭まっていくため、チャートラインを引くと三角形の形に収束していきます。そして、この保ち合いが収束すると、それまで溜まっていたエネルギーが上か下のどちらかに働きかけることが多く、急騰や急落が見られます（ブレイクポイント）。

保ち合いにもいくつかのパターンが見られます。

【③ペナント型】

高値と安値を結んだ2本のラインが徐々に収束していってペナント（細長い三角旗）のような形状になり、完全に収束したところで上離れ（上昇ペナント型）か下離れ（下

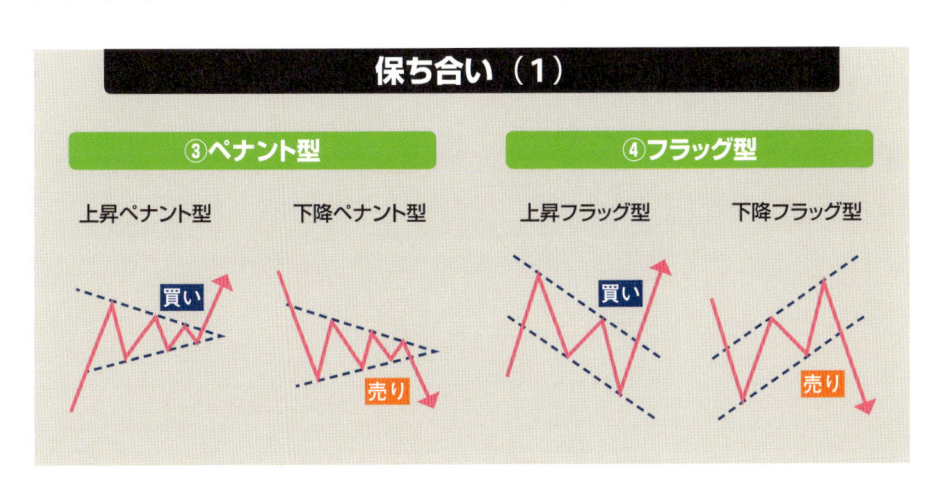

保ち合い（1）

③ペナント型
上昇ペナント型　下降ペナント型

④フラッグ型
上昇フラッグ型　下降フラッグ型

降ペナント型）の動きをとります。

【④フラッグ型】

フラッグ型のフラッグは文字通り「旗」の意味で、平行四辺形の形をした保ち合いを称したものです。

下値支持線と上値抵抗線が右肩下がりに推移していったものの、途中で上値抵抗線を上抜いていくパターンは上昇フラッグ型、逆に右肩上がりに上がっていったものの、途中で下値支持線を抜けてしまったパターンは下降フラッグ型と言います。

上昇フラッグ型は上昇トレンドの一時的な下落局面で出やすく、下降フラッグ型は下降トレンドの一時的な反発局面で出やすいです。最初の方向と逆に動くので、ある程度大きく動くことが多いです。

【⑤ウェッジ型】

上値と下値が序々に切り下がって（上がって）いく形の保ち合いを称したものです。買い意欲の下値支持線よりも売り意欲の上値抵抗線の方が弱いと、2本のラインが収束したときに反発して上昇する下降ウェッジ型と、上値と下値が序々に切り上がっていくものの、売り意欲の上値抵抗線が買い意欲の下値支持線よりも強くなっていくと、2本のラインが収束したときに下降する上昇ウェッジ型とがあります。

【⑥トライアングル型】

上のラインが水平で下のラインが上昇している三角形の形をしていて、もみ合いの中で何度か上値をトライしたが抜け切れず、反落をくり返すが反落した際の下値が少しずつ切り上がって、2本のラインが収

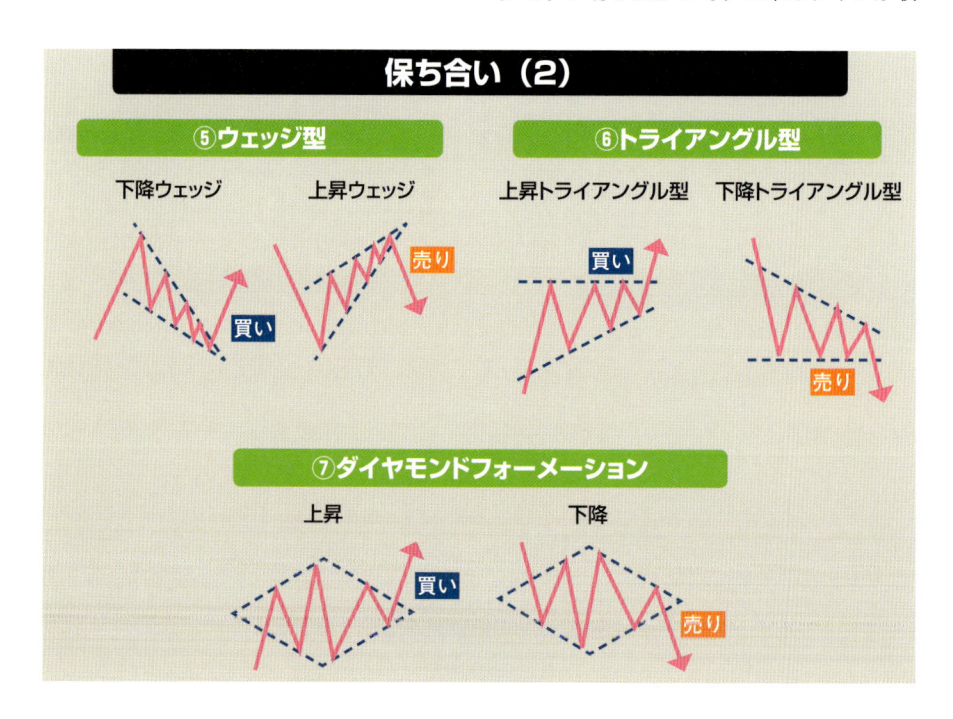

束したときに、上値抵抗線を突破し上昇トレンドとなる上昇型トライアングル型、下のラインが水平で上のラインが下降している三角形の形をしていて、何度か下値をトライしたが抜け切れず、反発をくり返すが反発した際の上値が少しずつ切り下がって、2本のラインが収束したときに、下値支持線を抜けてしまって下降トレンドとなる下降型トライアングルとがあります。

【⑦ダイヤモンドフォーメーション】

相場の天井付近で見られるパターンで、ダイヤモンドを真ん中で2つに割った左半分は拡大する三角形、右半分は先で収束する三角形となっている形をしています。

ダイヤモンドを破ったあとの下落幅は、ダイヤモンド真ん中の上から下までの最大幅、あるいはそれ以上のことが多いです。

保ち合い相場ではトラリピ放置プレーで稼ぐ！

ちょっと前までは、上昇とも下降ともトレンドが定まらない「保ち合い」は、初心者にとってはトレードしようのない「難しい」相場でした。

でも、FXが広まって、独特の注文法も広く知られるようになってくると、こうした見方にも変化が生じてきました。

これまで難しいものだった「保ち合い」の相場が、やりようによっては、簡単な相場にもなるのです。そのために必要なのは、トラリピの注文を出せるマネースクウェア・ジャパンの口座。そこで、62ページのように、複数の条件を設定して注文を出しておき、あとは放置プレーでOKです。保ち合い状態の相場が、勝手に上下してくれ、次々と売買が成立、利益確定も成立と、こんな楽な方法はありません。

ただし、ここにもリスクはやはりあります。保ち合い状態から放れて、トレンドが発生してしまうと、トラリピによって、複数の含み損を抱えてしまう、という恐ろしいことも起こり得ます。これを避けるためには、ロスカットを忘れずに設定しておくことです。

また、マネースクウェア・ジャパン以外の口座でも、IFDO（イフダンオーシーオー）を複数設定しておくことで「疑似トラリピ」ができます。利益確定の指値注文と、損切りの逆指値注文を同時に入れておくのです。

では、保ち合い状態でのトラリピ活用の条件をまとめておきましょう。

①マーケットがトレンドの定まらない保ち合い状態であること
②トラリピ注文が可能な口座を開設していること
③買い（売り）と利益確定の注文を細かく区切って複数設定しておくこと
④トレンドが発生して複数の含み損を抱えることを避けるために、イフダンオーシーオーでロスカットの設定をしておくこと

3章 勝つためのテクニカル分析活用法

第3章 6 誰もが知ってる！移動平均線

> 一番有名なテクニカル分析は移動平均線を使った「クロス」です

サポートライン、レジスタンスラインとしても意識されやすい

移動平均線は、最も基本的なトレンド系分析の1つで、ある一定期間における価格の平均値を線でつないだものです。

移動平均線によく用いられる期間は、5、10、13、21、25、50、75、90、200などで、分や時間、日などの終値で計算します。

期間の長さで、短期と長期の移動平均線に区別されます。短期移動平均線は1時間、5日間、13週線、長期移動平均線は4時間、25日、26週線を用いることが一般的です。

また、移動平均線には、単純移動平均線（SMA）、加重移動平均線（WMA）、指数平滑移動平均線（EMA）があり、それぞれ計算方法が異なります。

ここでは、一番ポピュラーな単純移動平均線（SMA）の説明をしましょう。

例えば、日足を5日分使って求める「5日移動平均線」の場合、5日間の終値の平均を求めます。あるローソク足の5日間の単純移動平均を求めるには、すべてを足し

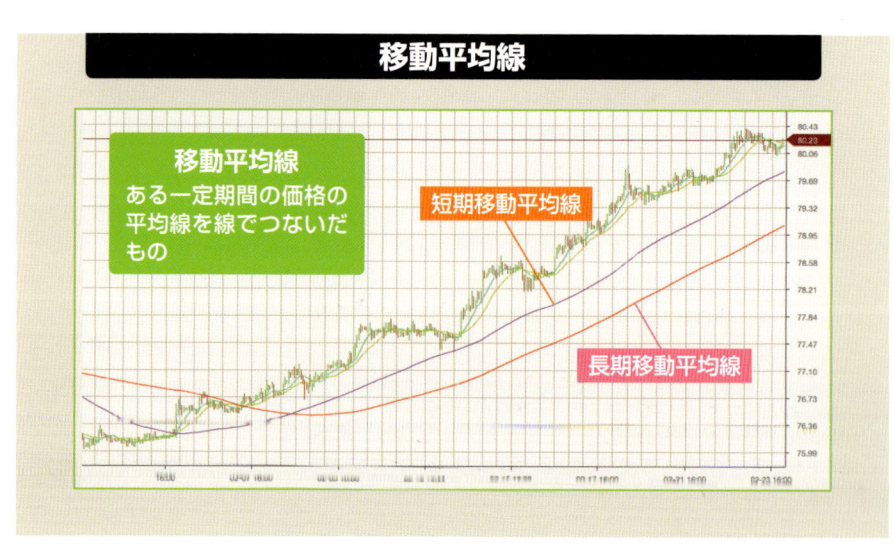

移動平均線

移動平均線
ある一定期間の価格の平均線を線でつないだもの

短期移動平均線

長期移動平均線

て5で割ります。この計算を各ローソク足で行い、線でつなぐと単純移動平均線になります。

急騰や急落などの極端な値動きも平均化することになるので、相場の流れが把握しやすくなります。

また、期間内で取引した人の平均値なので、==サポートやレジスタンスとして意識されやすい傾向==があります。つまり、上昇トレンド中は移動平均線が下値支持線の役割を果たし、下降トレンド中は上値抵抗線となるのです。

為替レートが、移動平均線の上か下のどちらにあるかでトレンドが把握できますので、ほかのテクニカル分析と組み合わせるとよいでしょう。

ゴールデンクロスとデッドクロス

移動平均線を使った分析で最も有名なのに、短期と長期の2本の移動平均線がクロスしたときでトレンド転換を判断する、「ゴールデンクロス」と「デッドクロス」があります。

通常は、==短期移動平均線（5日）と長期移動平均線（25日）を使って判断するのが一般的で==、短期移動平均線が長期移動平均線を上回ったら買い（ゴールデンクロス）、逆に短期移動平均線が長期移動平均線を下回ったら売り（デッドクロス）と判断します。

ただし、ゴールデンクロスとデッドクロスにはダマシが多いので注意します。長く続く大きなトレンドのときは参考になるのですが、幅の狭いボックス相場や、すぐにトレンドが反転してしまうような場合はすぐに移動平均線がクロスしてしまうので、あまり役に立ちません。

==ダマシを回避するには、長期移動平均線の方向に注目==します。仮にゴールデンクロスをしても、長期移動平均線が下向いていたり、デッドクロスをしても長期移動平均線が上向いていると、ダマシの可能性が高

3章 勝つためのテクニカル分析活用法

ゴールデンクロスとデッドクロス

くなります。どちらかというと大きな流れをつかむときに役立ちますので、中長期的な視点で見て判断材料にするとよいでしょう。

4つの買いと4つの売り グランビルの8つの法則

グランビルの法則は、1960年代にウォール街のハットン・デイリー・マーケット・ワイヤー通信社の記者だったJ.E.グランビルが、株価と200日移動平均線の関連から導き出した、8つの法則です。

この法則は、4種類の「買いシグナル」と4種類の「売りシグナル」からなり、移動平均線を使った売買ポイントを見つけるための代表例として利用されています。

長期の移動平均線が用いられることが多く、21、50、90、200日などがよく用いられています。

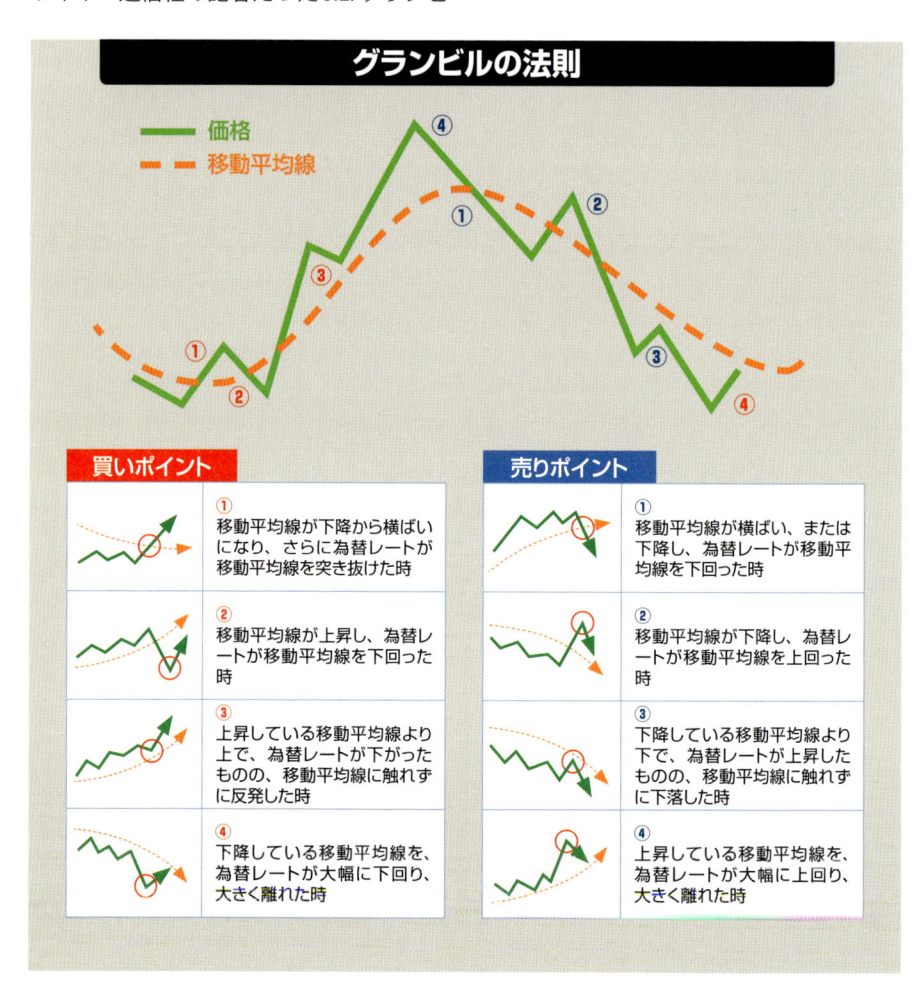

グランビルの法則

― 価格
--- 移動平均線

買いポイント

① 移動平均線が下降から横ばいになり、さらに為替レートが移動平均線を突き抜けた時

② 移動平均線が上昇し、為替レートが移動平均線を下回った時

③ 上昇している移動平均線より上で、為替レートが下がったものの、移動平均線に触れずに反発した時

④ 下降している移動平均線を、為替レートが大幅に下回り、大きく離れた時

売りポイント

① 移動平均線が横ばい、または下降し、為替レートが移動平均線を下回った時

② 移動平均線が下降し、為替レートが移動平均線を上回った時

③ 下降している移動平均線より下で、為替レートが上昇したものの、移動平均線に触れずに下落した時

④ 上昇している移動平均線を、為替レートが大幅に上回り、大きく離れた時

第3章 7 ローソク足より**トレンド**がわかる**平均足**

トレンドを見極めるなら平均足が断然わかりやすいです！

ローソク足とはヒゲの出方が違う

　平均足は、ローソク足を作る四本値（始値、高値、安値、終値）をそれぞれ平均化したものです。一度転換した平均足はしばらく続く傾向があるので、通常のローソク足よりもトレンドの把握が容易です。

　つまり、一度陽線が出れば次も陽線が、陰線が出れば次も陰線が出やすい傾向があるので、この連続する性質を活かせばトレンドに乗ることが可能です。

　保ち合い相場では、上下にヒゲが出るのが特徴で、相場にトレンドが出てくると、実体部分が大きくなって片方に長めのヒゲが出ます。また、実体が非常に小さく上下にヒゲが長い場合は、反転の可能性を示唆します。

　平均足は視覚的にわかりやすいのですが、足の判断がローソク足と逆の部分があるので注意しましょう。

　つまり、通常ローソク足は上昇トレンド中は下ヒゲが出て、下降トレンド中は上ヒゲが出るものですが、平均足では上昇トレンド中は上ヒゲが出て下ヒゲは出ず、下降トレンド中は下ヒゲが出て上ヒゲが出ないのです。

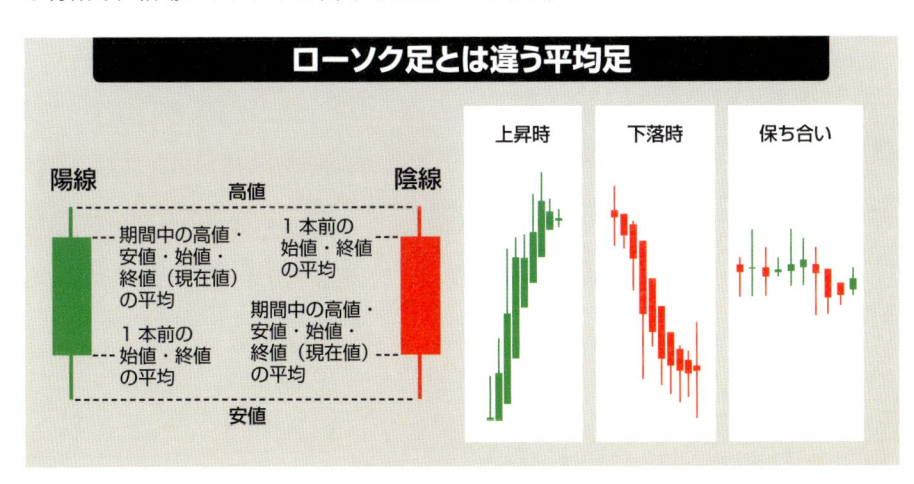

ローソク足とは違う平均足

陽線
- 高値
- 期間中の高値・安値・始値・終値（現在値）の平均
- 1本前の始値・終値の平均
- 安値

陰線
- 1本前の始値・終値の平均
- 期間中の高値・安値・始値・終値（現在値）の平均

上昇時 ／ 下落時 ／ 保ち合い

3章　勝つためのテクニカル分析活用法

平均足の使い方

【平均足のポイント】

① 陽線は「買い」、陰線は「売り」
② 陽線＋上ヒゲは「強い買い」、陰線＋下ヒゲは「強い売り」
③ 陽線＋下ヒゲは「買いが弱まる」、陰線＋上ヒゲは「売りが弱まる」
④ 前日の実体より短くなるにつれ、「トレンドが弱まる」
⑤ 非常に短い実体（実体が短く上下ヒゲが長い）は、「反転の可能性」
⑥ 保ち合い期間中は、上下両方にヒゲが伸びやすい。

【平均足の計算法】

	始値	高値	安値	終値
前日	a	b	c	d
当日	A	B	C	D
翌日	A´	B´	C´	D´

	1日目	2日目以降
始値	① =(a+b+c+d)/4	(① + ②)/2
高値	B	B´
安値	C	C´
終値	② =(A+B+C+D)/4	(A´+B´+C´+D´)/4

上昇しているローソク足を平均足に直すと…

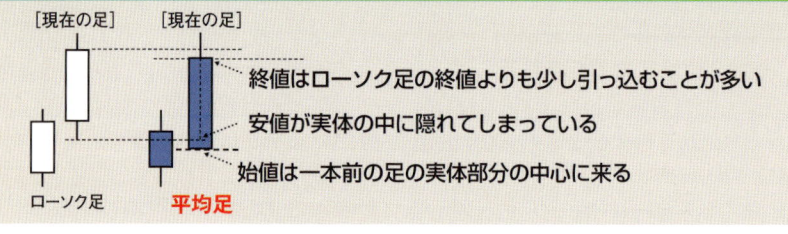

[現在の足] ローソク足
[現在の足] 平均足

- 終値はローソク足の終値よりも少し引っ込むことが多い
- 安値が実体の中に隠れてしまっている
- 始値は一本前の足の実体部分の中心に来る

　陽線平均足の下値は、1本前の始値と終値の平均なので、下ヒゲができないということは、「安値が前回の価格の半分以上＝下値サポート」されているということを表します。

　ですから、もし陽線平均足で下ヒゲが出た場合は、「前回の価格の半分を下回ってしまった＝売りが強い」となるので、上昇トレンド中は下ヒゲが出ない方がよいのです。

　また、なぜ上昇トレンド中に上ヒゲが伸びるのかというと、終値がローソク足の終値ではなく「高値、安値、始値、終値（現在値）」の平均であるため、実体が上ヒゲを埋めることがないからです。つまり、==平均足の高値は「どれだけ勢いが強いか」を表してくれる形==になっています。ですから、上ヒゲが伸びた方が上昇の力が強いと判断できるのです。

ヒゲが伸びるほどトレンドが強い

　一方、陰線平均足の上値で上ヒゲができないということは、「安値が前回の価格の半分以下＝上値が抑えられている」ということを表します。

　ですから、もし陰線平均足で上ヒゲが出た場合は、「前回の価格の半分を上回った

平均足

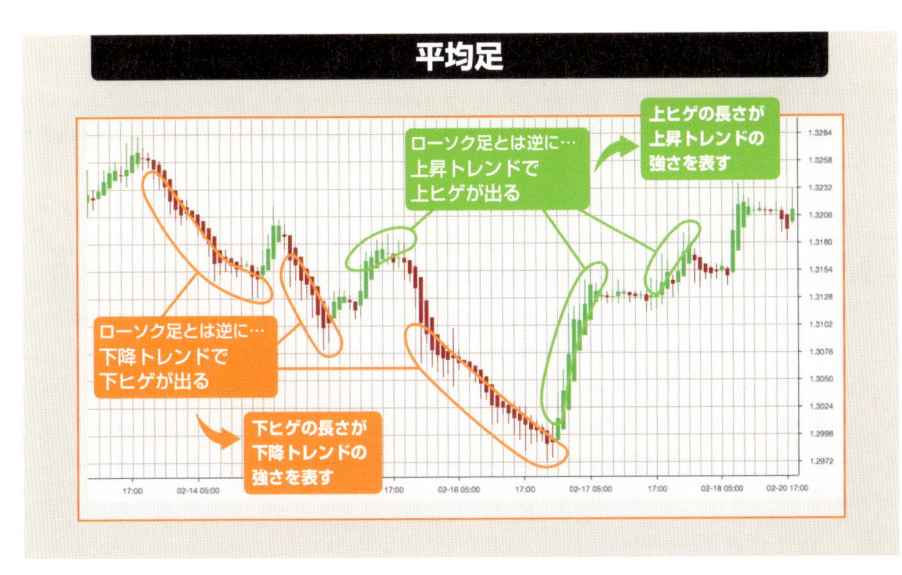

（チャート図）
- ローソク足とは逆に…下降トレンドで下ヒゲが出る
- 下ヒゲの長さが下降トレンドの強さを表す
- ローソク足とは逆に…上昇トレンドで上ヒゲが出る
- 上ヒゲの長さが上昇トレンドの強さを表す

＝買いが強い」となるので、下降トレンド中は上ヒゲが出ない方がよいのです。

　また、なぜ下降トレンド中に下ヒゲが伸びるのかというと、終値が「高値、安値、始値、終値（現在値）」の平均であるため、下落すればするほど実体が下ヒゲを埋めることがないからです。つまり、平均足の安値は「どれだけ売りが強いか」を表してくれる形になっています。ですから、下ヒゲが伸びた方が下落する力が強いと判断できるのです。

　平均足の色が変わったときの逆張りという方法もありますが、すぐにまた色が変わってしまうことが頻繁にあるので、トレンドを確認したあとの順張りで利用した方がよいでしょう。

　平均足の特長は、何と言ってもトレンドが把握しやすいこと。その特長を生かさない手はありません。

マナブ式 儲けのコツ

平均足は通常のローソク足のようにトレンドの途中で逆の形のローソク足が出現しないため、トレンドの判断で惑わされることが少なくなります。トレーダーは研究者ではありませんから、厳密な値動きを把握するよりも、トレンド（大きな流れ）を把握したい。それにはピッタリです。1章のトレード手法でも利用しているように、平均足は僕のお気に入りのチャートです。

第3章 8 トレンドの発生を判断する
ボリンジャーバンド

> 実際には逆張りではなく、トレンド転換の予兆として使うとよいです

平均からどれだけ乖離しているかを見る

ボリンジャーバンドは、1980年ごろにジョン・A・ボリンジャーが考案したトレンド系のテクニカル指標です。

移動平均線に統計学の理論を加えたもので、<mark>ある期間の値動きの平均値から現在の為替レートがどれぐらい乖離しているか、散らばっているかを±1σ、±2σといったバンドで示したものです。</mark>

ボリンジャーバンドは、中心となる移動平均線が引かれ、その上下それぞれに1本から3本程度の線を追加して、バンドが形成されます。これらは中心線を挟んだ上下2本の線が中心線から同じ距離で対になったバンドで、上の方を「アッパーバンド」、下の方を「ロワーバンド」と呼びます。

この複数のバンドは、内側のバンドから順に±1σ、±2σ、±3σと表記されます。σは「シグマ」と読み、標準偏差のことです。±1σは第1標準偏差、±2σは第2標準偏差、±3σは第3標準偏差となります。

ボリンジャーバンド

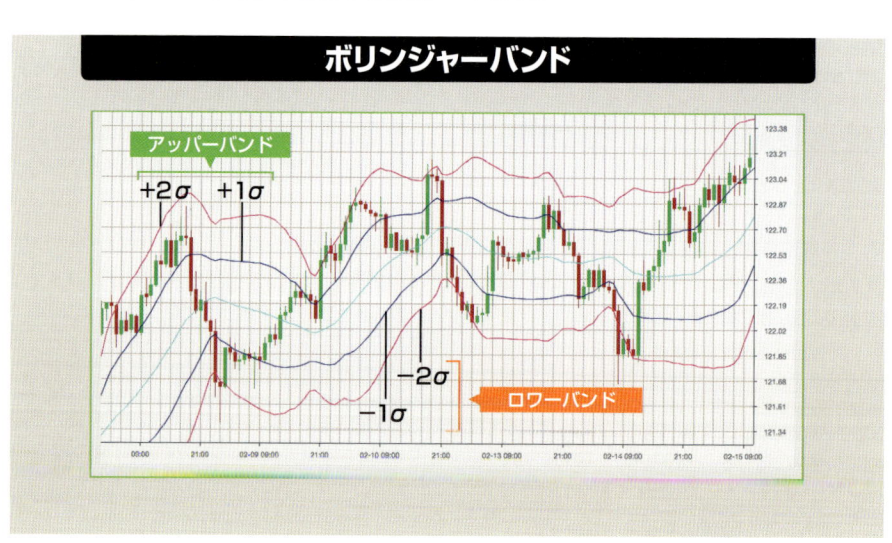

確率95.4%なのに、なぜか勝利に結びつかない？

為替レートが統計学的に正規分布しているとするなら、±1σのバンドの中に収まる確率は約68.3%、±2σのバンドの中に収まる確率は約95.4%といわれています。

つまり、為替レートがボリンジャーバンドの±2σ近辺にあるというのは、確率論で言うと出現率が5%程度しかない非常に珍しいケースということになります。ですから、仮に出現しても、そのあとに自然と中心の方へ引き戻される可能性が高いと言えます。

ボリンジャーバンドの±2σの範囲内に収まる確率は約95.4%ですから、売買のポイントもこれに準じて考えます。単純に「−2σラインに来たら買い、+2σラインに来たら売り」という手法です。これで勝てるように感じますが、ところが実際にはあまり通じません。

為替相場は、一方向へ動くとその方向へ継続して動く性質がありますから、為替レートが ==ボリンジャーバンドの±2σに張り付きだしたら「トレンドが発生したのではないか」== と判断し、ほかのテクニカル分析と組み合わせて今後の方向性を分析するとよいでしょう。

また、取引では休むことも必要ですから、==「ボリンジャーバンドが±2σ近辺に来ない限りトレードはしない」== という使い方もよいと思います。

ボリンジャーバンドは、逆張りで使われることの多いテクニカルですが、開発者のジョン・A・ボリンジャーは実は順張りで使うことを進めていました。

ボリンジャーバンドの使い方

- ボリンジャーバンドの±1σの範囲内に収まる確率・・・約68.3%
- ボリンジャーバンドの±2σの範囲内に収まる確率・・・約95.4%
- ボリンジャーバンドの±3σの範囲内に収まる確率・・・約99.7%

一般的には 価格が −2σに達したら買い、+2σに達したら売り

でも実際はそうならないので…

↓

価格が±2σに張り付くようになったら、

↓

トレンドが発生したのでは？ と考え、

↓

ほかのテクニカル分析と組み合わせて方向性を探る

3章 勝つためのテクニカル分析活用法

第3章 9

トレンドに強い異色の存在
MACD

> オシレーターなのに大きなトレンドの発生時に活躍する変わり者です

オシレーターなんだけどトレンド系の特徴もある

　MACD（マックディー）は、1960年代にジェラルド・アペルによって開発された、大きなトレンドや売買タイミングを測るオシレーター系のテクニカル分析です。

　テクニカルの入門として、誰もが覚える「移動平均線」をアレンジしたもので、マーケットの大きなうねりから天底を判断するテクニカル分析です。

　一般的にオシレーター系は細かい動きへの反応は素早い一方で、トレンドへの対応に弱点を抱えるものが大半です。

　でも、MACDは移動平均線をベースにマーケットの大きな動きに反応する性格から、==オシレーター系でありながら、トレンド系の特徴も持ち合わせたテクニカル指標==と言われています。

　チャート上では「MACD」と「シグナル」の2本の線で表され、MACDがシグナル線を下から上に抜けると買いのサイン、逆にMACDがシグナル線を上から下に抜け

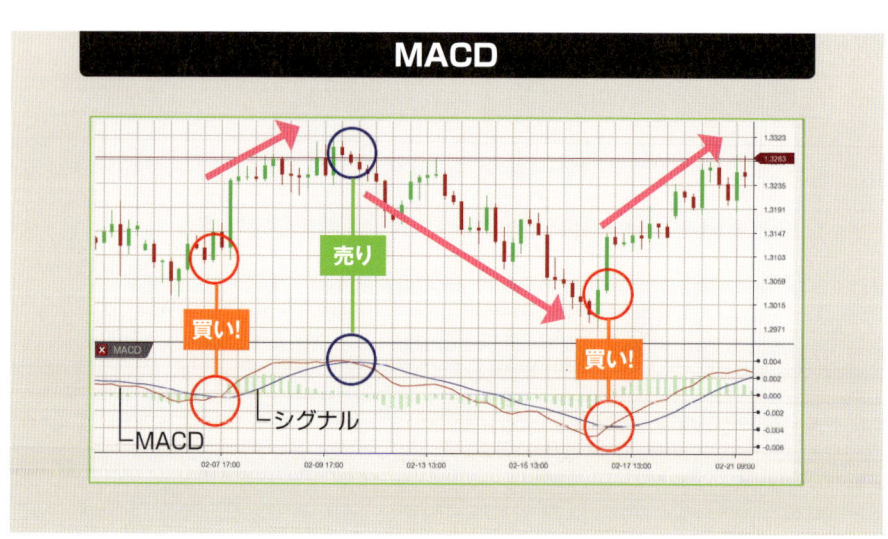

ると売りのサインとなります。

　また、上昇トレンド時はＭＡＣＤ・シグナルともにプラス圏で推移し、下降トレンド時はＭＡＣＤ・シグナルともにマイナス圏で推移します。

移動平均線よりもクロスの出方が早い

　ＭＡＣＤは、前ページの図のように、移動平均線と同じ「ゴールデンクロス」と「デッドクロス」が売買のサインになります。

　また、基準点との位置関係からトレンドの強弱を判断することもできます。

　さらに、クロスしたときの角度が浅い場合は、売買シグナルの精度も低くなりがちで、「ダマシ」になることもありますから注意が必要です。逆にクロスする角度が深ければ、シグナルの精度も上がって、明確なトレンドが発生しやすくなります。

　２本の移動平均線を用いた「ゴールデンクロス」と「デッドクロス」は、売買サインが遅れてしまうことが欠点です。

　そこで、長短２本の移動平均線がクロスするよりも前に、その乖離幅がピークアウトすることに着目して開発されたのがＭＡＣＤです。

　通常の移動平均線の「ゴールデンクロス」「デッドクロス」に先駆けてシグナルを出すことを目的に開発されたのがＭＡＣＤというわけです。

　とはいえ、ＭＡＣＤはわずかながら売買サインが出るタイミングが遅い部分もあるので、狭い値幅で上下するようなボックス相場には弱いです。

　売買サインが出たと思ったらすぐに反対のサインが出てしまうので、行ったり来たりするような相場で小刻みな利益を得るのは難しいのです。

　逆に、大きなトレンドが出たときには効果を発揮しますので、一方向に動くトレンド発生時に利用しましょう。

【ＭＡＣＤの利用方法】

売買サイン	「ＭＡＣＤ」が「シグナル」を下から上に抜けたら →	**買い**（ゴールデンクロス）
	「ＭＡＣＤ」が「シグナル」を上から下に抜けたら →	**売り**（デッドクロス）
トレンド判断	基準点の「０＝ゼロ」より下（マイナス域）で、「ＭＡＣＤ」が「シグナル」を下から上に抜け、その後、２本の線がゼロを上抜ければ、**強い上昇トレンド**。	
	基準点の「０＝ゼロ」より上（プラス域）で、「ＭＡＣＤ」が「シグナル」を上から下に抜け、その後、２本の線がゼロを下抜ければ、**強い下降トレンド**。	

第3章 10

行き過ぎをつかむRSIとストキャス

相場の行き過ぎに注目しながら、逆行現象でトレンド転換も見つけましょう

「相対力指数」とも呼ばれ相場の過熱感を表す

RSIは、J.W.ワイルダー氏によって開発されたオシレーター分析です。0％～100％の範囲内を上下するラインで表され、日本語では「相対力指数」と呼ばれています。

RSIは、上昇した日や下落した日の値幅がどれくらいあるのかをもとに算出されるので、==「相対的に今の相場は買いと売りのどちらに傾いているのか」==がわかります。

例えば、14日間で上昇した日の値幅の合計と下落した日の値幅の合計の比率が8：2になっていたら、RSIは80％となることから、「買われ過ぎか、売られ過ぎか」といった相場の過熱感を表すと言われています。

一般的には、==RSIが25～30％以下のときは売られ過ぎのため「買い」、70～75％以上は買われ過ぎのため「売り」==とされます。

RSIはボックス相場に有効で、==ボックスの底と天井をうまく示唆してくれるの==

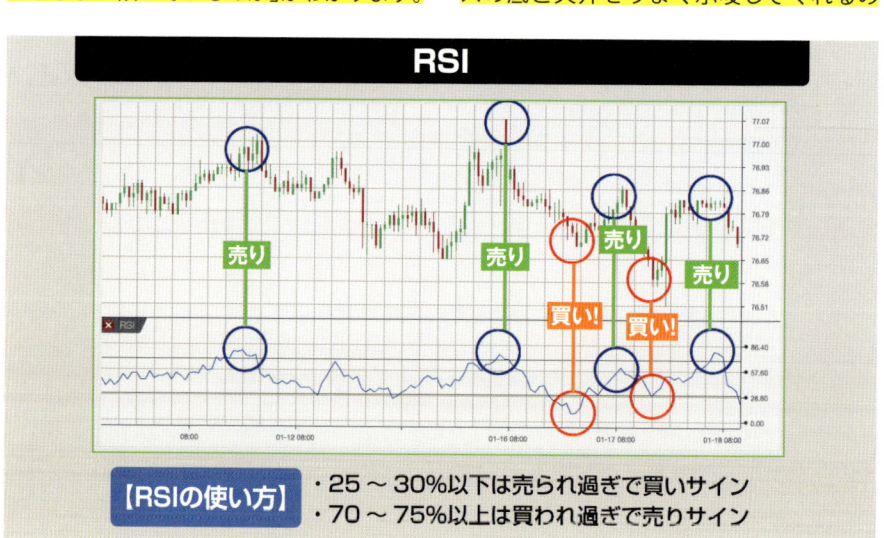

RSI

【RSIの使い方】
・25～30％以下は売られ過ぎで買いサイン
・70～75％以上は買われ過ぎで売りサイン

で、逆張りで使うとよいでしょう。

しかし、一方的に上昇・下落するようなトレンドが発生した場面ではダマシが発生するので、単独ではなくほかのテクニカル分析と組み合わせましょう。

ダイバージェンス（逆行現象）とは？

ＲＳＩは、50％を中心として0～100％の範囲で推移し、上昇局面に入ると数値が50％以上で、下落局面に入ると数値が50％以下で推移します。通常、ＲＳＩが70～75％以上であれば相場は買われ過ぎ、逆に25～30％以下であれば相場は売られ過ぎであると判断されます。

ところが、為替レートはまだ上がっているのにＲＳＩが下がり始めたり、逆に為替レートが下がっているのにＲＳＩが上がり始めたりする、という逆行現象が起こることがあります。

このような逆行現象をダイバージェンス（相違）と言います。

ダイバージェンス

トレンド転換前に出現する

このＲＳＩが先行したような現象は、ＲＳＩだけでなくＭＡＣＤ、ストキャスティクスなどにおいても起こります。

ダイバージェンスは極めて信頼度の高いシグナルとされていて、近日中にトレンドの転換が起きます。では、なぜこのような現象が起きるのでしょうか。

そこまでのトレンドの勢いが衰えているため生じる

まず、天井圏でのダイバージェンスを考えてみましょう。

為替レートが上がっていき、価格が高値を更新していきながらも、ＲＳＩ計算式の分子である「一定期間における上昇時の値幅合計」が分母「一定期間における下落時の値幅合計の部分」に対して小さくなっていくと、ＲＳＩは下向きになります。

こうしてチャート上で為替レートが上がっていてもＲＳＩは下降していくという現象が起こります。

つまり、下げ幅の合計に比べ、上げ幅の増え方のペースが落ちてきているということです。==高値を更新していても、終値ベースでの下げ幅の合計が増えてきているので、利益確定売りが増えてきて売りの勢いが強まってきている==、と考えられるのです。

次に、底値圏のダイバージェンスを考えてみましょう。

為替レートが下がっていき、価格が安値を更新していきながらも、ＲＳＩ計算式の分子「一定期間における上昇時の値幅合計」が分母「一定期間における下落時の値幅合計の部分」に対して大きくなっていくと、ＲＳＩは上向きになり、チャート上で為替レートが下がっていてもＲＳＩは上昇していく現象が起きます。

つまり、上げ幅の合計に比べ、下げ幅の増え方のペースが落ちてきているということです。==安値を更新していても、終値ベースでの上げ幅の合計が増えてきているので、下値が堅く買いの勢いが強まってきている==、と考えられるのです。

こういった要因によってダイバージェンスが発生するため、「近くトレンドの転換が起こる」と予測できるわけです。

==ダイバージェンスが生じたら、それまで==

トレンド転換を伝えるダイバージェンス

天井圏でのダイバージェンス
価格は上げ続けている
しかし…
RSI が下落し始めた
→ 高値を更新していても終値ベースでの下げ幅の合計が増えている

→ **トレンドが変わりつつある**

底値圏でのダイバージェンス
価格は下げ続けている
しかし…
RSI が上昇し始めた
→ 安値を更新していても終値ベースでの上げ幅の合計が増えている

のトレンドフォローのポジションは、手仕舞いなどの準備をした方がよいでしょう。

2本のラインで判断するストキャスティクス

RSIと同様に行き過ぎに注目するオシレーター分析が、ストキャスティクスです。

チャート分析家ジョージ・レインによって1950年代に考案された、「売られ過ぎ」や「買われ過ぎ」を判断するためのオシレーター系のテクニカル分析です。

ストキャスティクスでは、0%～100%の中を変動する短期線（%K）と中期線（%D）の2本を使って売買タイミングを測ります。また、ストキャスティクスの反応を少し落としたスローストキャスティクスという指標もあり、こちらで使うラインは%Dと%SD（長期線）です。

ストキャスティクスは、RSIと異なって2本のラインを元に判断するため、主観が交じってしまうRSIよりも売買判断が明確になっています。MACDと同じように、その2本のラインのクロスによって売買の判断をするのです。

逆張りとしてボックス相場で使用すると威力を発揮しますが、一方的なトレンドが発生してしまうとうまく利用できなくなります。

また、売買サインの発生が多すぎる一面があるので、売買サインに振り回されないようにほかのテクニカル分析と組み合わせて利用しましょう。

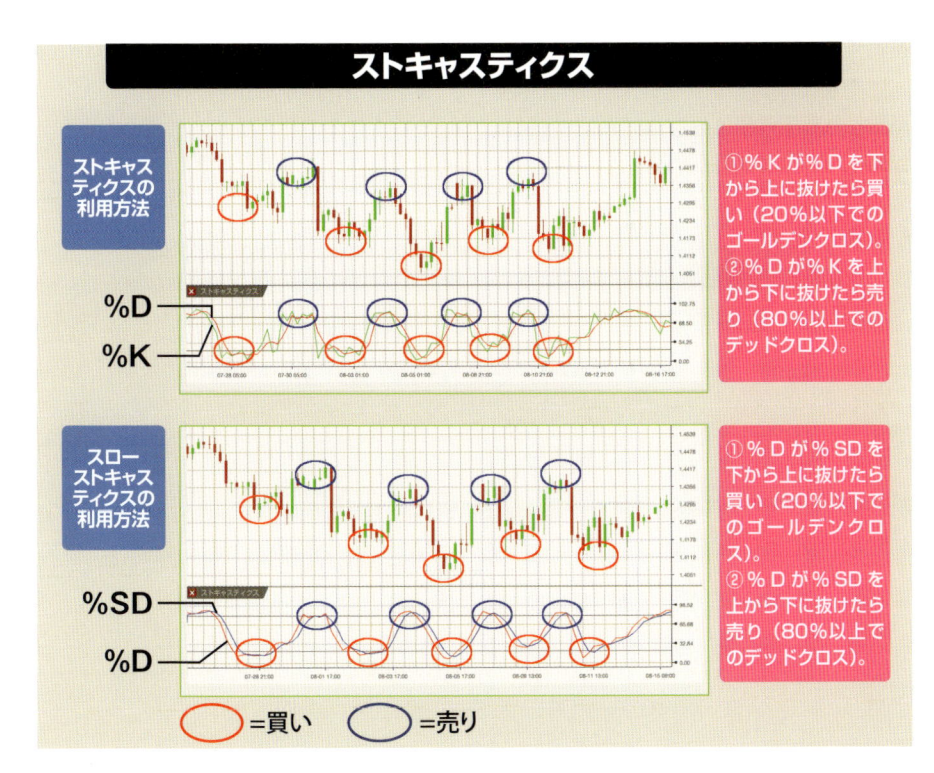

3章 勝つためのテクニカル分析活用法

ストキャスティクス

ストキャスティクスの利用方法

%D
%K

①%Kが%Dを下から上に抜けたら買い（20%以下でのゴールデンクロス）。
②%Dが%Kを上から下に抜けたら売り（80%以上でのデッドクロス）。

スローストキャスティクスの利用方法

%SD
%D

①%Dが%SDを下から上に抜けたら買い（20%以下でのゴールデンクロス）。
②%Dが%SDを上から下に抜けたら売り（80%以上でのデッドクロス）。

○=買い　○=売り

第3章 11 トレンドへの弱点を補った DMIとADX

> 逆張り、順張りどちらでも使える
> ハイブリッドなテクニカル分析です

RSIの弱点を補った順張りで使えるオシレーター

　DMIやADXは、RSIなどの逆張り系の指標がトレンドに弱いことから、その欠点を補うためにRSIと同じくJ.W.ワイルダー氏によって考案されたテクニカル分析です。

　逆張りの多いオシレーター系のなかで、順張りとしても使えるため、トレンド系に分類されることもあります。

　DMIは、上昇力を表す＋DIと下降力を表す－DIという2本のラインを使ってトレンドの方向を見る指標で、「方向性指数」と訳されます。

　ADXは、ラインの角度や位置でトレンドの強さを見るための指標で、「平均方向性指数」と訳されます。

　まず、DMIから見てみましょう。
　＋DIは上昇の可能性、－DIは下降の可能性の大きさを表します。そして、＋DIが－DIよりも上に位置していれば上昇

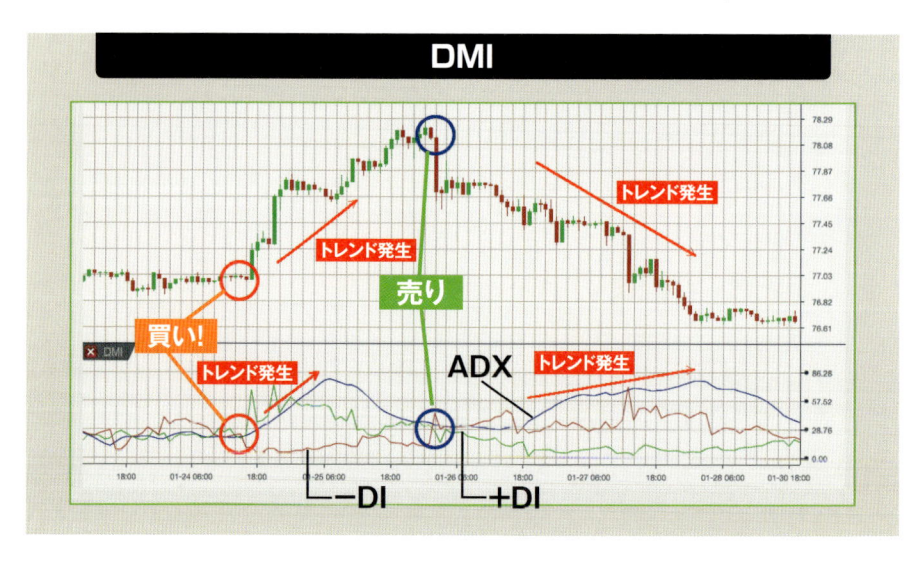

トレンド、一方、−DIが＋DIの上にあれば下降トレンドを意味します。

売買ポイントは、MACDやストキャスティクスと同様に、==＋DIが−DIを上抜いたときが買い、＋DIが−DIを下抜いたときが売り==のポイントとなります。

上昇・下降問わずトレンド発生で上昇するのがADX

DMIは逆張りで使うことが多いのですが、ボックス相場ではダマシにあうこともあります。そこで、==このダマシを防ぐために使うのがADX==です。

ADXはこれまでのテクニカル分析と異なり、「トレンドの強さを測る指標」です。ADXが上昇しているときはトレンドが発生している状態、下降しているときは、トレンドのない状態ということになります。つまり、「ADXの上昇＝上昇・下降トレンドの発生」を意味します。

ですから、==ADXは、上昇トレンドだけでなく下降トレンドが発生したときでも上==昇しますので、==間違えないように==注意しましょう。

このような現象が起こるのは、ADXを求める計算式のなかに「絶対値」を用いているからです（この辺は難しく考えずにただ覚えておくだけで大丈夫です）。

そして、上昇していたADXが下降してくるとトレンド終了となります。

まずはDMIを見て、次にADXを確認する

DMIとADXを合わせて使う場合、==まずはDMIで買いと売りのどちらが強いかを見ましょう==。＋DIと−DI、どちらへトレンドが発生するのかを分析します。

このとき、＋DIと−DIがクロスしたとしてもすぐにエントリーせずに、ADXに注目してください。

このときに==ADXが上昇傾向にあるならば、買いでも売りでもエントリー==します。

また、±DIのクロス後、下落してきた−DIをADXが上抜いたら買いサイン、

DMIの使い方

方向性	・＋DI＝上昇の強さ（上昇の可能性） ・−DI＝下落の強さ（下落の可能性）
トレンド判断	・＋DIが−DIよりも上にあると上昇トレンド ・−DIが＋DIの上にあると下降トレンド
売買サイン	・＋DIが−DIを上抜いたときが **買い** ・＋DIが−DIを下抜いたときが **売り**

ボックス相場ではダマシが多くなるため、ADXを一緒に使うこと！

下落してきた＋ＤＩをＡＤＸが上抜いたら売りサインという見方もあります。

利益確定はＡＤＸが下落し始めたタイミングで

そして、ポジションを保有したあとで<mark>利益を確定するタイミングは、ＡＤＸが下落し始めたとき</mark>です。

仮に＋ＤＩと－ＤＩがクロスしていなかったとしても、ＡＤＸが下落してきたら要注意です。

ＡＤＸの下落は、上昇・下降問わずこれまでのトレンドの終了を<mark>示唆</mark>するので、いつでも利益確定できるように準備しておきましょう。

なお、ＡＤＸはＤＭＩを表示させなくても単独で表示させることができます。＋ＤＩや－ＤＩと混ざってわかりづらいときは、単独表示するとよいでしょう。

ＡＤＸはＤＭＩ以外のテクニカル指標と組み合わせることができるので、例えば<mark>平均足と組み合わせてトレンドの終了を見極めたり、ＲＳＩと組み合わせて反転時期を予想してみるのも面白い</mark>ですよ。

ＡＤＸの使い方

- ＡＤＸが **上向き** のときは、一定方向へのトレンドに勢いがついてきたことを示す。

- ＡＤＸが **下向き** やボックスのときは、トレンドが弱い

- ＋ＤＩが－ＤＩを上抜いたあと、
  下落してきた－ＤＩをＡＤＸが上抜いたら ➡ **買いサイン**

- ＋ＤＩが－ＤＩを下抜いたあと、
  下落してきた＋ＤＩをＡＤＸが上抜いたら ➡ **売りサイン**

- トレンドの強さだけを表すので、上昇トレンドなのか下降トレンドなのかはわからない

- トレンドが強く継続する場合は、2本線（＋ＤＩ・－ＤＩ）の差が拡大
  ➡ **ＡＤＸは上昇**

- トレンドが弱く反転するかレンジ相場は、2本線（＋ＤＩ・－ＤＩ）の差が縮小
  ➡ **ＡＤＸは下落**

ほかに、・平均足と組み合わせてトレンド終了を見極める
　　　　・ＲＳＩと組み合わせて反転時期を予想する
といった利用もできる

第3章 12

一目均衡表は雲に注目すること！

多彩なシグナルが特徴の、日本が世界に誇るテクニカル分析です

均衡の崩れた相場の動きを一目でわかるから一目均衡表

一目均衡表は、新聞記者だった細田悟一氏が1936年に一目山人（いちもくさんじん）というペンネームで発表した日本発のテクニカル分析です。

当時は「新東転換線」という名前で発表され、買いと売りの均衡が破れた方へ相場が動くというのが一目でわかることから、一目均衡表と名づけられました。

1章で紹介したTHVなど、チャート画面に複数のシグナルが表示されるテクニカル分析を、最近ではよく見かけますが、一目均衡表は、そうしたスタイルの先駆けとも言えますね。

一目均衡表では、次のような複数の要素で構成されています。

- 基準線（過去26日間の平均上昇幅）
- 転換線（過去9日間の平均上昇幅）
- 遅行スパン（当日の終値を26日遡って表示）
- 先行スパン1（基準線と転換線の中値を26日先行させて表示）
- 先行スパン2（過去52日間の最高値と最安値の平均値を26日先行させて表示）

これらの5つのラインが用いられます（いずれも日足チャートの場合）。

また、先行スパン1と先行スパン2の間を「雲」と呼び、この雲がサポートやレジスタンスの価格帯を表します。

無数の売買サインを組み合わせて判断する

一目均衡表は、はっきりした見方や明確なシグナルはなく、無数にある買い（売り）シグナルを組み合わせて自分で判断する必要があります。

まずはチャート上の雲に着目し、この雲をもとにサポートやレジスタンスの価格を考えます。為替がこの雲ではじき返されるのか、下抜けてしまうのかを視覚的に見てみましょう。

また、雲が薄くなっている部分や切れ目となっているところは為替相場の転換点にもなりやすく、価格の乱高下が激しくなる可能性がありますので、注意が必要です。

さらに、売買サインが3つそろった「三役好転（買いサイン）」や「三役逆転（売りサイン）」といったサインもありますので、覚えておきましょう。

3章 勝つためのテクニカル分析活用法

一目均衡表

売買サイン

- 転換線が基準線を上に抜けると 買い 、下に抜けると 売り とされる
- 遅行スパンが「雲」を上抜けば 買い 、下抜けば 売り
- チャートが「雲」を上抜けば 買い 、下抜けば 売り
- ローソク足が雲の上にあると**上昇トレンド**（雲が下値支持線に）
- ローソク足が雲の下にあると**下降トレンド**（雲が上値抵抗線に）
- 「雲」が薄くなっている部分や切れ目は転換を示唆

三役好転
①転換線が基準線を上抜ける
②ローソク足が雲を上抜ける
③遅行スパンがローソク足を上に抜ける

三役逆転
①転換線が基準線を下抜ける
②ローソク足が雲を下抜ける
③遅行スパンがローソク足を下に抜ける

第3章 13

FXトレーダーに人気の パラボリック、P&F

常にポジションを持っていたいデイトレーダーの強い味方です

ドテン買い、ドテン売りができる

パラボリックは、RSIやDMIで有名なJ.W.ワイルダー氏によって考案され、トレンド系のテクニカル分析に分類されています。

パラボリックとは「放物線」という意味で、このグラフで描くドットのことをSAR（Stop And Reverse））と呼んでいます。

これは、保有しているポジションをストップ（手仕舞い）し、次にリバース（反対）の取引を行うという、いわゆる「ドテン買い・ドテン売り」が行える手法です。

3章 勝つためのテクニカル分析活用法

パラボリック

・SARが上から下降していき、ローソク足にぶつかったところが 買いシグナル
・SARが下から上昇していき、ローソク足にぶつかったところが 売りシグナル
・価格がSARの上に位置している期間は 「買い」
・価格がSARの下に位置している期間は 「売り」

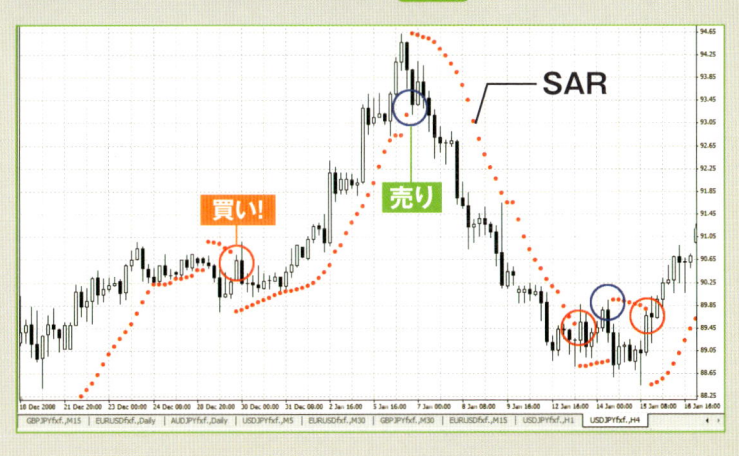

117

パラボリックでは、2本の放物線状の線（SAR）を用いて売買シグナルを読み取ります。

放物線のラインが上から下降していき、ローソク足にぶつかったところが「買いシグナル」。逆に放物線のラインが下から上昇していき、ローソク足にぶつかったところが「売りシグナル」になります。

パラボリックは、常に買いか売りのどちらかを示しているので、買いポジションは「価格がSARの上に位置している期間」、売りポジションは「価格がSARの下に位置している期間」と覚えておきましょう。

大きなトレンドが発生したときに活躍

為替の変動が小さい場合やボックス相場のような場面では、パラボリックの売買シグナルが遅れたり、売買シグナルが頻繁に出過ぎたりします。こんなときは、ほかのテクニカル分析で補うか、大きなトレンドが発生したときに参考にするようにしましょう。

なお、J.W.ワイルダー氏は、DMIのADXを併用し、トレンドが確認できる局面でパラボリックを利用するのがより有効であると述べています。

上昇が×、下落が○になるポイント＆フィギュア

ポイント＆フィギュア（P&F）は、為替の値動きで上昇を×、下落を○で表すアメリカの先物でよく使われているチャートです。

通常のチャートは時系列チャートといって、Y軸が時間でX軸に変動を描画しますが、ポイント＆フィギュアは非時系列チャートなので時間の概念を持たず、値動きだけを記述してきます。

つまり、価格が動かなければ、1日たっても2日たってもポイント＆フィギュアに変化が起きないのです。

このような非時系列チャートは、ほかに

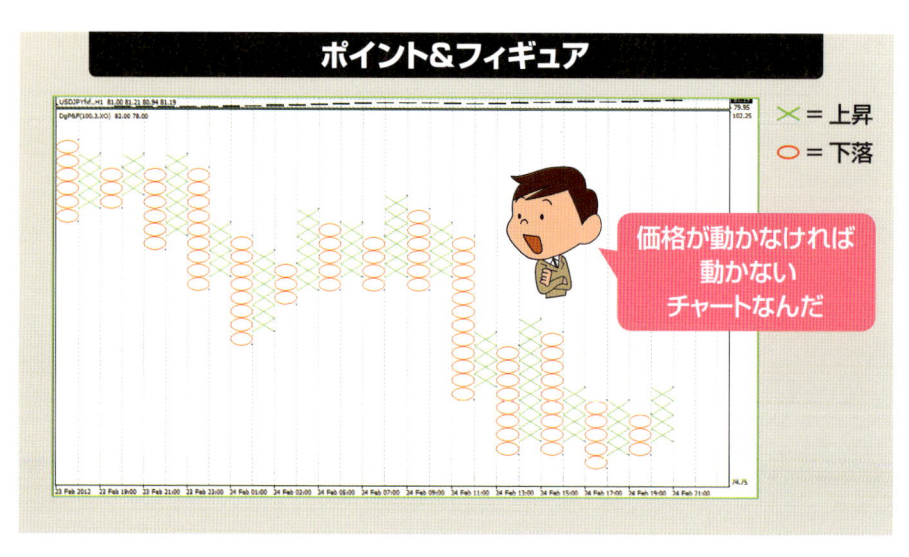

ポイント＆フィギュア

×＝上昇
○＝下落

価格が動かなければ動かないチャートなんだ

も新値足（以前の相場を超えた時、初めて付け加える）やカギ足（あらかじめ決めた値幅を超えたときに初めて付け加える）が該当します。

ポイント＆フィギュアの2つの利用方法

①パターン分析

直前の高値を抜いて上昇したとき（ダブルトップ、トリプルトップ）が買い。逆に直前の安値を下回ったとき（ダブルボトム、トリプルボトム）を売りとします。

保ち合いになった場合は、ローソク足のときと同じく、上に抜ければ"買い"、下に抜ければ"売り"となります。

②トレンド分析

ポイント＆フィギュアのマス目に沿って、45度線を引きます。この線を基準に、上方なら強気、下方なら弱気とします。チャート分析のときと同じく、トレンドラインを引いて分析する方法です。

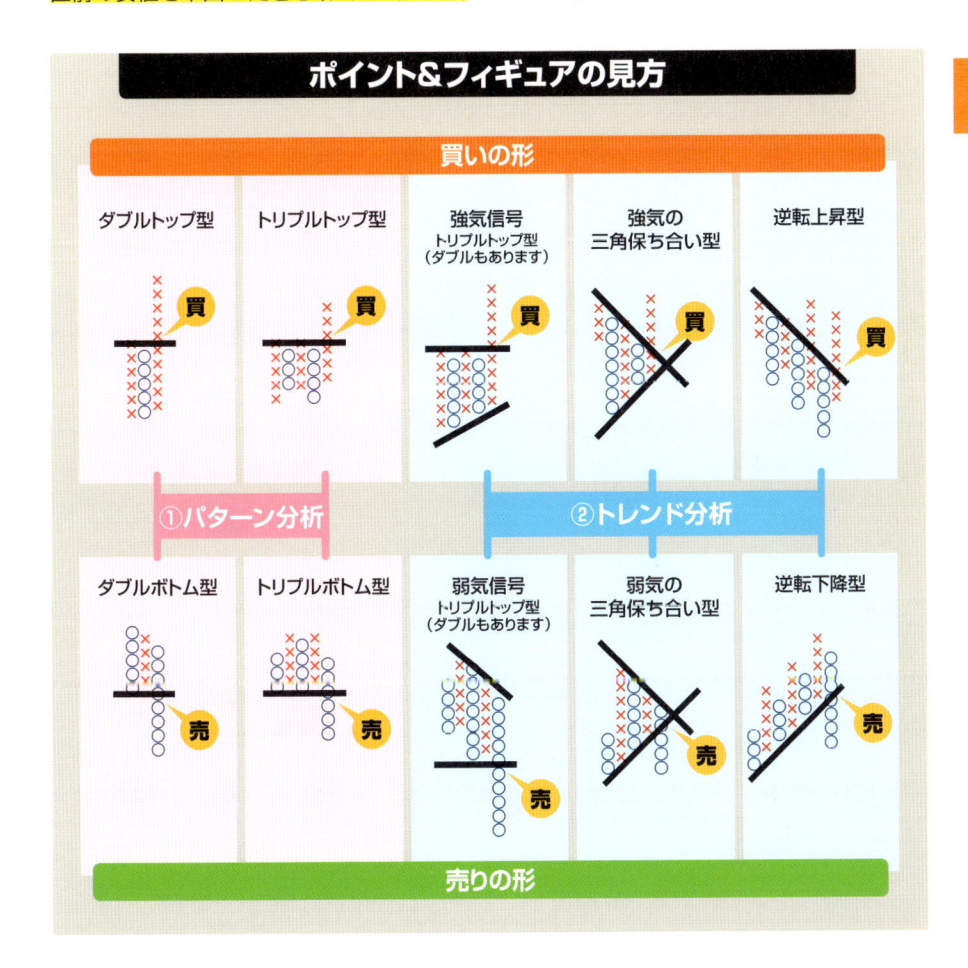

ポイント＆フィギュアの見方

買いの形

| ダブルトップ型 | トリプルトップ型 | 強気信号 トリプルトップ型（ダブルもあります） | 強気の三角保ち合い型 | 逆転上昇型 |

← ①パターン分析 → ← ②トレンド分析 →

| ダブルボトム型 | トリプルボトム型 | 弱気信号 トリプルトップ型（ダブルもあります） | 弱気の三角保ち合い型 | 逆転下降型 |

売りの形

コンピュータより人間の方が頭はいい？

　1章で紹介した必勝トレードでは、システムトレードでも活用できる、優れもののチャートソフトやインジケーターの力を借りました。人間の頭脳ではなかなか追いつかない高度な計算を素早く行って、いち早く売買のシグナルを伝えてくれる頼もしい助っ人です。

　3章で説明したテクニカル分析では、改めて上記のソフトやインジケーターに象徴されるコンピュータの賢さ＝処理能力が欲しくなるかもしれません。儲けるためには、やっぱりシステムトレードなのかな？と思う方もいらっしゃるでしょう。

　でも、それで裁量トレード（人間の賢さ）への自信を喪失してしまってはもったいないです。くり返しますが、大きく儲けるならやはり裁量トレードなのですから。

人間は一目見れば、おおざっぱに理解できる

　「そうはいっても、コンピュータの方が処理能力に優れているのは事実でしょう」という方もいるでしょう。でも、実はそうでもないんです。

　私たちが為替チャートを見たとき、たいていの場合は一目見ただけで、おおざっぱな高値や安値がわかると思います。トレンドが上昇か下降かも大体はわかりますよね。

　ところが、これをコンピュータが理解しようとすると、まず「為替チャートがどこから始まってどこで終わっているのか」、「どの数値が為替レートなのか」、「どのような計算式でグラフが描画されているのか」……などと理解するまでに非常に手間がかかります。

　人間が立てるような「予想」や「推測」はまったくできず、「ざっくり理解する」ということもできません。柔軟性に欠けるのです。

　そもそも人間の脳は、1秒間に約1000万ビットの情報を処理することができると言われていて、これはパソコンのCPUで例えれば2の1000万乗というとてつもない処理能力になります。

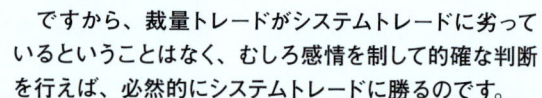

　ですから、裁量トレードがシステムトレードに劣っているということはなく、むしろ感情を制して的確な判断を行えば、必然的にシステムトレードに勝るのです。

　そもそもシステムトレードのロジック自体、人間が考えたものですから、当たり前と言えば当たり前なのですが。

4章 大きく勝つなら絶対必要！ファンダメンタルズ

テクニカル分析の思考法は、システムトレードの売買ルールに、相当正確に反映させることができます。一方で売買ルールへの反映が難しいのが、この章で説明するファンダメンタルズ分析です。いわば、この部分の知識とトレードへの活用術こそが、大きな利益をもたらす裁量トレードの最大の武器になるんです！　マナブ式ＦＸのベースになる知識でもありますから、じっくり読んでみてください。

第4章 1 実際のところ、ファンダメンタルズは必要？

> トレンドをつかまえ大きく儲けるなら、ファンダメンタルズは絶対必要です

中長期トレンドの方向性を決定する

ファンダメンタルズとは「経済の基礎的事項」という意味で、各国の雇用や生産、物価など経済活動の状況を示す基礎的な要因のことです。

各国は「経済指標」と呼ばれる経済活動を数値化したものを定期的に発表しています。経済指標の多くが、政府などの公的機関で公平・公正に調査されて公表されているため、結果の正確性が高いものとなっています。

為替市場においてファンダメンタルズは、中・長期トレンドの方向性を決める重要な要素です。テクニカル分析はトレードの場面で、売買タイミングの判断に大きく役立ちますが、ファンダメンタルズは相場の大きな方向性を見極める点で、トレードの役に立ちます。

テクニカルは「買い」、ファンダメンタルズは「売り」の場合は？

仮にテクニカル分析で「買い」のシグナルが出たとしても、ファンダメンタルズが「売り」である場合は、どのような結果になるでしょうか？

取引直後は若干上がって含み益が出ても、中長期で見るとファンダメンタルズが回復しない限り少しの利益しか得られないということになるでしょう。

このとき、あらかじめファンダメンタルズを分析していたなら、僕であれば次のような行動をとるでしょう。

ファンダメンタルズ分析によりトレンドが「売り」ということがわかれば、テクニカル分析で「買い」となっても買いません。そして、テクニカル分析で「売り」となったら売ります。こうすれば、「買い」のときよりも大きな利益幅を得られると思うからです。

テクニカルとの役割分担はこう考える

とはいっても、中長期のトレードでテクニカル分析が役に立たないというわけではありません。なぜなら、いくらファンダメンタルズが悪くても、いずれ「悪材料出尽くし」で反発する局面が来るからです。

逆に、ファンダメンタルズが良かった場合でも、いずれは「材料出尽くし」と判断されて、さらなる買い手が現れずに反落します。

このようにファンダメンタルズを無視し

て動くときを察知するためには、テクニカル分析は不可欠です。

つまり、「まずファンダメンタルズで相場の概況やトレンドをつかんでおき、売買ポイントをテクニカル分析で判断する」という２段構えで、取引に臨むとよいでしょう。

大きく儲けるなら
ファンダメンタルズは絶対必要

経済指標発表や要人発言で予想外の結果やインパクトのある発言があったときには、瞬間的にテクニカル分析を無視して動くこともよくあります。

そんなときは、急激に相場が動いて、せっかく保有したポジションがあっという間に含み損になって強制ロスカットなんて、悲惨な事態になる可能性もあります。

為替は「何事」もなければテクニカル分析で把握できる範囲内で動いていることが多いので、テクニカル分析をしっかり行えばそこそこの成果を上げられます。ところが、それではあまり儲かりません。

そこで、市場参加者は「もっと値動きを加速させるものはないのか？」と、「材料」を鵜の目鷹の目で探すようになります。こうして、何気ないことで相場が大きく動いてしまうのです。

こうした「突然の大きな動き」がＦＸを難しくしている１つの要因でもあります。

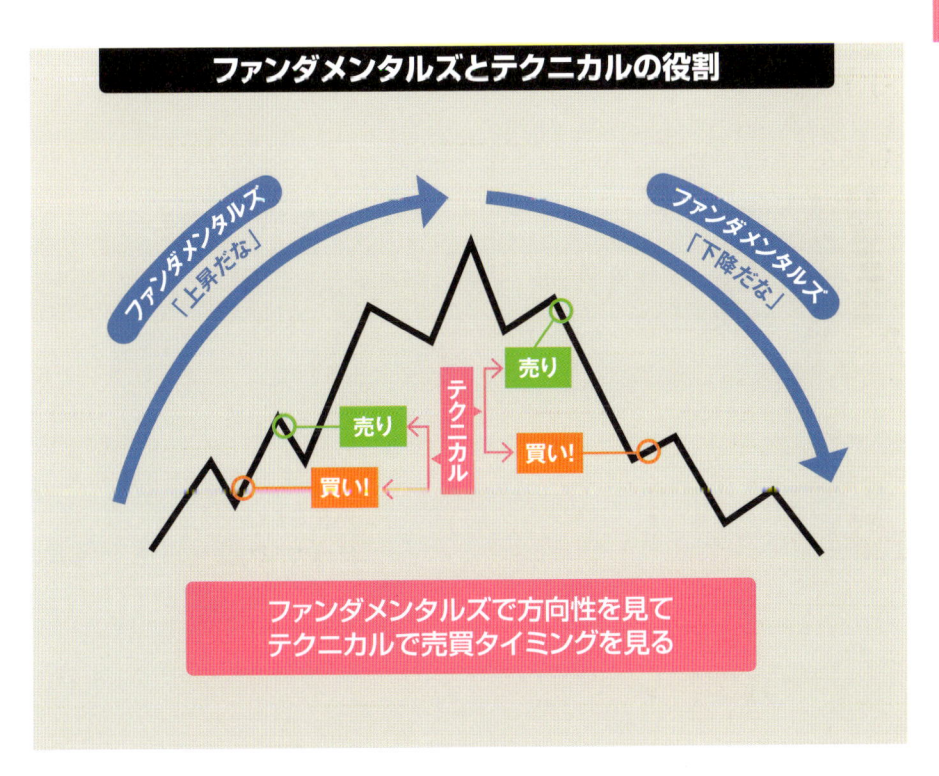

ファンダメンタルズとテクニカルの役割

ファンダメンタルズ「上昇だな」
ファンダメンタルズ「下降だな」
売り
買い!
テクニカル
売り
買い!

ファンダメンタルズで方向性を見て
テクニカルで売買タイミングを見る

ファンダメンタルズなら
チャンス到来が事前にわかる

　為替は常にこのようなリスクと隣り合わせではあるのですが、このリスクはチャンスと見ることもできます。

　なぜなら、経済指標や要人発言は、発表される時期や内容が公開されていて、事前に準備や予測を立てることで対処が可能だからです。

　<mark>いつ売買チャンスが訪れるかわからないテクニカル分析と違い、ファンダメンタルズ分析は事前に発表時間がわかる</mark>のです。

最低限、アメリカの経済指標はチェックしよう！

　各国の経済指標は、ほぼ決まった周期で公表されていて、FXCMジャパン証券株式会社の「経済指標発表予定（http://www.foreland.co.jp/marketreport/calendar_detail.html）」や「みんなの外為［経済指標］（http://fx.minkabu.jp/indicators）」などで見ることができます。

　例えば、アメリカでは毎月第1金曜日の22時30分に「雇用統計」が発表されるのですが、事前に「前回の数値」と「予想値」が公表されています。発表される時間や予想値は誰でも調べられるので、<mark>あらかじめ雇用統計が22時30分に発表されることを知っていれば、トレードチャンスが広がります。</mark>

　雇用統計は結果次第で急騰・急落の可能性があるので事前にポジションを持つべきなのかどうかはそのときの環境次第ですが、注意が必要な時間帯であることには変わりありません。

　例えば、急落の可能性がある環境下で、たまたまこの時間にロングポジションでエントリーしてしまい、直後に急落となれば、あっという間にロスカットされる危険性があります。なぜ損をしてしまったのかもわからずに、「やっぱりFXは難しいや」と

FX会社が提供する経済指標発表予定は要チェック

●FXCMジャパン証券の場合

なってしまってはもったいないです。

ですから、重要経済指標のチェックは絶対してほしいのです。

世界各国からさまざまな経済指標が毎日のように発表されているので、最初は数の多さに戸惑ってしまうかもしれません。しかし、相場を大きく動かす原動力となるものはやはりアメリカの指標です。まずはここを押さえるだけでも、その後のトレードに大きなプラスとなることは間違いありません。

経済指標は、予想と結果の乖離に注目！

それでは、経済指標の結果発表まで待って、結果が良ければ買い、逆に結果が悪ければ売りで良いのでしょうか？

実は、ことはそう単純ではありません。ここがファンダメンタルズ分析の難しいところで、単純に結果が良かったから買い、というわけではないのです。

例えば、アメリカの雇用統計の結果が良かったからといって、一概にドルが「買い」（ドルが高くなるだろう）だとは言い切れません。経済指標発表や事前予測はあらかじめ公開されているので、インパクトのない数字が出た場合、「市場に織り込み済み」となってしまって、マーケットが逆に動いてしまう（ドルが安くなる）ことがあるのです。

では、どこで判断するかと言うと、「事前予想と結果との乖離」で判断します。つまり、雇用統計であれば、事前予想よりも大幅によければ「買い」となります。

あるいは、雇用統計発表前にはいろいろなところで予測数値が発表されたり議論されたりしますから、たとえ悪かったとしても「思いのほか悪くなかった場合」なら上昇します。

このように、「思ったほど」とか「予想に反して」というものを「サプライズ」と言います。サプライズが出たときがファンダメンタルズ分析の難しいところで、事前に発表時間や予測がわかる分、一筋縄ではいかないところもあるのです。

とはいえ、相場を中長期で見た場合、徐々にファンダメンタルズ的に落ち着く部分へ収束していく傾向がありますから、売買判断基準の一環として、ファンダメンタルズ分析とテクニカル分析を組み合わせていくべきだと思います。

次ページからまずは押さえておきたいアメリカの主要経済指標を解説します。各指標の重要度は★でランク付けしてあります。★印の多い、重要度の高い経済指標は必ず覚えておきましょう。

マナブ式 儲けのコツ

ファンダメンタルズを見るときは、絶対値として受けとめて「良い」「悪い」と考えてはいけません。事前予想に対してどうだったか？　サプライズはあったか？　というように、「マーケットはどう受けとめたか」を常に意識して、相対的に考えてトレードに活かします。

第4章 2 相場への影響力は最大
米・雇用統計

> 注目度は非常に高く、発表前後にマーケットは大きく動きます

米雇用統計の発表前後は急騰・急落をくり返す

　雇用統計は、金融・経済政策変更のきっかけとなることが多いため、為替市場で最も注目される影響度の高い経済指標です。なかでもアメリカの雇用統計の影響力は断トツです。

　アメリカ雇用統計の発表前後は為替取引が活発になり、急落・急騰をくり返すこともよくあります。

　特に注目されている月の雇用統計発表直後の値動きは、ドル・円で一気に1円以上動くこともあります。そのようなときは、雇用統計前にポジションを仕込むのではなく、発表後の値動きに素直についていった方が利益を得やすくなります。

　雇用統計発表直後はテクニカルを無視して動くこともありますから、最初のうちはサポート・レジスタンスラインを参考にして値動きを追いましょう。

　結果発表後、数十分ほどで動きが落ち着いてきます。この段階でトレンドをしっかり判断しましょう。

　金融関係者や有識者などのコメントを参考にして、トレンドおよびマーケットのおおまかなコンセンサスを把握します。値動きが落ち着いて方向感が定まったあとは素直にテクニカルにしたがうことが多いので、この時点で押し目や戻り売りをねらうとよいでしょう。

　発表直後の値動きの激しいときに無理に取引する必要がありません。

急騰・急落時の窓空きはチャンス！

　また、急騰・急落時に窓が空いたときはチャンスです。短時間の間に窓埋めを行う可能性がありますので、トレンドを見極めつつ窓を埋めに行ったところで売り買いしてみてもよいでしょう。

　ただし、空けた窓は100％埋めるというわけではありませんので、状況に応じて臨機応変に対応してください。指標発表当日は窓を埋めにいかず、翌日以降の動きになることもありますから、直近の傾向を参考にしてください。

　雇用統計は、ＦＸトレーダーが最低限チェックしないといけない非常に重要な経済指標です。特に、近年は最も注目される経済指標といってもよいでしょう。

　事前チェックを怠らないよう、しっかり確認しておきましょう。

米・雇用統計

重要度：★★★★★
発表時期：**毎月第1金曜日　22：30**

　失業率、非農業部門雇用者数、時間当たりの賃金、週間労働時間が発表されます。
　中でも非農業部門雇用者数の注目度は最も高く、金融政策や経済政策にも影響を与えるため、むしろ失業率よりも注目されます。

●失業率

　「失業者÷労働力人口×100」で定義されます。
　この失業率は、本人の求職中だという自己申告によるため、本人の判断という主観的な要素が入ってしまっています。そのため、失業率よりも景気に敏感に反応する非農業部門雇用者数の方が注目されます。

米・失業率　　主観的要素が大きい

●非農業部門雇用者数

　事業所調査によって、非農業部門に属する事業所の給与支払い帳簿を基に就業者数を集計します。事業所ごとに雇用者数を調査するため、自己申告の失業率よりも客観的で判断材料になりやすいです。

米・非農業部門雇用者数　　より客観的で景気に敏感に反応

影響の度合い **大** ▶ 影響のある通貨ペア　米ドル／円　ユーロ／円　ポンド／円

影響の度合い **大** ▶ 影響のある通貨ペア　豪ドル／円　NZドル／円　ユーロ／米ドル

4章　大きく勝つなら絶対必要！　ファンダメンタルズ

米・ADP雇用統計

重要度：★★★★

発表時期：**雇用統計の2日前　22：15**

　2006年から発表が開始された、民間大手給与計算会社ADP社による4000万人の給与データを基に算出される、民間算出の雇用統計です。

　ADP社は全米約50万社、約2400万人の給与計算業務を代行していて、ADP雇用統計のサンプル数も非常に多いことで有名で、雇用統計で発表される非農業部門雇用者数の先行指標として注目されています。

　まだ開始されたばかりの指標なので、必ずしも雇用統計の数字との相関性が高いというわけではありません。しかし、ADP雇用統計の事前予想を結果の数字が上回ると雇用統計も上回り、逆に事前予想を下回ると雇用統計も結果の数字が下回る傾向があります。

　つまり、雇用統計の数値を予想するのに使うというよりは、予想値からの乖離がどちらの方向にどれくらいあるのかを予想するのに参考となるのです。雇用統計発表前にはぜひチェックしておきましょう。

※ADP（Automatic Data Processing：オートマティック・データ・プロセッシング社）

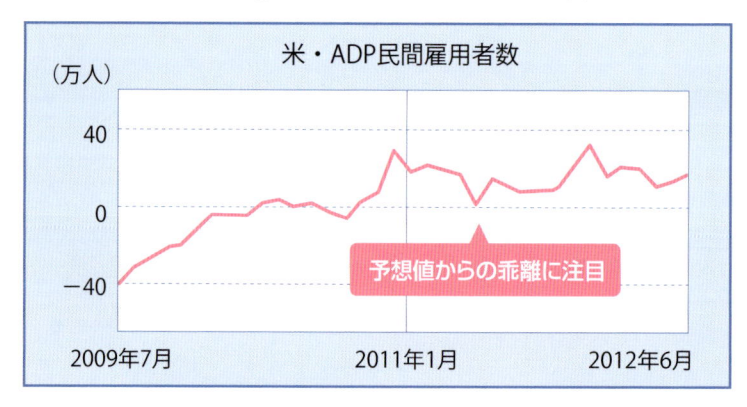

米・ADP民間雇用者数（万人）

予想値からの乖離に注目

2009年7月　2011年1月　2012年6月

影響の度合い：**中**
影響のある通貨ペア：米ドル／円、ユーロ／円、ポンド／円

影響の度合い：**中**
影響のある通貨ペア：豪ドル／円、NZドル／円、ユーロ／米ドル

米・新規失業保険申請件数

重要度：★★★
発表時期：毎週木曜日　22：30

雇用統計関連

　全米で失業者が新しく失業保険給付を申請した件数です。新規失業保険申請件数は毎週発表されます。1ヵ月に4～5回発表されることになるので、これを追っていくことで失業者の推移をとらえることができ、さらに雇用統計の先行指標としても利用することができます。

　申請件数が40万人を超えるかが雇用環境悪化の分岐点とされていて、40万人を超えるとネガティブと判断されます。通常は為替にそれほど大きな影響はないのですが、雇用統計発表直前の新規失業保険申請件数はかなり神経質になるので注意しましょう。

　月初は、ADP雇用統計発表→新規失業保険申請件数発表→雇用統計発表という流れになります。

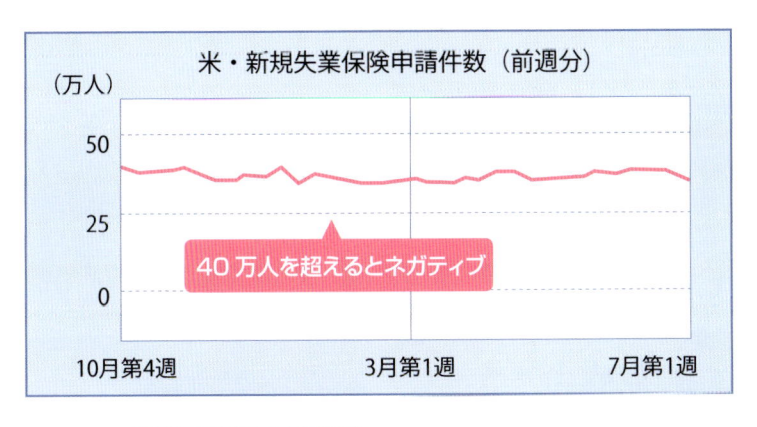

米・新規失業保険申請件数（前週分）

（万人）

40万人を超えるとネガティブ

10月第4週　　3月第1週　　7月第1週

影響の度合い　中
影響のある通貨ペア
米ドル／円
ユーロ／円
ポンド／円
ユーロ／米ドル

影響の度合い　小
影響のある通貨ペア
豪ドル／円
NZドル／円

4章　大きく勝つなら絶対必要！　ファンダメンタルズ

第4章 3 各国中央銀行が注目 米・物価指数

政策金利への影響が大きいため、スワップポイントねらいなら要注目です

変化を最も身近に体感できる指数

物価とは「物やサービスの価格を総合的に表したもの」を言います。

私たちが生活する上で、食料品や衣料品、家電製品などの商品やサービスを購入することは必要不可欠ですから、物価の変動は最も身近に体感できます。

ただし、ある特定の商品やサービスに人気が集中して値段が上がることは、物価が上昇したとは言いません。物の値段、全般の動きのことを物価の変動と言います。

日々の生活の中で、私たちは「物価が上がった・下がった」と漠然と感じていますが、ある時点を基準としてその前後の物価の動きを比較する物価指数（price index）を見ると、その変動がはっきりわかります。

また、物価が上昇することを「インフレーション（インフレ）」、下落することを「デフレーション（デフレ）」と言います。よく、景気が良いとインフレ、景気が悪いとデフレになると言われますが、物価の変動には「戦争や貿易などによる実物的な要因」や、「流通する通貨量による貨幣的な要因」などさまざまな要因があるため、一概に物価のみで景気を判断することはできません。

欧州ではインフレに強烈な拒否反応がある

例えば、第一次世界大戦後のドイツは、莫大な賠償金の支払い問題で紙幣を大量に刷ったため空前のハイパーインフレが発生。250マルクだったパンの値段は、1兆マルクにまで上昇してしまいました。当時、「トランク1個分のマルク」になっていたコーヒーを喫茶店で飲み、会計しようとすると「あなたが飲んでいる間にコーヒーはトランク2個分に値上がりしました」と言われた、というものがあります。ハイパーインフレの凄まじさがわかりますね。

このようなことから、特に欧州ではインフレに対する拒否反応が強く残っています。欧州の場合、物価指数の変動にはマーケットも大きく影響を受けるため、米国物価指数に加えてユーロ圏の物価指数にも注目しましょう。

また、インフレやデフレは金利の調整である程度のコントロールができるため、世界各国の中央銀行は物価指数を見ながら政策金利を決めています。物価指数の変動は政策金利の変更につながる可能性がありますから、インフレやデフレへの対応が注目されているときは注視してください。

米・消費者物価指数（CPI）

重要度：★★★★

発表時期：**毎月15日前後　22：30**

Consumer Price Indexの略で、インフレ系最重要指標のうちの1つです。

　消費者が購入する小売り及びサービス価格等を総合した物価の変動を測定した調査結果で、商品の小売価格の変動を表す指数です。
　食品とエネルギーは天候等の条件によって大きく変わるため、これら季節要因を受けやすいものを除いた「コア指数」が特に重要視されます。

　日本が2001年より行っているゼロ金利政策で、判断材料としてこの消費者物価指数を利用したように、各国の政策金利についてもその方向性を決定づける指標です。そのため、政策金利の変更が焦点になっているときは、注目度が一気に上がる指標です。

米・消費者物価指数（前月比／前年比）

金利変更が焦点のときは注目度アップ

2009年6月　2010年12月　2012年5月

影響の度合い	影響のある通貨ペア	影響の度合い	影響のある通貨ペア
中	米ドル／円 ユーロ／円 ポンド／円	中	豪ドル／円 NZドル／円 ユーロ／米ドル

4章　大きく勝つなら絶対必要！　ファンダメンタルズ

米・生産者物価指数（PPI）

重要度：★★★
発表時期：**毎月15日前後の木・金曜日　22：30**

　Producer Price Index の略で、生産者の出荷時点での価格を測定する、インフレ系最重要指標のうちの1つです。

　米国国内販売業者の販売価格の約1万品目を調査し、生産者の出荷時点での価格の変動の変化を指数化したものです。

　生産者物価指数は「業種別」・「商品別」・「製造過程別」に分類され、「製造過程別」はさらに「完成品」・「中間財」・「原材料」分類されます。

　消費者物価指数と同様に、全ての製造段階において振れ幅の大きい食品およびエネルギーを除いた「コア指数」が注目されます。

　生産者物価指数（PPI）が発表されたあとに、消費者物価指数（CPI）が発表されます。注目度としては、より生活水準に近い消費者物価指数の方が高くなりますから、消費者物価指数を占うための材料という見方をされることが多いでしょう。

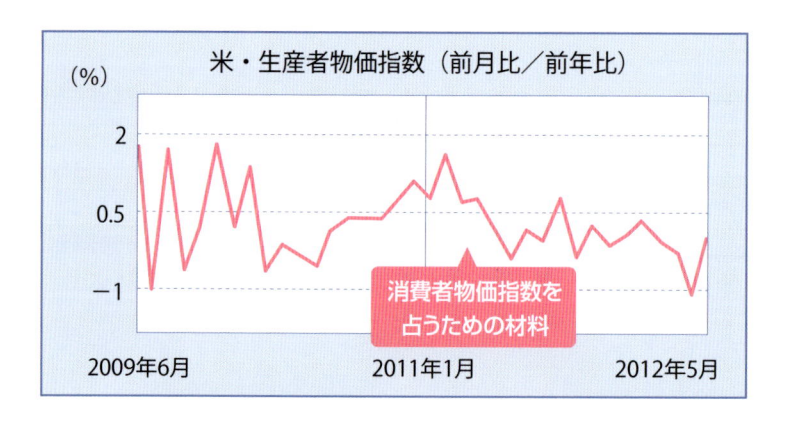

米・生産者物価指数（前月比／前年比）

消費者物価指数を占うための材料

影響の度合い **小** → 影響のある通貨ペア　米ドル／円　ユーロ／円　ポンド／円

影響の度合い **小** → 影響のある通貨ペア　豪ドル／円　NZドル／円　ユーロ／米ドル

第4章 景気上昇時に注目が増す 米・住宅関連指数

景気上昇のシグナルとして考え、中長期での変動をチェックします

アメリカでは不動産価格と景気動向がきれいにシンクロ

<mark>景気の影響を受けやすい産業は、ズバリ「不動産業界」</mark>です。

なぜなら、人生で最も高額な買い物と言われる不動産の購入は、景気が悪くなるとすぐに「買い控え」が起こるので、すぐに景気が良いのか悪いのかがわかるからです。

特に、土地重視の日本と違ってアメリカでは建物重視なので、住宅価格の推移が景気やGDPに大きな影響を与えます。

<mark>不動産価格の上昇＝景気上昇、不動産価格の下落＝景気下降という図式</mark>です。

米国では2000年ごろから急激に不動産価格が上昇し、住宅を買えば売却するときには必ず買った価格以上で売れるような状態が続きました。その結果、不動産バブルが派生、この好景気によって、株価の上昇も続きました。

ところが、2006年半ばに住宅価格がピークを迎えると、通常の住宅ローンの審査には通らないような、信用度の低い人向けに貸し付けたローンが回収できなくなり返済延滞率が上昇しました。これがサブプライムローンです。

サブプライムショック後に注目度がさらにアップ

そして、2007年に「サブプライムローン危機（サブプライムショック）」が発生して、アメリカの住宅バブルが崩壊しました。

また、世界各国で商品化されていた、サブプライムローンにかかわる債券が組み込まれた金融商品は信用を失って投げ売りが相次ぎ、手持ちの株やファンドを現金化する動きも加速して、2008年9月のリーマンブラザーズ破綻（リーマンショック）へとつながっていきました。こうして世界金融危機が広がったのです。

まさに、サブプライムショックがリーマンショック、世界金融危機の発端となったわけです。

もともと景気判断として注目されていた住宅関連指数ですが、<mark>サブプライムショックをきっかけにさらに注目度が増しました。</mark>

これからはマーケットでは、住宅着工件数や販売件数、住宅販売価格などの回復傾向が注目されているので、中長期で変動をチェックしてみましょう。

4章 大きく勝つなら絶対必要！ファンダメンタルズ

住宅関連指数

米・中古住宅販売件数

重要度：★★★★

発表時期：**毎月25日　24：00**

　所有権の移転が完了した中古住宅の販売件数で、契約者への所有権移転完了ベースで集計されています。

　日本では、「マイホーム」には住宅ローンを払いながら、何十年も住み続けるのが普通ですが、アメリカではライフステージに合わせて中古住宅を住み替えていくスタイルが一般的です。ローンを組んで家を購入した場合でも、返済途中でローンを乗り換えて、家を売って別の家を買います。

　住宅の購入は、建設資材や家具、家電製品など居住にかかわるものへの需要の波及効果が大きく、景気全体への影響が非常に大きくなります。

　中古住宅販売件数は、新築住宅販売件数の数倍もあるため注目度が高く、景気動向との関連性も深く、さらに先行性も高いとされています。ただし、季節や天候の影響を受けやすく、予想と違った結果が出ることも多い指標です。

　2007年のサブプライムローンショック以降は特に注目度が上がり、結果次第ではマーケットが大きく動くこともあります。

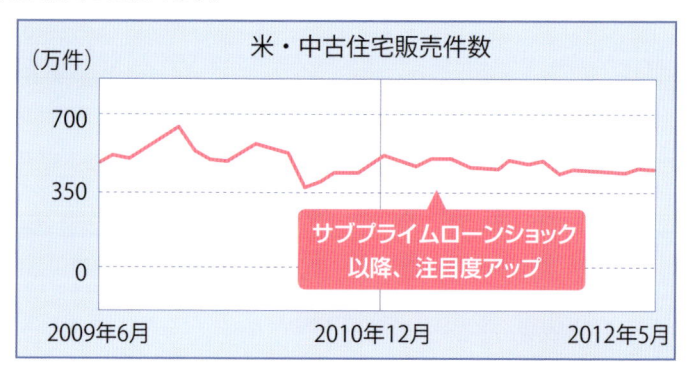

米・中古住宅販売件数（万件）

サブプライムローンショック以降、注目度アップ

2009年6月　2010年12月　2012年5月

影響の度合い **中**
影響のある通貨ペア
米ドル／円
ユーロ／米ドル

影響の度合い **小**
影響のある通貨ペア
ユーロ／円
ポンド／円
豪ドル／円
NZドル／円

米・中古住宅販売保留指数

住宅関連指数

重要度：★★★
発表時期：毎月下旬　24：00

中古住宅販売のうち、契約は成立しているが所有権の移転が完了していないものです。中古住宅販売件数は所有権の引渡しが終わっている状態なのですが、中古販売保留は引渡しが終わっていない状態です。

通常は1～2ヵ月後に引渡しが行われて売買が完了するので、中古住宅販売件数の先行指標と考えられています。

中古・新築ともに住宅販売関連の指標は景気回復のカギを握りますので、忘れずにチェックしておきましょう。もちろん、指標が良化したら景気回復のサインです。

米・中古住宅販売保留指数（前月比）

中古住宅販売件数の先行指標

(%) 20 / −5 / −30
2009年4月　2010年11月　2012年5月

影響の度合い **中** → 影響のある通貨ペア **米ドル／円**

影響の度合い **小** → 影響のある通貨ペア
ユーロ／円
ポンド／円
豪ドル／円
NZドル／円
ユーロ／米ドル

4章　大きく勝つなら絶対必要！　ファンダメンタルズ

米・住宅着工件数

住宅関連指数

重要度：★★★
発表時期：**毎月第3週　22：30**

　実際に建設が開始された新設住宅戸数で、公共住宅を除いたものです。同時に発表される建設許可件数が先行指数とされています。

　一般的に、金融緩和→金利低下→住宅着工件数の増加→景気の拡大→金融引き締め→金利上昇→住宅着工件数の減少→景気の後退、というサイクルを辿っています。

　景気が良くなると住宅がよく売れ、景気が悪くなると住宅が売れなくなります。住宅関連指標は、住宅価格や住宅ローン金利、季節や天候も変動の要因となるので、数ヵ月程度の推移を見て判断した方がよいでしょう。

米・住宅着工件数

（万件）

2009年5月 ～ 2010年12月 ～ 2012年5月

数ヵ月程度の推移に注目

影響の度合い：小
影響のある通貨ペア
- 米ドル／円
- ユーロ／円
- ポンド／円

影響の度合い：小
影響のある通貨ペア
- 豪ドル／円
- NZドル／円
- ユーロ／米ドル

米・新築住宅販売件数

住宅関連指数

重要度：★★★

発表時期：**毎月24日～月末　24：00**

　中古住宅販売件数と比べると新築住宅販売件数の市場規模は小さく、10分の1程度に過ぎません。

　しかし、新築住宅需要は中古住宅に比べて建設資材などへの景気波及効果が大きく、その分経済への影響も大きくなるので忘れずにチェックしましょう。

　新築住宅販売件数は契約書への署名ベースなので、所有権移転完了ベースで集計する中古住宅販売件数と比較して、景気動向の先行性が高いと言われています。

米・新築住宅販売件数

（万件）

60

30

0

2009年6月　　2010年12月　　2012年5月

中古住宅販売件数よりも先行性が高い

影響の度合い	影響のある通貨ペア
小	米ドル／円 ユーロ／円 ポンド／円

影響の度合い	影響のある通貨ペア
小	豪ドル／円 NZドル／円 ユーロ／米ドル

4章　大きく勝つなら絶対必要！ ファンダメンタルズ

米・S&P/ケースシラー住宅価格指数

住宅関連指数

重要度：★★★

発表時期：**毎月最終火曜日　23：00**

　米国内での住宅価格動向を見る上で一般的な指数で、2007年のサブプライムショック以降、特に注目されるようになった指標の1つです。

　注目は、全米の主要10都市（ボストン、シカゴ、デンバー、ラスベガス、ロサンゼルス、マイアミ、ニューヨーク、サンディエゴ、サンフランシスコ、ワシントン）の一戸建て住宅価格の再販価格の変化を測った指数で、ファイサーブ社が算出し米格付け会社のスタンダード&プアーズ（S&P）が発表しています。

　ケースシラーという名称は、『投機バブル・根拠なき熱狂』で米国株のリスクに警鐘を鳴らしたロバート・J・シラー教授（エール大）と、彼との共同論文「一戸建住宅市場の効率性」で知られるカール・E・ケース教授（ウェズレー大）の名前に由来します。

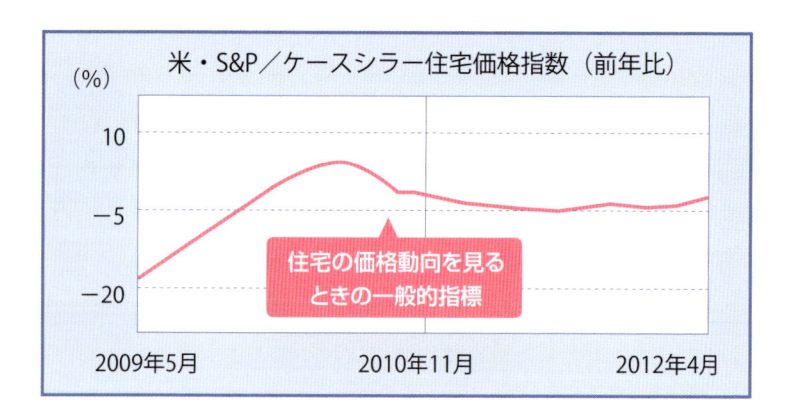

米・S&P/ケースシラー住宅価格指数（前年比）

住宅の価格動向を見るときの一般的指標

影響の度合い	影響のある通貨ペア
小	米ドル／円 ユーロ／円 ポンド／円

影響の度合い	影響のある通貨ペア
小	豪ドル／円 NZドル／円 ユーロ／米ドル

第4章 5 発表時期と順番に注目 米・製造業指数

最重要指標GDPへの影響度に注目して各指数を見ること

景気に対する速報性や先行性に優れる

製造業指数とは、製造業の経営者などにアンケートなどで調査を行い、その結果を集計・分析し、指数化したものです。商品などを製造する側が、この先の景気動向をどう感じているか測ることができます。この指標もアメリカのものを押さえておけば大丈夫です。

商品の受注状況で景気動向を判断することの多い製造業の経営者は、生産者よりも景気の変化を察知しやすいとされています。そのため製造業指数は景気に対する速報性や先行性を伴いやすくなっています。

特に、毎月月初めに発表されるＩＳＭ製造業景況指数は注目度が高く、企業の景況感を反映した景気転換の先行指標とされています。

その月の動向を占う経済指標としても、非常に注目されます。

事前予想との乖離幅によっては、大きく動くときも

いずれの指標も、前回の数値だけでなく事前予想との乖離がポイントです。事前に予想されていた数値とかけ離れた数値が出たときは相場が大きく動く可能性があるので注意して下さい。

一方、鉱工業生産や耐久材受注は速報性が高く、具体的に生産活動を見ることができる指標です。製造業の生産性の増減や設備稼働率などから、製造業の活動状況を総合的に判断しましょう。

マナブ式 儲けのコツ

僕は、製造業指数のなかでも特に「ＩＳＭ製造業景況指数」は雇用統計に次ぐほどに重要度の高い指標だと思っています。月初めに発表されるこの指標の数値が良いと次週以降も良い結果が続くことが多く、逆に悪いと次週以降の指標も悪いというように、その後の指標発表へ与える影響も大きいのです。

米・ISM製造業景況指数

製造業指数

重要度：★★★★
発表時期：**毎月第1営業日　24：00**

ISM（Institute for Supply Management：供給管理協会）が発表する、製造業の購買担当者へのアンケート結果です。

約350社の製造業購買担当役員に、1ヵ月前と比較して「良い」・「同じ」・「悪い」の三者択一の回答を元に、季節調整を加えた景気動向指数を作成します。

50％が景気動向を測る分岐点で、50％を上回ると景気拡大、下回ると景気後退と判断します。1931年以来の伝統的な経済指標であると同時に、主要経済指標の中で最も早く発表されるので、注目度も高いです。

　　ISM製造業景況指数が50％以上…景気拡大
　　ISM製造業景況指数が50％…分岐点
　　ISM製造業景況指数が50％以下…景気後退

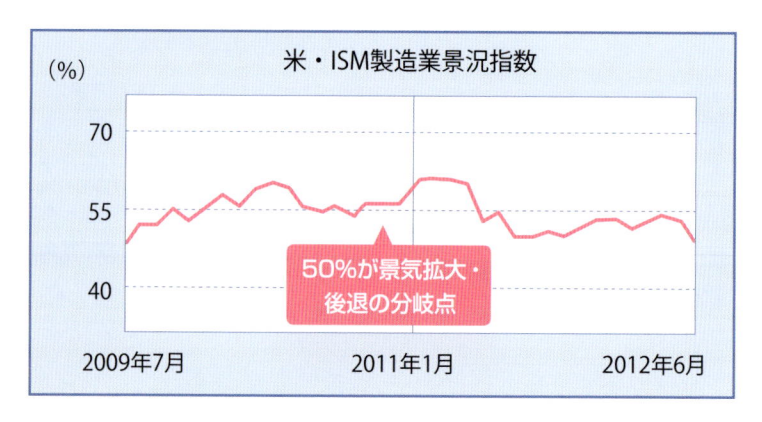

米・ISM製造業景況指数（2009年7月～2012年6月）
50％が景気拡大・後退の分岐点

影響の度合い **中** ― 影響のある通貨ペア：米ドル／円、ユーロ／円、ポンド／円、ユーロ／米ドル

影響の度合い **小** ― 影響のある通貨ペア：豪ドル／円、NZドル／円

米・フィラデルフィア連銀製造業景況指数

製造業指数

重要度：★★★★
発表時期：**毎月第3木曜日　24：00**

　フィラデルフィア連銀の管轄地域であるペンシルバニア、ニュージャージー、デラウエア州の製造業の景況感などを示した指標です。

　非農業部門の就業者数、失業率、製造業の新規受注など11項目から構成されていて、各項目について1ヵ月前と比較した現状と6ヵ月後の期待を、「良い」・「同じ」・「悪い」の中から選択させ指数化したものになります。

　0が分岐点で、プラスは景気拡大、マイナスだと景気減速懸念と判断されます。ISMとの相関が比較的高いです。

フィラデルフィア連銀製造業景況指数がプラス…景気拡大
フィラデルフィア連銀製造業景況指数が0…分岐点
フィラデルフィア連銀製造業景況指数がマイナス…景気後退

米・フィラデルフィア連銀製造業景況指数

0が景気拡大・後退の分岐点

2009年6月　　2011年1月　　2012年6月

影響の度合い	影響のある通貨ペア
中	米ドル／円 ユーロ／円 ポンド／円 ユーロ／米ドル
小	豪ドル／円 NZドル／円

4章　大きく勝つなら絶対必要！ファンダメンタルズ

米・ニューヨーク連銀製造業景気指数

重要度：★★★
発表時期：**毎月15日　22：30**

　ニューヨーク連銀が管轄するニューヨーク州の製造業の景況感や経済活動の現状などを指数化した経済指標です。

　0が分岐点で、プラスは景気拡大、マイナスだと景気減速懸念と判断されます。ISMとの相関が比較的高いです。

　マーケットの注目度は、①ISM製造業景況指数（毎月第1営業日）
　　　　　　　　　　　②フィラデルフィア連銀製造業景況指数（毎月第3木曜日）
　　　　　　　　　　　③ニューヨーク連銀製造業景気指数（毎月15日）
の順となっています。

　毎月15日に発表されるニューヨーク連銀製造業景況指数でおおまかな方向性を確認し、毎月第3木曜日に発表されるフィラデルフィア連銀製造業景況指数で強さや影響力を、毎月第1営業日に発表されるISM製造業景況指数で景気全体を判断するとよいでしょう。

　　　ニューヨーク連銀製造業景気指数がプラス…景気拡大
　　　ニューヨーク連銀製造業景気指数が0…分岐点
　　　ニューヨーク連銀製造業景気指数がマイナス…景気後退

米・NY連銀製造業景気指数

ISM製造業景況指数との相関が高い

2009年7月　　2011年2月　　2012年7月

影響の度合い	影響のある通貨ペア
小	米ドル／円 ユーロ／円 ポンド／円

影響の度合い	影響のある通貨ペア
小	豪ドル／円 NZドル／円 ユーロ／米ドル

米・鉱工業生産指数

製造業指数

重要度：★★★
発表時期：**毎月14～17日　23：15**

　鉱工業生産指数は、鉱工業部門の生産性に関する指標で、鉱業と製造業の生産動向を測ることができます。2002年を100とした指数で示され、前月比で何ポイント増減したかが注目されます。

　米国のGDPに占める鉱工業部門の割合は20％程度なのですが、鉱工業生産指数の一番の特徴はGDPとの相関性が強いことです。例えば、家電製品のパソコンの生産量が増えると鉱工業生産指数が上がります。生産量が増えたということはその売れ行きが良いということで、個人消費も活発になっていることがわかります。
　四半期ごとの発表となるGDPに対し、鉱工業生産指数は毎月発表されるため、景気実態を把握する上で速報性が高く、GDPを占う先行指標として注目されています。

　同時に設備稼働率も発表されるのですが、設備稼働率が上昇するということは設備不足感が高いということなので、設備投資に対する先行性があると見ることができます。

米・鉱工業生産指数（前月比）

GDPを占う先行指標

2009年5月　　2010年12月　　2012年5月

| 影響の度合い 小 | 影響のある通貨ペア 米ドル／円 ユーロ／円 ポンド／円 | 影響の度合い 小 | 影響のある通貨ペア 豪ドル／円 NZドル／円 ユーロ／米ドル |

4章　大きく勝つなら絶対必要！　ファンダメンタルズ

米・耐久財受注

製造業指数

重要度：★★★
発表時期：毎月15日　22：30

耐久財とは、耐久年数3年以上の消費財のことで、家電製品や自動車、家具やパソコン、航空機や国防関連の部品などが該当します。

耐久財受注では、耐久財の出荷・在庫・新規受注・受注残高の数字が発表されるのですが、これは製造業の受注状況を表しているので、耐久財受注から製造業分野の景気動向がわかります。

特に、変動の大きい航空機を除いた「新規受注・コア指数」と、国防部門からの受注を除いた「非国防資本財受注・コア指数」が注目されます。

製造業の生産や設備投資に対して先行性がある指標と考えられています。

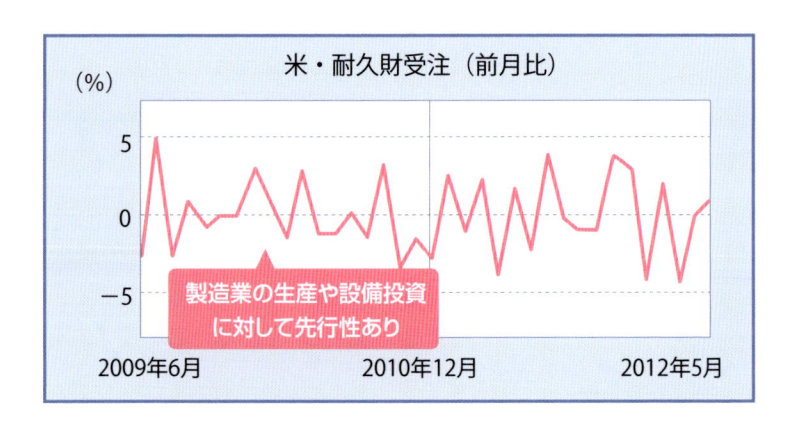

米・耐久財受注（前月比）

製造業の生産や設備投資に対して先行性あり

2009年6月　2010年12月　2012年5月

影響の度合い	影響のある通貨ペア
小	米ドル／円 ユーロ／円 ポンド／円

影響の度合い	影響のある通貨ペア
小	豪ドル／円 NZドル／円 ユーロ／米ドル

第4章 6 重要指標が目白押し 米・景気関連指数

最重要指標であるアメリカのGDP。
その7割を占めるのが消費関連です！

GDPへどう影響するか という視点で

GDPをはじめ、小売売上高や個人所得・支出は今後の景気動向を見るうえで重要になる指標です。

特に、世界全体のGDPの3分の1近くを占めるアメリカの景気動向は要チェックです。

日本の輸出は米国頼みの部分が強いため、「アメリカがくしゃみをすれば日本がカゼをひく」のが現状です。

もちろん、近年は中国やBRICSなどの影響も大きくなっていますが、為替の変動に関してみれば基軸通貨であるドルによる部分が大きいのです。

アメリカの個人消費はGDPの実に70％を占めます。GDPを占ううえでも景気関連指数は注目度が非常に高い指標の1つです。

そのため、景気関連指数によって表されるアメリカの消費者動向が、世界の為替相場を一斉に動かすと言っても過言ではありません。

ですから、景気関連指標をチェックするときは、まずはアメリカの消費者動向に注目します。

雇用統計にも影響する 小売売上高

景気関連指数のなかでも、小売売上高は要チェック。アメリカの景気が良くなればドルが買われてドル高（円安）に、景気が悪くなればドルが売られてドル安（円高）になります。

消費が活発になれば労働者の賃金も上昇して労働市場が活発になるので、小売売上高は雇用統計にも影響をおよぼすのです。

一方、アンケート調査結果である消費者信頼感指数は、消費者マインドを数値化したもので、こちらも個人消費やGDPとの相関性が強いと言われています。

さらに、為替マーケット以外では株価や債券との相関性も見られ、半年ほどの先行性を持つとされています。

ミシガン大学消費者信頼感指数では消費者マインドのトレンドをチェックします。最終的には、調査規模の大きいCB消費者信頼感指数でアメリカ全体の動向を確認するとよいでしょう。

4章 大きく勝つなら絶対必要！ ファンダメンタルズ

景気関連指数

米・四半期GDP（速報値）

重要度：★★★★

発表時期：1・4・7・10月　21～30日　22：30

GDPはGross Domestic Productの略で、国内総生産のことです。国内総生産とは「国内で生産されたものやサービスなどの金額の合計」で、個人消費が多くなって人々がたくさんお金を使うと、企業はものを作ったり売ったりするための設備投資に費用をかけることができ、GDPが上がります。GDPの伸び率のことを「経済成長率」と言って、これが上向いていると、景気も上向いていると判断します。

発表される国内総生産は、四半期毎に集計される、アメリカ国内で生産された製品やサービスなどの付加価値の総額です。個人消費、設備投資、住宅投資、在庫投資、政府支出、純輸出で構成され、アメリカ経済全体の経済状況を測る重要で注目度の高い指標です。

速報値発表の翌月に改定値、翌々月に確報値の順で発表されますが、市場に最も影響を与えるのは速報値です。経済活動水準を市場価格で評価した名目GDPと、物価変動の影響を取り除いた実質GDP があって、実質GDPの方が経済の実状を知る上で重視されています。

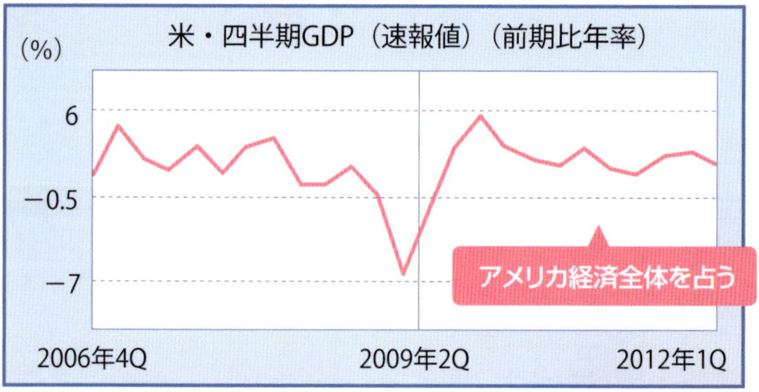
米・四半期GDP（速報値）（前期比年率）
(%)
6
−0.5
−7
2006年4Q
2009年2Q
2012年1Q
アメリカ経済全体を占う

影響の度合い　大 ▶ 影響のある通貨ペア　米ドル／円　ユーロ／米ドル

影響の度合い　中 ▶ 影響のある通貨ペア　ユーロ／円　ポンド／円　豪ドル／円　NZドル／円

景気関連指数

米・小売売上高

重要度：★★★★
発表時期：毎月第2週　22：30

　小売売上高は、百貨店や総合スーパーの売上のサンプル調査を基にして算出される小売業の売上に関する指標です。小売売上高を見ることで、個人消費の動向がわかり、景気の良し悪しの判断に役立ちます。

　特にアメリカでは消費のGDPに占める割合が約7割（3分の2）にものぼり、他国に比べても高くなっています。そのため、小売売上高は米国の個人消費全体のトレンドを把握することができる最も重要な指標の1つとなっています。

　自動車は価格が高く変動が大きいため、自動車販売を除いた部分が重要視されています。雇用や消費者信頼感指数とも相関性が強いので、しっかり確認しておきましょう。

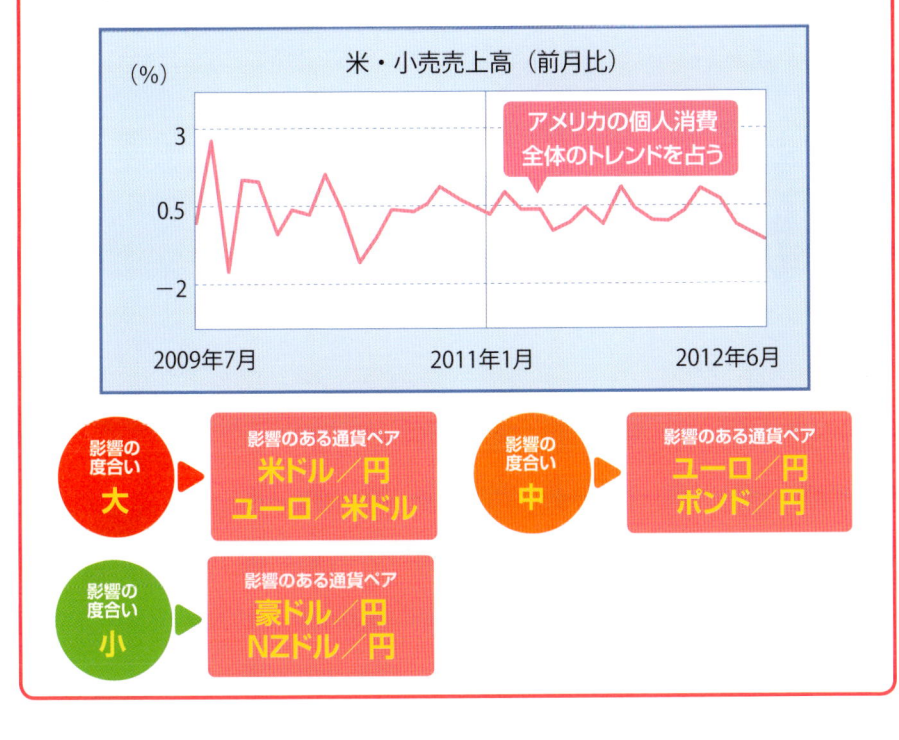

米・小売売上高（前月比）

アメリカの個人消費全体のトレンドを占う

影響の度合い	影響のある通貨ペア
大	米ドル／円　ユーロ／米ドル
中	ユーロ／円　ポンド／円
小	豪ドル／円　NZドル／円

4章　大きく勝つなら絶対必要！　ファンダメンタルズ

米・ISM非製造業景況指数

重要度：★★★★

発表時期：**毎月第3営業日　24：00**

　ISM（Institute for Supply Management：供給管理協会）が発表する、300社以上の非製造業の購買担当者へのアンケート結果です。ISM製造業景況指数と同じく、50％が景気の後退と拡大の分岐点となります。

ISM非製造業景況指数が50％以上
…景気拡大
ISM非製造業景況指数が50％
…分岐点
ISM非製造業景況指数が50％以下
…景気後退

米・ISM非製造業景況指数

50％が景気拡大・後退の分岐点

2009年7月　　2011年1月　　2012年6月

影響の度合い **中** ▶ 影響のある通貨ペア
米ドル／円
ユーロ／円
ポンド／円
ユーロ／米ドル

影響の度合い **小** ▶ 影響のある通貨ペア
豪ドル／円
NZドル／円

米・個人所得・個人支出

景気関連指数

重要度：★★★

発表時期：**毎月月末　22：30**

　個人所得は、給与や賃貸収入、利子、配当金などの合計から社会保険料を控除したあとの個人が実際に受け取った所得で、個人支出と同時に毎月米商務省から発表されます。

　中でも、食料品とエネルギーを除いたPCEコアデフレーター（個人消費支出物価指数）が注目されます。

　同時に発表される個人支出は、自動車や家電製品などの「耐久財」、食品や衣料などの「非耐久財」、旅行や外食などの「サービス支出」の3つから構成されていて、個人の消費動向を細かく分析することができます。

米・個人所得（前月比）

コアデフレーターに注目

2009年4月　　2010年10月　　2012年5月

| 影響の度合い **小** | ▶ | 影響のある通貨ペア **米ドル／円　ユーロ／円　ポンド／円** |

| 影響の度合い **小** | ▶ | 影響のある通貨ペア **豪ドル／円　NZドル／円　ユーロ／米ドル** |

4章　大きく勝つなら絶対必要！　ファンダメンタルズ

米・CB消費者信頼感指数

景気関連指数

重要度：★★★★
発表時期：**毎月25日〜月末　23:00**

　CB消費者信頼感指数は、米国民間調査機関のCB（Conference Board＝コンファレンスボード（全米産業審議委員会）という調査機関が発表しているもので、消費者に対する「現状（経済、雇用）」と「6ヵ月後（経済、雇用、所得）」の景況感についてのアンケート調査をもとに、消費者のマインドを指数化しています。アンケートの対象者が5000人とミシガン大消費者信頼感指数に比べ規模が大きいのが特徴です。

　消費者の生の声をベースにしているため、個人消費やGDPとの相関性が強いと言われていて、NYダウや国債の動きに約半年間先行すると言われています。

　単に「コンファレンスボード」と呼ばれることも多いです。

米・CB消費者信頼感指数

個人消費やGDPとの相関性が高い

2009年5月　　2011年1月　　2012年6月

影響の度合い　中　→　影響のある通貨ペア：米ドル／円、ユーロ／米ドル

影響の度合い　小　→　影響のある通貨ペア：ユーロ／円、ポンド／円、豪ドル／円、NZドル／円

景気関連指数

米・ミシガン大学消費者信頼感指数

重要度：★★★★
発表時期：**毎月10日前後の金曜日　23:55**

　ミシガン大学のサーベイ・リサーチセンターが実施する、消費者マインドに関するアンケート調査です。対象者は無作為に選ばれ、速報は300人、確報は500人を対象に調査を行っています。

　現在と半年後の将来の景況感、雇用状況、所得の項目で「楽観」、「悲観」を回答してもらった結果を指数化していますが、指数のブレが大きいこともあります。

　CB消費者信頼感指数と比べると10分の1の規模なので、ミシガン大学消費者信頼感指数で動向やトレンドを推測して予想を立て、CB消費者信頼感指数で最終確認をする形になるでしょう。

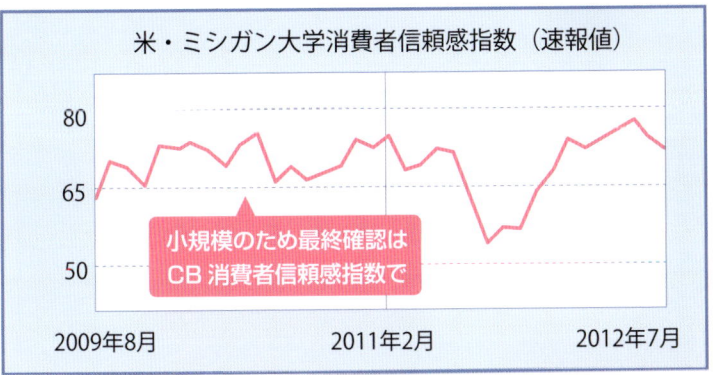

米・ミシガン大学消費者信頼感指数（速報値）

小規模のため最終確認はCB消費者信頼感指数で

2009年8月　　2011年2月　　2012年7月

影響の度合い **中** ▶ 影響のある通貨ペア　米ドル／円　ユーロ／米ドル

影響の度合い **小** ▶ 影響のある通貨ペア　ユーロ／円　ポンド／円　豪ドル／円　NZドル／円

4章　大きく勝つなら絶対必要！　ファンダメンタルズ

景気関連指数

米・貿易収支

重要度：★★★★
発表時期：毎月20日前後　22:30

　アメリカでは財政収支と経常収支が「双子の赤字」と呼ばれています。そして、経常収支の赤字の大半を占めるのが貿易収支によるものです。貿易収支が赤字であることは、すでにマーケットは織り込み済みなので、前月からの改善幅がポイントになります。

　基本的には、赤字額の縮小がドル高につながるのですが、一概にそうとも言い切れません。例えば、輸出が横ばいで輸入が減り、結果として貿易収支が改善された場合は、この輸入減はアメリカ国内の景気が冷え込んで消費が減ったためととらえられ、ドル安につながるからです。

　アメリカの輸出増はドル高、輸入増がドル安要因なのですが、両者の関係をしっかり考える必要があります。

　内訳では対日や対中貿易の赤字が注目されます。特に米中間では、貿易不均衡を解消させるため、米国政府から人民元の切り上げを求める声が高まってきています。

　人民元の切り上げは、その他アジア通貨を含め一時的な円高につながることが多いので注意しましょう。

米・貿易収支グラフ

（億ドル）
- −200
- −400
- −600

2009年6月　2010年12月　2012年5月

前月からの改善幅がポイント

影響の度合い　中
影響のある通貨ペア
米ドル／円
ユーロ／米ドル

影響の度合い　小
影響のある通貨ペア
ユーロ／円
ポンド／円
豪ドル／円
NZドル／円

第4章 7 各国の金融・金利政策は発表スケジュールに注意

経済指標よりも企業業績や生活にダイレクトに影響がおよぶ

経済指標の発表よりも政策金利変更はインパクト大

経済指標以外で為替市場に大きな影響を与えるものに、世界各国の政策金利があります。

政策金利とは、中央銀行が一般の銀行に融資する際の金利のことです。日本では長らく公定歩合が政策金利とされていましたが、現在は「無担保コール翌日物金利」または「オーバーナイト金利」と言われています。

国の景気や経済情勢によって政策金利は異なるのですが、マーケットの金利を実体経済に合った水準に誘導するために、定期的に決められています。

ですから、政策金利が上がるのか下がるのかで、景気の先行きがどうなるのかが予想できるのです。

単なる数字でしか表されない経済指標と比較すると、政策金利の変更は企業だけでなく私たちの実生活にまで影響しますから、一大発表と言えるでしょう。

加えて、各通貨ペアのスワップポイントにも大きく影響しますから、FXトレードへの影響力も甚大です。

最大注目はアメリカの金利を決めるFOMC

各国の政策金利の中でも、特にアメリカの政策金利は世界中に影響をおよぼします。アメリカの消費力は世界の3分の2を占めるとも言われ、基軸通貨でもあるドルは世界中で使用されていますから、無視することはできません。

アメリカの政策金利は、FRB（米国連邦準備制度理事会：Federal Reserve Board）によるFOMC（連邦公開市場委員会：Federal Open Market Committee）で決定されるフェデラルファンド（FF金利…準備預金の過不足を調整するために、無担保で相互に貸し借りをする際に適用される金利のこと）の誘導目標金利となります。

年8回、約6週間ごとにワシントンの理事会議室で1～2日開催され、最終日の4時15分（日本時間）に結果が発表されます。政策金利結果が重要なのはもちろんのこと、FRB議長の発言や議論内容、発表時の声明文も注目されます。

結果や内容によってはドル・円が1円以上動くこともあります。日本時間の早朝に発表されることもあるため、朝型トレーダーは注意が必要です。

4章 大きく勝つなら絶対必要！ファンダメンタルズ

ベージュブックから議事録までFOMCを挟んだ動き

　FOMCの結果は、突然発表されるのではなく、FOMCの2週間前の水曜日に「ベージュブック」が公開されるところから始まります。ベージュブックとは、表紙の色がベージュであることから名づけられたのですが、その内容は米国にある12の地区連銀による地区連銀経済概況報告で、FOMCでの議論のたたき台となります。

　そしてFOMC後、3週間経つとFOMC議事録が公開されます。内容は、FOMCでどのような議論がなされたかを公表するものとなっているのですが、FOMC時の声明文である程度予想ができます。

　ただ、注目度が高いため、FOMC議事録公開時には意外と値動きが大きくなることもあります。

ECBとBOEの政策金利決定会合

　ユーロ圏では、欧州中央銀行（ECB：European Central Bank）によるECB政策理事会が毎月第1・第3木曜日に開催されます。金融政策に関する決定は月の1回目の理事会だけなのですが、発表時の22時45分前後は相場が動意づくことが多いので注意しましょう。

　イギリスの政策金利は、イギリス中央銀行（BOE: Bank Of England）に9人のメンバーで構成されているMPC（Monetary Policy Committee）委員会が決定します。原則として毎月第1水曜日と木曜日の2日間にわたり開催され、ここで政策金利などの決定が行われます。政策金利の発表は2日目木曜日の会合後すぐに行われるので、ユーロ圏の政策金利発表日より若干早く発表されます。政策金利の発表時は金利のみの発表で、MPCで協議された内容までは公表されません。

　MPCで協議された内容は2週間後の水曜日に議事録として公表されます。この議事録では、決定した政策金利に9人中何人が反対したか、決定されたことが何票差であったのかなどの記録があるので、これによって市場が動くこともあります。

日本銀行の金融政策決定会合

　日本では、日銀が金融政策決定会合を原則として毎月2回程度、各月の初回会合は2日間にわたって開催します。メンバーは総裁1名、副総裁2名、審議委員6名の計9名で構成されていて、金融市場調節の方針を多数決で決定します。

　会合決定後、政策変更がない場合でもただちに日銀総裁の記者会見が行われます。その後、各月初回会合の翌営業日に、金融経済日報が公表されます。

　また、「金融経済月報」が毎月、「経済・物価情勢の展望」が毎年4月と10月に公表されます。

　そして、経済成長が著しい中国。FXの観点からみると、人民元の切り上げは一時的な円高になりやすく、中国のCPI（消費者物価指数）やPPI（生産者物価指数）、小売売上高は中国との貿易が盛んな豪ドル相場にも特に影響をおよぼしています。

　今後は中国の経済指標にも注目する必要があるでしょう。

米・FOMC政策金利

金融政策

重要度：★★★★★
発表時期：年8回、約6週間ごと　4:15

FRB（米国連邦準備制度理事会）がFOMC（連邦公開市場委員会）で決定するフェデラルファンド（FF金利）の誘導目標金利のことです。

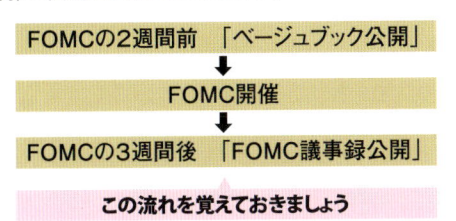

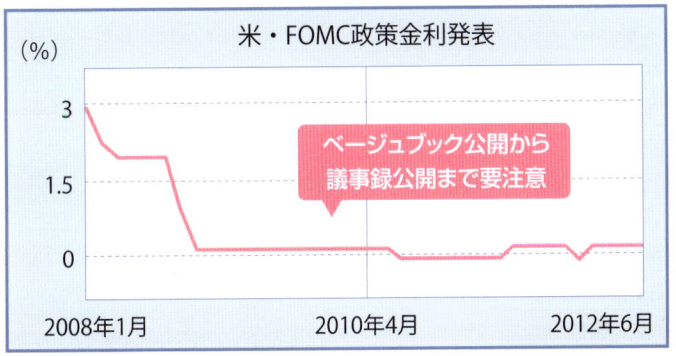

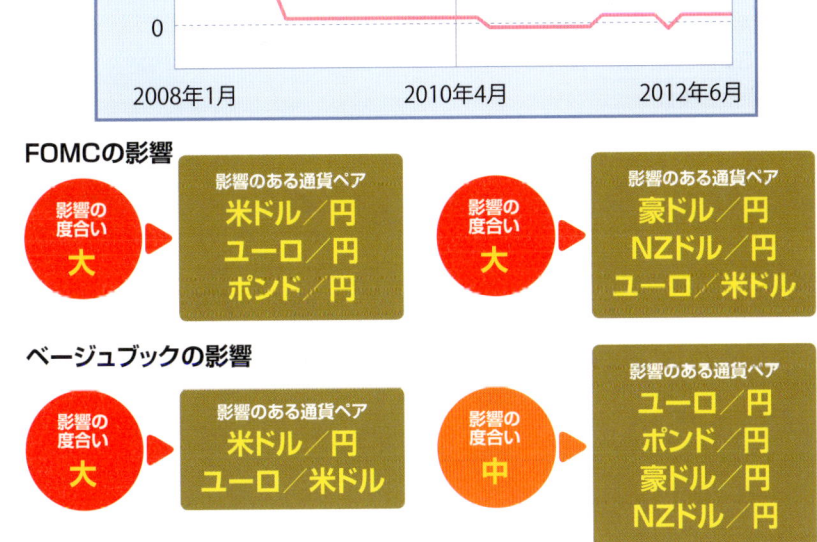

FOMCの2週間前　「ベージュブック公開」
↓
FOMC開催
↓
FOMCの3週間後　「FOMC議事録公開」

この流れを覚えておきましょう

米・FOMC政策金利発表

(%)
3
1.5
0

2008年1月　　2010年4月　　2012年6月

ベージュブック公開から議事録公開まで要注意

FOMCの影響

影響の度合い **大** → 影響のある通貨ペア：米ドル／円、ユーロ／円、ポンド／円

影響の度合い **大** → 影響のある通貨ペア：豪ドル／円、NZドル／円、ユーロ／米ドル

ベージュブックの影響

影響の度合い **大** → 影響のある通貨ペア：米ドル／円、ユーロ／米ドル

影響の度合い **中** → 影響のある通貨ペア：ユーロ／円、ポンド／円、豪ドル／円、NZドル／円

4章　大きく勝つなら絶対必要！ファンダメンタルズ

第4章 8 一言で数円動かすパワーを持つ 要人発言

> 重要人物の「発言」だけで、巨大な為替相場が大きく動くこともあります

1兆円以上注ぎ込んでやっと1円動く

　為替市場は株と違って市場規模が大きいので、内部事情を知っている人が先回りして買うようなインサイダーの影響は受けづらいとされています。

　例えば、ドル・円を1円動かすのには1兆円以上必要と言われています。だから、為替に関連しそうなインサイダー情報を得て、先回りしたとしても、必ずしも相場が期待した方向へ動くかどうかはわからないのです。

　ところが、このような巨大な市場でも、各国中央銀行の関係者や財務大臣などの「要人」と呼ばれる重要人物のたった一言だけで、数円程度なら簡単に動いてしまうことがあります。

米大統領に次ぐ権力者と言われるFRB議長

　「要人」の代表は例えば、FRB議長です。FRBは、大統領に対して政府機関中最も強い独立性を有する一方で、世界経済に対する影響力は絶人であるため、その最高権力者であるFRB議長は「アメリカ合衆国において大統領に次ぐ権力者」とまで言われています。

　特に、毎年2月と7月には、現FRB議長による議会証言が行われるので要チェックです。議会証言の内容によっては、相場が大きく動くことがあるからです。

Column 要人発言の例

【バーナンキFRB議長】
「インフレは引き続き非常に抑制されると予想、2012年もしくは2013年を通して目標の2%下回る見通し」
「低金利が銀行の利益率を圧迫しているが、金融緩和による収益性への全般的効果はほぼ確実にプラス」
「FRBは欧州の状況を引き続き注視し、米国の金融システムや経済を保護するため利用可能な全ての措置を取る」

【米連銀総裁】
「現在の政策金利スタンスは適切」
「最近の良好な指標が景気回復のサインであると強く確信」
「雇用及び物価安定の目標実現に向け、FRBはあらゆる手段を活用することが不可欠」

影響度の判断が難しい要人による口先介入

また、各国の中央銀行や政府高官などが、現在の為替レートについてあえて言及することを「口先介入」と呼んでいます。これは、為替介入への姿勢を見せることでわざと相場を動かそうとする行為で、実際には介入しなくても為替を意図した方向へ誘導する効果があります。

例えば日本の財務大臣は、次のようなコメントを出すことがあります。これが口先介入です。

「（為替の）過度な変動、投機的な動きに対しては断固たる行動を取る」、「無秩序・過度な変動への対応」、「今の為替レートは日本経済を反映していない」

しかし、口先介入が続いたり、明らかに口先介入ねらいだとわかるタイミングの発言には、あまり効果がないときもあります。

ほかにも世界各国さまざまな立場の要人がいて、あらかじめ記者会見などの発表予定が公開されていることもあります。

要人発言は確かに為替相場へ影響をおよぼすのですが、要人や発言内容、タイミングによっては完全に無視されることもあり、必ず値動きが出るというわけではありません。

FRB議長のように注目度の高い要人は必ずチェックする必要がありますが、そのほかの要人の言動は可能な範囲内で確認しておきましょう。

要人発言とその影響

人物		発言場所や影響
FRB議長（ベン・バーナンキ） 米財務長官、各地区連銀総裁	【米国】	FOMC、議会証言など 米国だけでなく、世界経済への影響も強い。
ECB総裁（マリオ・ドラギ） ECB理事	【ユーロ】	ECB理事会、講演など ユーロ圏を中心に、インフレや金融政策などに関する発言を行う。
BOE総裁（マービン A. キング） MPC委員	【英】	MPC、議会証言など 英国の景気や金融政策についての言及が多い。
日銀総裁（白川方明） 副総裁、財務大臣、 財務事務次官、財務官	【日本】	金融政策決定会合、記者会見など 他国に比べると影響力は少ないが、自国通貨に関連すること。しっかり押さえておきたい。
RBA総裁 （グレン・スティーヴンス）	【豪】	豪ドルの政策金利に関しての発言が注目される。
RBNZ総裁（アラン・ボラード）	【NZ】	アメリカやヨーロッパに関しての発言もある。
国際会議	【サミット】	G7（財務大臣・中央銀行総裁会議）、G20、IMFC
有名投資家 （ウォーレン・バフェット、ジム・ロジャース、ジョージ・ソロスなど）	【さまざま】	世界的に有名な投資家の発言は、世界情勢が大きく動いたときやサプライズの後押しになりやすい。

4章 大きく勝つなら絶対必要！ファンダメンタルズ

ＦＸ会社のテクニカルツールを活用しよう

　ＦＸ会社の利用法は、口座を開設して注文を出すだけではありません。トレードの参考になる情報を数多く発信してくれていますから、これを利用しない手はありません。

　仮に注文を出さなくても、情報ツールを利用するために口座を開設するのもありですよ。ニュースや為替予想以外にも、売買シグナルを配信してくれたり自動売買を行ってくれるツールを提供しているＦＸ会社もあります。複数のＦＸ会社の口座を開設すれば、よりたくさんの情報ツールを使うことができます。ツールを使いこなして、さらなるレベルアップを目指しましょう。

売買シグナル配信

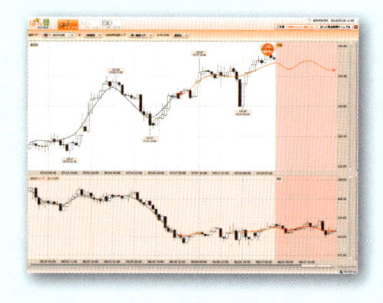

ＦＸプライム　ぱっと見テクニカル
http://www.fxprime.com/

現在から最大12年さかのぼった過去のチャートを分析し、現在の値動きと似たチャートを瞬時に探し出し、今後の値動きを予想してくれます。ただし、この機能は口座を開設しただけでは使えません。口座に入金しておく必要があります。

セントラル短資　未来チャート
http://www.central-tanshifx.com/

ぱっと見テクニカル同様、今後の値動きを予想してくれ、さらに売買傾向のシグナルや、最大3つまでの類似チャートを表示してくれます。

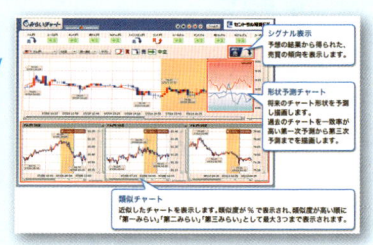

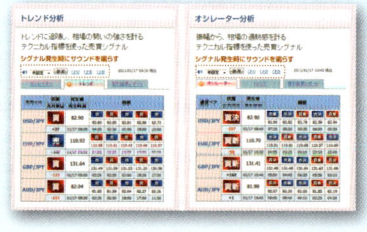

トレンド分析、オシレーター分析、それぞれにもとづいた売買シグナルを表示、サウンドでも知らせてくれます。

上田ハーロー　ＭＡＴＴ売買シグナル
http://www.uedaharlowfx.jp/

5章 FXトレードではこの9通貨から選ぶこと

数千もある株式投資の銘柄と比べると、FXトレードで選択できる通貨ペアはちょうどいい数です。この章で紹介する9つの通貨の組み合わせを把握しておけば、もう十分。FXトレードで売買するなら、という視点で各通貨を解説しましょう！

第5章 1 FXトレードはここから 米ドル

> スプレッドが小さく値動きも安定しているため初心者にピッタリの通貨です

流通量が多いため とても取引しやすい通貨

米ドルは、世界の基軸通貨で流通量が非常に多く、世界中で売買される通貨の半分近くを占めています。

世界中の貿易や資本取引で使われていて、世界各国の政府が外貨準備として保有しているので手数料が安く、換金性に優れています。

そのため、FX会社でドル・円を取引する際は、<mark>スプレッドが1銭以下と非常に狭いところが多く、とても取引がしやすい</mark>通貨ペアとなっています。

また、ドルの動向に影響を与えるアメリカ経済に関する情報も、ほかの国に比べると群を抜いて充実していますから、情報収集も比較的簡単です。ドル・円は<mark>FX初心者が最初に取引する通貨ペアとして最適</mark>でしょう。

「有事のドル買い」は すっかり崩壊

アメリカは世界最大の軍事力を誇るため、戦争や紛争などが起こるとドルが買われる「有事のドル買い」という現象が起きていましたが、この前提は1991年湾岸戦争時に崩れました。

米国が紛争の当事者となったことが嫌忌されて、市場ではドル買いに慎重な姿勢が見られたのです。

さらに2001年9月11日の米同時多発テロ時には、ドルが一気に売り込まれ、有事のドル買いという法則は完全に終了しました。

これ以降、<mark>テロや紛争が起きるとドルが売られ、スイスフランや日本円が買われるという「有事のドル売り」</mark>となることがしばしば見られるようになります。

また、慢性的な経常赤字に加え2008年のリーマンショックでは世界的な金融危機が発生、米ドルの信頼が揺らぎました。

とはいえ、ドル・円は世界で2番目に取引量が多いので、基本的には安定した動きが多い通貨です。基軸通貨としての地位が失われたわけではないので、<mark>ちょっとした資金の流入・流出でも、急激な変動は起こりにくいのが特徴</mark>です。

また近年、ドルの基軸通貨の地位を脅かす、と言われたユーロが欧州危機ですっかり弱体化したため、結果として基軸通貨としてのドルの延命につながっているという面もあります。

米ドルで押さえておくデータはこれ！

●注目指標

1. 雇用統計（失業率）
毎月第1金曜日22時30分に米労働省が前月分を発表
改善⇒雇用が良好、株高、金利上昇
悪化⇒雇用が悪化、株安、金利低下

2. 実質GDP速報
1,4,7,10月下旬22時30分に商務省経済分析局が四半期分を発表
プラス ⇒経済が良好、株高、金利上昇
マイナス⇒経済が悪化、株安、金利低下

3. ISM指数
毎月第1営業日の24時に米ISMが前月分を発表
50％以上⇒景気良好、株高、金利上昇
50％未満⇒景気が悪化、株安、金利低下

4. 小売売上高
毎月第2週、22時30分に商務省センサス局が前月分を発表
プラス ⇒消費が良好、株高、金利上昇
マイナス⇒消費が悪化、株安、金利低下

5. CPI・PPI
毎月15日前後、22時30分に労働省が前月分を発表
インフレ予想⇒株高、金利上昇
デフレ予想 ⇒株安、金利低下

●米国政策金利の推移　0.25%

●ドル・円（月足）

5章　FXトレードではこの9通貨から選ぶこと

第5章 2 トレードに慣れたらチャレンジ 第2の基軸通貨 ユーロ

ドル円で取引に慣れたトレーダーの次のステップに最適な通貨

「船頭多くして船山に登った」ギリシャショック

1999年1月1日、欧州連合が基軸通貨の米ドルに対抗するため、それまでの自国通貨を捨てて、単一通貨ユーロを導入しました。その後は順調に成長を続け、今や米ドルに次ぐ第2の基軸通貨となりました。

基軸通貨に対抗して造られた通貨だけに、貿易や資本取引でも使われ、世界の中央銀行の外貨準備でも米ドルの一部をユーロにする動きが見られます。

ただ、ユーロは複数の国の集まりであるため、各国の足並みをそろえることが難しかったり、株式市場の取引所なども分断しているので、ユーロで買える株式や債券などの種類が多過ぎてわかりにくいという難点もあります。

2010年のギリシャショックからもわかるように、ユーロ各国はそれぞれ異なる経済事情を持っているので、「船頭多くして船山に登る」という状態に陥ってしまい、足並みがそろわずに混迷を深めました。

ユーロは、参加国が多いうえに各国の景気動向もさまざまなため、適切なタイミングで適切な金融政策を行うことの困難さが露呈されてしまいました。

ドイツとフランスの経済に注目

ユーロは、主にドイツとフランスが中心に牽引役となっているので、両国の経済指標や政治動向をしっかり注視しましょう。また、ユーロ圏の金融政策を担う欧州中央銀行（ECB）の動向にも注意が必要です。

値動きに関しては、米ドルとは反対の動きをすることも多く、いったん動き始めると、ユーロ高・ユーロ安など一方向へ動く傾向が強いです。

特に、ユーロとドルの組み合わせであるユーロ・ドルは、世界で最も取引量が多く、かつ値動きも大きいものとなっています。米ドル同様、ユーロに関する情報も比較的手に入りやすいので、米ドルの取引に慣れてきたら、ユーロの取引にチャレンジしてみるとよいでしょう。

なお、ユーロ・円をはじめとしたクロス円は、米ドルとドルストレートの合成でレートが算出されます。ユーロ・円は「ドル・円×ユーロ・ドル」で算出されるので、ドル・円やユーロ・円を取引するときには、ユーロ・ドルの値動きにも注意しましょう。

ユーロで押さえておくデータはこれ！

● 注目指標

1 ユーロ圏失業率
毎月上旬に発表されるユーロ圏全体の失業率
改善⇒雇用が良好、株高、金利上昇
悪化⇒雇用が悪化、株安、金利低下

2 独 IFO景況指数
毎月下旬の17時に独IFO経済研究所が当月分を発表
プラス ⇒景気良好、株高、金利上昇
マイナス⇒景気悪化、株安、金利低下

3 ユーロ圏実質GDP
2・5・8・11月中旬にユーロスタットが直前四半期分を発表
プラス ⇒景気が良好、株高、金利上昇
マイナス⇒景気が悪化、株安、金利低下

4 ユーロ圏消費者物価指数
毎月上旬に発表されるユーロ圏全体の消費者物価指数
プラス ⇒インフレ予想、株高、金利上昇
マイナス⇒デフレ予想、株安、金利低下

5 ユーロ圏景況感指数
毎月終わりに欧州委員会が当月分を発表
プラス ⇒景気良好、株高、金利上昇
マイナス⇒景気が悪化、株安、金利低下

● 欧州政策金利の推移
0.75%

● ユーロ・円（月足）

5章 FXトレードではこの9通貨から選ぶこと

第5章 3

値動き激しく中級以上向け
英ポンド

> 以前に比べれば、スプレッドが小さくなって取引しやすくなりました

基軸通貨としての存在感も今は昔

　第二次世界大戦前までは、イギリスポンドは世界の基軸通貨としての権勢を誇っていました。

　ところが、1910年から1940年くらいを境目として、徐々に基軸通貨としての地位が英ポンドから米ドルへと移っていきました。

　ポンドは、19世紀半ば以降、国際金融の中心地として基軸通貨としての役割を担っていました。しかし、1914年の第一次世界大戦で欧州各国が疲弊すると、逆にアメリカは戦争特需で経済が急成長し、1920年代には世界貿易における輸出シェアでイギリスを追い越しました。

　1945年の第二次世界大戦終戦後は、アメリカがIMF体制の下で各国中央銀行に対して米ドルの金兌換を約束したことと強い経済力を背景に、基軸通貨の地位が米ドルにとって代わられました。

　現在の英政府の財政赤字残高は4000億ポンドを超え、かつてイギリスが財政破綻してIMFに救済を求めた1976年当時よりも悪化しています。

　さらに、欧州連合のユーロ導入以後、ポンドの影響力がますます弱まってきているのが現状です。

スプレッドの縮小で取引しやすくなった

　FXでは、ポンド・円のスプレッドを縮小するFX会社が増えていて、以前に比べ取引しやすくなりました。

　ただし、英ポンドは主要通貨の中では流動性が比較的低く、投機的な大口取引が多いので、値動きの激しいことでも有名です。

　ポンド・円のほか、ポンド・ドルも人気がありますが、急落や急騰を加速させる「投機マネー」の動向には十分注意しておきましょう。

　初心者にも安心なドル・円ペアに比べて、ポンド・円やポンド・ドルといった通貨ペアは、大きな利益をねらえる代わりにリスクも大きい、中級以上向けの通貨ペアです。

　ポンド・円は「ドル・円×ポンド・ドル」で求められるので、ポンド・ドルの値動きにも注意が必要です。ポンド・ドルのサポートライン（下値支持線）やレジスタンスライン（上値抵抗線）もしっかり確認しておきましょう。

ポンドで押さえておくデータはこれ！

● 注目指標

1. 失業率
英国の失業率。失業保険申請件数とともに発表される
改善⇒雇用が良好、株高、金利上昇
悪化⇒雇用が悪化、株安、金利低下

2. 住宅価格（三大住宅価格）
毎月、前月分をネーションワイド・ビルディング・ソサイエティ、HBOS/ハリファックス、英政府統計局が発表
プラス ⇒インフレ予想、株高、金利上昇
マイナス⇒デフレ予想、株安、金利低下

3. 英製造業景気指数
毎月第一営業日に前月分を英国購買部協会/ロイターが発表
50％超 ⇒景気良好、株高、金利上昇
50％未満⇒景気が悪化、株安、金利低下

4. 消費者物価指数
毎月中旬に前月分を英政府統計局が発表
プラス ⇒インフレ予想、株高、金利上昇
マイナス⇒デフレ予想、株安、金利低下

5. 流通業調査小売売上高
毎月第一営業日に前月分を英産業連盟が発表
プラス ⇒消費が良好、株高、金利上昇
マイナス⇒消費が悪化、株安、金利低下

● 英国政策金利の推移　0.5％

● ポンド・円（月足）

5章　FXトレードではこの9通貨から選ぶこと

第5章 4 高金利通貨としておなじみ 豪ドル／NZドル

> 高スワップポイントが人気も、リスク時には急落もあるので要注意です

アジア経済と商品相場の影響が大

　オーストラリアは、牛肉や野菜などの農作物、金、銅、石油といった資源など、多くの産物を輸出しています。その輸出先は、中国や日本などのアジア諸国が中心なので、豪ドルはアジア経済の影響を大きく受ける傾向があります。また、金や石油などの商品相場の影響も受けます。

　豪ドルの特徴は、何と言ってもその高い金利です。FX取引で得られるスワップポイントが高いため、個人投資家や投資信託に人気があります。FX会社によってもスワップポイントとスプレッドがさまざまですから、スワップポイントねらいの人は、スプレッドは高めでもスワップポイントの大きいFX会社を選ぶとよいでしょう。

　また、意外と値動きも大きいので、デイトレーダーにも人気です。

　ただし、流通量がやや少ないため、ヘッジファンドや機関投資家の動向が通貨の価格に影響しやすい点には注意が必要です。ギリシャショックのような世界的変動が起こると、リスク回避のため真っ先に売られ、大きく下落することになります。

豪ドルと気象変化に左右される

　隣国ニュージーランドのニュージーランドドル（NZドル）も、個人投資家などに人気の高い高金利通貨です。ニュージーランドの国鳥にちなんで、「キウイ」と呼ばれています。

　ニュージーランドの輸出の3分の1は乳製品などの農作物が占めているため、農作物価格に連動しやすい傾向があります。ニュージーランドにとってオーストラリアは、最大の貿易相手国であるため、豪ドルと連動しやすく、経済的に密接なつながりを持っています。

　ニュージーランドドルは豪ドル以上に市場規模が小さいため、リスク回避時には変動幅がより大きくなる傾向があります。一方で、金などの資源価格の影響は少なく、農産物の価格や干ばつ、豪雨などの気象変化などに左右されます。

　豪ドル・円は「ドル・円×豪ドル・ドル」、NZドル・円は「ドル・円×NZドル・ドル」で求められます。どちらもスプレッドはやや広い傾向があるため、ドルストレートで取引するときには注意しましょう。

豪ドルで押さえておくデータはこれ！

● 注目指標

1. 雇用統計
毎月初めに豪統計局が前月分を発表
改善⇒雇用が良好、株高、金利上昇
悪化⇒雇用が悪化、株安、金利低下

2. 実質GDP
3・6・9・12月初めに豪統計局が直前四半期分を発表
プラス ⇒経済が良好、株高、金利上昇
マイナス⇒経済が悪化、株安、金利低下

3. 小売売上高
毎月初めに豪統計局が前々月分を発表
プラス ⇒消費が良好、株高、金利上昇
マイナス⇒消費が悪化、株安、金利低下

4. 貿易収支
毎月初めにオーストラリア連邦統計局が先々月分を発表
プラス ⇒経済が良好、株高、金利上昇
マイナス⇒経済が悪化、株安、金利低下

5. 設備投資
3・6・9・12月初めに豪統計局が直前四半期分を発表
プラス ⇒経済が良好、株高、金利上昇
マイナス⇒経済が悪化、株安、金利低下

● 豪州政策金利の推移　3.50%

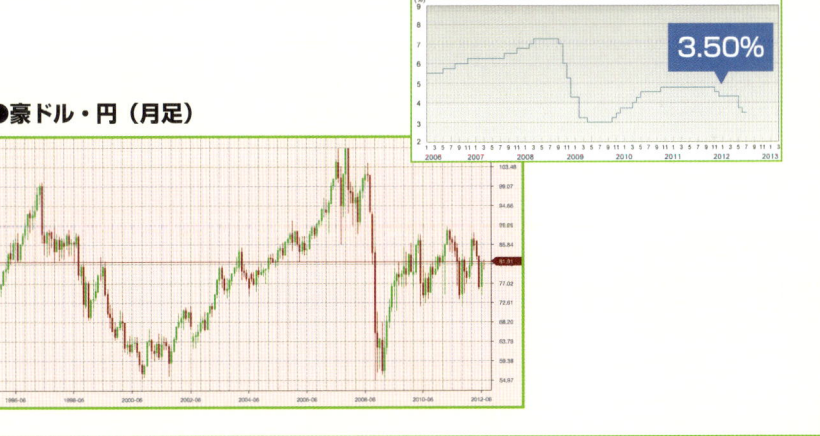

● 豪ドル・円（月足）

5章　FXトレードではこの9通貨から選ぶこと

NZドルで押さえておくデータはこれ！

●注目指標

1 雇用統計
2・5・6・11月中旬にNZ統計局が直前四半期分を発表
改善⇒雇用良好、株高、金利上昇
悪化⇒雇用が悪化、株安、金利低下

2 小売売上高
毎月中旬にNZ統計局が前々月分を発表
プラス ⇒消費良好、株高、金利上昇
マイナス⇒消費が悪化、株安、金利低下

3 貿易収支
毎月初めにNZ統計局が前々月分を発表
プラス ⇒黒字拡大、株高、金利上昇
マイナス⇒経済悪化、株安、金利低下

4 消費者物価指数
1・4・7・10月中下旬にNZ統計局が直前四半期分を発表
プラス ⇒インフレ予想、株高、金利上昇
マイナス⇒デフレ予想、株安、金利低下

5 企業景況感
毎月中旬にナショナル・バンク・オブ・ニュージーランドが当月分を発表
プラス ⇒景気良好、株高、金利上昇
マイナス⇒景気が悪化、株安、金利低下

● NZ 政策金利の推移　2.50%

● NZ ドル・円（月足）

第5章 米ドルよりも値動きが読みにくいカナダドル

アメリカ経済や原油価格など外的要因に左右される難しい通貨です

NAFTA以降、米依存がさらに高まる

1994年のNAFTA（北米自由貿易協定）締結以降、カナダはアメリカへの依存度をますます高めました。

現在では輸出の75％、輸入の51％、対加直接投資の52.5％を米国に依存しています。

そのため、<mark>アメリカの経済や政策がそのままカナダドルに影響を与えるようになっています。</mark>

アメリカの経済指標によって、カナダドルが変動することも少なくありません。カナダドルを保有しているときは、アメリカの指標に関してもカナダの経済指標と同等の注意を払っておく必要があります。

また世界2位の原油埋蔵量を持ち、政治的にも安定しているため、<mark>原油価格が上昇すると貿易黒字が増えて経常黒字も増えるので、買い材料になりやすい</mark>です。逆に、原油相場や米国経済が低迷すると一緒に低迷してしまいます。

この辺の動き方から、カナダドルはオーストラリアなどと似た特徴を持つ資源国通貨と言ってもよいでしょう。

豪ドルより地味（低金利）で難しい（動きが複雑）

資源国通貨として、オーストラリアドル（豪ドル）と似た特徴を持つカナダドルですが、資源（原油）価格の影響だけでなく、アメリカ経済の影響も受けるため、動きの複雑さでは、豪ドルを上回ると言えます。

市場規模が小さいことも手伝って<mark>値動きは米ドルよりも大きく、さらに原油価格にも左右される</mark>ので、値動きが読みにくい傾向があるのです。

また、オーストラリアに比べて金利面での魅力が薄いこともあって、地味な存在になっているという事情もあります。

カナダドル・円は「ドル・円÷ドル・カナダドル」で求められるため、カナダドル・ドルの値動きにも注目しましょう。

このようにいろいろと難しいキャラクターであるため、FXトレードで、米ドルではなく、あえてカナダドルを選ぶ積極的な理由はそれほど多くありません。ですが、<mark>原油価格の動向に注目するときは、米ドルではなくカナダドルを選択</mark>するのも面白いかもしれません。

カナダドルで押さえておくデータはこれ！

●注目指標

1 雇用統計
毎月初めの22時30分に加統計局が前月分を発表
改善⇒雇用が良好、株高、金利上昇
悪化⇒雇用が悪化、株安、金利低下

2 実質GDP
毎月終わりに加統計局が前々月分を発表
プラス ⇒経済が良好、株高、金利上昇
マイナス⇒経済が悪化、株安、金利低下

3 Ivey購買部協会景気指数
毎月第4営業日の24時に加購買部協会が前月分を発表
50%超 ⇒雇用が良好、株高、金利上昇
50%未満⇒雇用が悪化、株安、金利低下

4 CPI（消費者物価指数）
毎月後半に加統計局が前月分を発表
プラス ⇒インフレ予想、株高、金利上昇
マイナス⇒デフレ予想、株安、金利低下

5 製造業調査
毎月中旬に加統計局が前々月分を発表
製造業が良好⇒株高、金利上昇
製造業が悪化⇒株安、金利低下

●カナダ政策金利の推移 1.0%

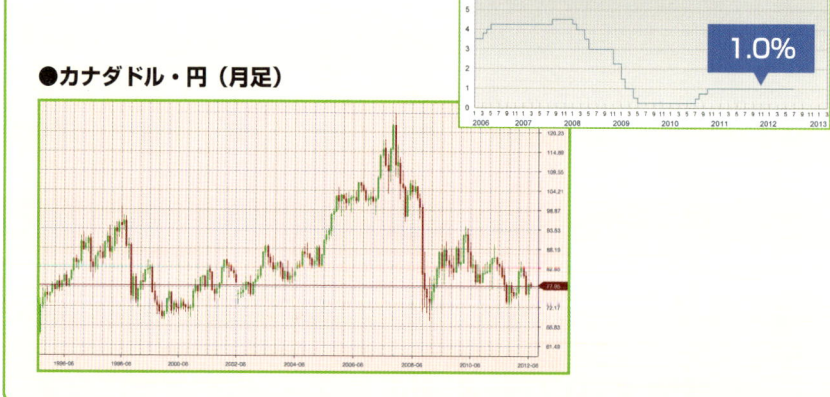

●カナダドル・円（月足）

第5章 6 ユーロやドルのリスクヘッジに最適 スイスフラン

> 主要通貨との逆相関が高いため、リスクヘッジとして重用されています

ユーロ・ドルのリスクヘッジにもなるドル・スイス

1674年に非武装中立を宣言し、1815年にウィーン会議で国際法上初めて永世中立を承認された、政治的に中立な国です。経済的にも中立を保っていて、欧州連合（EU）に参加せず、ユーロにも参加していません。

そのため、米国や英国などの主要通貨国に通貨や株の売り材料となる有事が起こった際には、これらの通貨とのリンクが少ないスイスフランに資金が逃避するため、「有事のスイスフラン買い」となるケースが多いです。

このあたりのキャラクターは日本円と似ています。

スイスフランは金（ゴールド）とともに買われることが多いのですが、金と違って金利があるのも魅力です。

テロが頻発する昨今、価格変動リスクを抑えるための保険的役割を果たすという意味で、国際分散投資に適していると言えるでしょう。

特に、ドル・スイスフランはユーロ・ドルとの逆相関が高く、真逆の動きをすることも多いので、ユーロ・ドルを保有している際のリスクヘッジにもなります。

平常時にはそれほどの魅力がない

輸出の6割強、輸入の8割強をEU加盟国と行っているので、通常はユーロと同じような動きをします。ユーロに加盟してはいませんが、欧州各国とは経済的に密接な関係にあるからです。

ただ、スイスフランは比較的金利が低く、平常時にはそれほど魅力は高くありません。そのため、有事の緊張がおさまると一気に調整が入ることが多く、あくまで有事の際の一時的な資金流入にとどまることが多いのも事実です。

一方で、スイス中銀自体が、スイスフラン高を好まないというスタンスもあります。自国に輸出企業が多いなどの理由があるようですが、スイスフラン高を警戒して為替介入や口先介入を行うことがたびたびあります。これによってスイスフランの相場が急変することが多いので注意しましょう。

こういった中央銀行の毅然としたスタンスは、日本円とはだいぶ違うかもしれませんね。

5章 FXトレードではこの9通貨から選ぶこと

スイスフランで押さえておくデータはこれ！

●注目指標

1. 雇用統計
毎月初めにスイス連邦統計局が前月分を発表
改善⇒雇用が悪化、株安、金利低下
悪化⇒雇用が良好、株高、金利上昇

2. 実質GDP
3・6・9・12月初めにスイス連邦統計局が直前四半期分を発表
プラス ⇒景気が良好、株高、金利上昇
マイナス⇒景気が悪化、株安、金利低下

3. 景気先行指数（KOF）
毎月終わりにKOF（チューリッヒ工科大学景気循環研究所）が当月分を発表
プラス ⇒景気良好、株高、金利上昇
マイナス⇒景気が悪化、株安、金利低下

4. CPI（消費者物価指数）
毎月初めにスイス連邦統計局が前月分を発表
プラス ⇒インフレ予想、株高、金利上昇
マイナス⇒デフレ予想、株安、金利低下

5. SVME購買部協会景気指数
毎月初めにSVME購買部協会が前月分を発表
50%超　 ⇒景気良好、株高、金利上昇
50%未満⇒景気が悪化、株安、金利低下

●スイス政策金利の推移　1.0%

●スイスフラン・円（月足）

第5章 7 高金利通貨の南アランドと超低金利の日本円

> スワップねらいのポジションが多く、リスク時の手仕舞い殺到に要注意です

南アランドはスワップねらいの「買い」が大半

南アフリカは金やプラチナなど、世界有数の資源産出国であるため、南アフリカランドは金価格をはじめとした商品相場に影響を受けます。

政策金利も高いので<mark>高金利通貨となっていて、分散投資の観点からランド建て債も人気があります。</mark>

1991年にアパルトヘイト（人種隔離政策）が完全に廃止されたのですが、いまだ国内情勢が安定しているとは言えません。そのため、政情不安定な南アフリカ周辺地域で紛争や内戦が勃発した際のカントリーリスクが意識されやすい傾向があります。

また、失業率は23.8％もあって、依然として雇用は大きな社会問題となっています。

南アフリカランドのポジションの売買比率がほとんどがスワップポイントねらいの「買い」です。

そのため、<mark>リスク回避時には、その買いがいっせいに「売り」に転じるため、予想以上に値下がりする危険性がある</mark>ので注意しましょう。

日本円の看板は「世界三大通貨の1つ」だが

ここまで、各国の通貨について紹介してきましたが、日本円はどうなのでしょうか？

日本円は米ドル、ユーロとともに「世界三大通貨」と言われ、世界経済に大きな影響を与えています。<mark>有事の際には他国と比べると比較的安全な円が買われて、急激な円高に陥ります。</mark>

日本円は超低金利で、資金運用対象としての魅力に乏しく、世界各国の外貨準備の対象になりにくいのが現状です。

ところが、これがかえって資金調達（借入）対象の魅力となって、<mark>平常時には低金利の円を借りて高金利通貨に投資する動きが進むという傾向があります。（円キャリートレード）</mark>

スワップねらいのポジションを保有しているときの注意

超低金利の日本円を売って豪ドルなどの高金利通貨を買うと、高いスワップポイントが付くため、金利ねらいの円キャリートレードが平常時では活発です。それはFXの爆発的人気の要因でもありました。

5章 FXトレードではこの9通貨から選ぶこと

南アフリカランドで押さえておくデータはこれ！

●注目指標

1　貿易収支
毎月初めに前月分を発表
プラス　⇒黒字拡大、株高、金利上昇
マイナス⇒赤字拡大、株安、金利低下

2　GDP
3・6・9・12月初めに直前四半期分を発表
プラス　⇒景気が良好、株高、金利上昇
マイナス⇒景気が悪化、株安、金利低下

3　小売売上高
毎月中旬前月分を発表
プラス　⇒消費良好、株高、金利上昇
マイナス⇒消費が悪化、株安、金利低下

●南アフリカランド・円（月足）

●南アフリカ政策金利の推移　5.5%

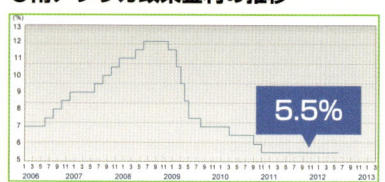

　ただ保有しているだけで日本円の数十倍の金利が得られるわけですから、どんどん買いがたまっていきます。

　しかしひとたび、世界的なリスクが発生したときには、マーケットでは「とりあえず利益を確保しよう」と<mark>リスク回避の動きとして円の買い戻し（円キャリートレードの巻き戻し）が起こります。</mark>

　このとき、これまで積み上げられた買いポジションが一気に閉じられるので、高金利通貨は激しく下落します。

　時には、マーケットの急激な変動による歪みで、スワップポイントの受け取りではなく支払いが必要になる場面があるかもしれません。日本円のような超低金利通貨を売って、外貨を買っているのにもかかわらず、スワップポイントの支払いが必要になる可能性もあるのです。

　同じ現象は、同じくリスク回避通貨のスイスフランでも見られます。

　ですから、<mark>スワップポイントねらいで高金利通貨を保有している場合は、常に世界情勢に注意を払う</mark>必要があります。

日本円で押さえておくデータはこれ！

● 注目指標

1. 日銀短観
4月、7月、10月、12月、8時50分に直前四半期分を日本銀行が発表
プラス ⇒ 景気良好、株高、金利上昇
マイナス⇒ 景気が悪化、株安、金利低下

2. 実質GDP 一次速報
3月、6月、9月、12月前半に、直前四半期分を内閣府経済社会総合研究所が発表
プラス ⇒ 経済が良好、株高、金利上昇
マイナス⇒ 経済が悪化、株安、金利低下

3. コアCPI
毎月終わりに総務省統計局が発表
プラス ⇒ 景気良好、株高、金利上昇
マイナス⇒ 景気が悪化、株安、金利低下

4. 機械受注統計調査報告
毎月終わりに内閣府が前々月分を発表
プラス ⇒ 景気良好、株高、金利上昇
マイナス⇒ 景気が悪化、株安、金利低下

5. 鉱工業生産
毎月終わりの8時50分に経済産業省が発表
プラス ⇒ 景気良好、株高、金利上昇
マイナス⇒ 景気が悪化、株安、金利低下

● 日本政策金利の推移

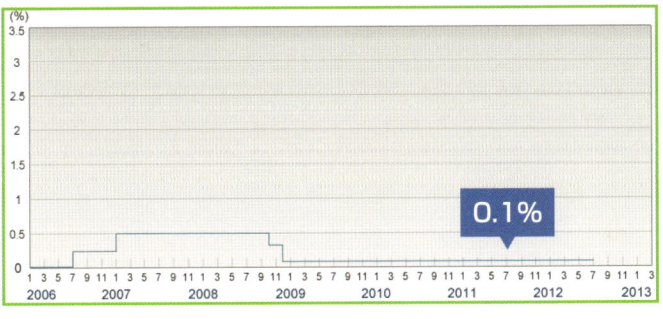

0.1%

5章　FXトレードではこの9通貨から選ぶこと

通貨ペア別取引高

順位	通貨ペア	特徴
1位	ユーロ・ドル	世界で最も取引量が多く、値動きも激しい
2位	ドル・円	日本人になじみ深いので、FX初心者に最適
3位	ポンド・ドル	値動きが激しいことで有名
4位	ドル・スイス	ユーロドルと逆相関なので、リスクヘッジに最適
5位	ドル・カナダ	米国経済と連動しやすく、ある程度値動きも大きい

通貨ペア	2004年 取引高	2004年 シェア	2007年 取引高	2007年 シェア	2010年 取引高	2010年 シェア
ユーロ・ドル	541	28%	892	27%	1,101	28%
ドル・円	328	17%	438	13%	568	14%
ポンド・ドル	259	13%	384	12%	360	9%
ドル・スイス	83	4%	151	5%	168	4%
ドル・カナダ	77	4%	126	4%	182	5%
豪ドル・ドル	107	6%	185	6%	249	6%
ドル・その他	307	16%	669	20%	750	19%
ユーロ・円	61	3%	86	3%	111	3%
ユーロ・ポンド	47	2%	69	2%	109	3%
ユーロ・スイス	30	2%	62	2%	72	2%
ユーロ・その他	44	2%	123	4%	162	4%
その他のペア	50	3%	139	4%	149	4%
合計	1934	100%	3324	100%	3981	100%

出所:国際決済銀行資料より　　（グローバル市場における1日平均　単位:10億米ドル）

6章　マナブ式FXの トレードノウハウ 大公開！

　1章で紹介したマナブ式3つの必勝トレード法は、この章で紹介する僕がこれまでに蓄積してきたトレードのノウハウから導いたものです。そして、僕はこのノウハウを何度も「痛い目」に遭うことによって、自分自身で見つけてきました。6000万円トレーダーになれたのも、こうした蓄積のおかげです。この章では、そんな僕の大切なトレードノウハウを大公開しちゃいます！

第6章 1

勝利の大敵「ダマシ」には テクニカルの組み合わせで

> 複数のテクニカル分析を組み合わせることで、お互いの弱点を克服します

単独で使うと「ダマシ」に遭ってしまう

「3章テクニカル分析」で紹介したさまざまなテクニカル分析は、どれもがそれぞれに特徴のある、優れた分析法です。

しかし、どのテクニカル分析にも一長一短があって、単独で使うとどうしても「ダマシ」に遭ってしまいます。

ダマシとは、テクニカル分析が買い（売り）のシグナルを出しているのに、その動きにならず、逆行してしまう現象です。

例えば、RSIが70％以上に達しているのにそのまま価格は上昇を続け、RSIが高値圏にもかかわらず、天井へ張りついたまま推移してしまったり、価格がボリンジャーバンドの－σ2を下回ったのにまったく下げ止まらなかったり、という現象のことを言います。

どんなに優れたテクニカル分析でも、必ずダマシが存在しています。このダマシを避けるには、「複数のテクニカル分析を組み合わせる」ことが最も有効です。

特徴の異なるテクニカル分析を組み合わせ弱点を補完する

例えば、1章で紹介したように、トレンドを明確にする平均足に、トレンドの流れを読むためのボリンジャーバンド、売られ過ぎや買われ過ぎを判断するRSIを組み合わせて利用するようなものが一例です。

ボリンジャーバンドが売買シグナルを発していても、RSIが売り買いを示していなければ見送り。売買のときも、平均足の勢いを見て、トレンドがどこまで続くのかを測りながら行います。

これらのテクニカル分析は、もちろん単独でも役に立ちますが、複数で利用することにより、お互いの欠点を補い合い、相乗効果を発揮させることができるのです。

複数のテクニカルを組み合わせるなら、こんな風に

テクニカル分析にはさまざまな種類がありますから、どのように組み合わせたらよいものか、迷ってしまうこともあるでしょう。組み合わせは、次のような考え方で行うとよいです。

【トレンド系＋オシレーター系】

移動平均線やボリンジャーバンドのように、相場のトレンドを見るトレンド系分析と、RSIやストキャスティクスのような相場の振れ（行き過ぎ）を測るオシレー

系を組み合わせると、どんな相場でも安定した分析が行えます。チャートの形式もローソク足だけでなく、平均足を活用してみるとトレンドを判断しやすくなるなど、メリットがあります。

【複数のオシレーター系】

主にスキャルピングやデイトレのような短期売買に向いている組み合わせが、複数のオシレーター系の組み合わせです。

RSIとストキャスティクス、それにMACDやDMIを混ぜるなど、オシレーター系分析を単独ではなく2つ以上合わせて売買シグナルをとらえる手法です。

こうすると、仮にRSIが底や天井で張り付いてしまっているような状況でも、「MACDはまだトレンド転換していないのでエントリーしない」という判断ができます。

また、各オシレーター系のパラメーターを変更すると、反応速度や曲線の滑らかさを変更することができるので、自分なりのパラメーターを探してみるのも面白いでしょう。

【複数のトレンド系】

移動平均線やボリンジャーバンド、一目均衡表など複数のトレンド系を組み合わせた場合は、トレンドに乗ることが目的になるので、どちらかというと中長期投資に向いている手法です。

複数のオシレーター系を組み合わせた手法がコツコツ利益を積み上げるのに対し、複数のトレンド系を組み合わせた場合は、トレンドの流れに乗って、ある程度大きな値幅をねらうことが中心になります。

1度に得られる利益は大きいのですが、ポジションを保持する期間が長くなるぶん、含み損が拡大し、それをリカバリーできずに損失が大きくなってしまう場合があります。トレンドの動向を定期的に分析して臨機応変に対応する必要があります。

複数のテクニカル分析を組み合わせて活用する

トレンド系 ＋ オシレーター系
例：移動平均線＆RSI、ボリンジャーバンド＆ストキャスティクス
相性のよいトレード　万能型
お互いの弱点を補うことのできるバランスのよい組み合わせ

複数のオシレーター系
例：RSI＆ストキャスティクス、RSI＆MACD
相性のよいトレード　スキャルピング、デイトレ
売買のシグナルを逃さない

複数のトレンド系
例：移動平均線＆ボリンジャーバンド、ボリンジャーバンド＆一目均衡表
相性のよいトレード　中長期トレード
大きなトレンドをつかまえられる

第6章 2 マナブ式 マネーマネジメント

負けることを想定しつつ、上手に利益を重ねるコツを紹介しましょう!

FXトレーダーは「必ず負ける」

FXトレーダーの中で、常に勝っているという人はまずいません。どんなに取引が上手い人でも、必ず勝ち負けをくり返して資産を増やしているのです。

投資資金がゼロになってトレードが終了してしまわないように、上手に資金を分散させれば、勝つことができるというわけです。このような資金管理をマネーマネジメントと呼びます。

資金を分割し、許容損失額を決めておく

具体的には、資金を10分割して1回で投入する資金を抑えたり、1度の損失額を事前に決めておいたり、といったものです。

仮に資金が50万円あったとして、1度の損失を1ヵ月で2万円までと決めたとします。レバレッジも考慮したとすると、最低でも1年間以上は相場に居続けることができる計算になります。

取引チャンスが増えればそれだけ勝てるチャンスも増えるわけですから、まずは「1ヵ月間に許容する損失額は、全投資金額の1割まで」といった感じにして、できるだけ長く相場に居続けられるよう努力しましょう。

ピラミッティング手法で買い増しをする

保有したポジションに利益が出てきたら、さらに買い増しして利益を上乗せしていくという方法があります。このように利益を再投資しないと、計算上は投資資金が増えないことになります。仮に勝率5割だったとして、五分五分ではいつまでたっても資産が増えないからです。

そこで、保有ポジションに利益が出て、かつトレンドが継続しそうな場合、最初のポジションの半分の通貨量を上乗せして買い増しします。さらに上昇した場合は、その上昇分の半分を上乗せして買い増しします。

例えば80円で5万ドルを買ってそのまま上昇した場合、82円で3万通貨、84円で1万通貨と買い増していきます。このように、徐々に買う量を少なくしていく買い増し方を「ピラミッティング」と言います。

そして最後に85円で上げがとまったときに売却すれば……このようになります。

① 80円→85円　5万通貨×5円

＝＋25万円
② 82円→85円　3万通貨×3円
　＝＋9万円
③ 84円→85円　1万通貨×1円
　＝＋1万円

　上記のように、①＋②＋③で合計35万円の利益が得られます。

　ピラミッティングを行わなかったときでも＋25万円の利益ですが、ピラミッティングを使うとさらに10万円も利益が上乗せされるのです。

反落に備えて損失を限定する注文を

　ただし、相場が反落したときのために、必ず損失限定の逆指値を指しておきましょう。

　仮に同じ手法をとったとき、84円までしか上がらず、その後83円に反落したとします。その場合、相場が上がるにつれて逆指値を上げていきます。

A．80円から82円へ上昇
① 80円の5万通貨は81円で逆指値

B．82円から83円へ上昇
① 80円の5万通貨は82円で逆指値
② 82円で3万通貨買い増し、81円で損失限定の逆指値

C．83円から84円へ上昇
① 80円の5万通貨は83円で逆指値
② 82円の3万通貨は83円で逆指値

D．84円から83円へ下落
① 80円→83円　5万通貨×3円
　＝＋15万円
② 82円→83円　3万通貨×1円
　＝＋3万円

となって、仮に思惑通りトレンドが続かなかったとしても、＋18万円の利益は確保できます。

　仮に「C」のときに83円から84円へ行かず、83円から81円まで下落してしまったとしても、下記のように、＋2万円の利益が確保できます。

83円から81円へ下落（注文は「B」の状態）
① 80円の5万通貨は下落途中の82円で逆指値が発動→＋5万円
② 82円で3万通貨買い増し、81円で損失限定の逆指値→－3万円

　このとき、もし買い増し手法をピラミッティングにせず、買い増すたびにポジション数を増やしていってしまうとすると、大きな損失を被ってしまいます。

マナブ式　儲けのコツ

例えば、FX取引をするときに一度にすべての資金を投入してしまった場合、その1回が失敗してしまったら、投資は終了です。基本的に、FXは上がるか下がるかですから勝率は5割。実際には相場はそれほど単純ではないのですが、数回負けても「継続できるなら」、「やがて勝つことができる」確率です。大切なことは、ゲームオーバーにならないこと！

ピラミッティング手法で投資する

例：1ドル80円のときに5万通貨のロングポジション
　　　85円まで上昇したとすると

このように買い増ししていく

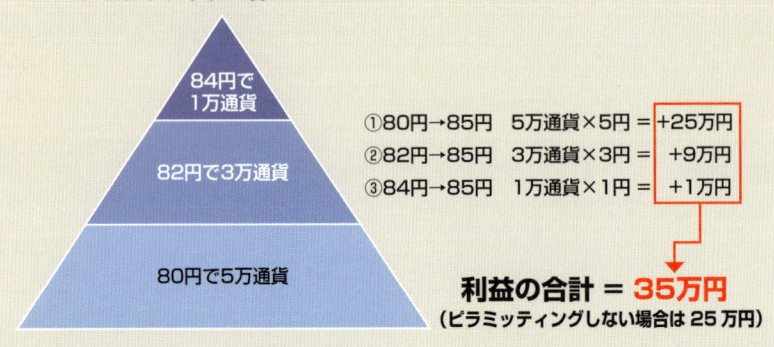

```
        ┌─────────┐
        │ 84円で  │
        │ 1万通貨 │
       ┌┴─────────┴┐
       │ 82円で3万通貨 │
      ┌┴───────────────┴┐
      │   80円で5万通貨   │
      └─────────────────┘
```

① 80円→85円　5万通貨×5円 ＝ +25万円
② 82円→85円　3万通貨×3円 ＝ +9万円
③ 84円→85円　1万通貨×1円 ＝ +1万円

利益の合計 ＝ **35万円**
（ピラミッティングしない場合は25万円）

ただし、相場の反落に備えて、次のような損失限定の逆指値をしておく

A 80円から82円へ上昇
① 80円の5万通貨は81円で逆指値

B 82円から83円へ上昇
① 80円の5万通貨は82円で逆指値
② 82円で3万通貨買い増しし、81円で損失限定の逆指値

C 83円から84円へ上昇
① 80円の5万通貨は83円で逆指値
② 82円の3万通貨は83円で逆指値

D その後、84円から83円へ下落したとしても
① 80円→83円　5万通貨×3円 ＝ +15万円
② 82円→83円　3万通貨×1円 ＝ +3万円

85円にとどかなかった場合でも、18万円の利益を確保できる。

仮に「C」のときに83円から84円へ行かず、83円から81円まで下落してしまったとしても、2万円が手元に残る

第6章 3

MT4を積極活用するべし!

無料で高機能、全テクニカルを網羅する優れものを存分に活用します

自分に合わせたオーダーメイドのチャート環境が実現する

　各FX会社によって、利用できるチャートやテクニカル分析はそれぞれ異なっています。初心者でもわかりやすく操作性に優れたもの、高機能で数多くのテクニカル分析ができるもの、ほかにはない独自のテクニカル分析ができるものなど、さまざまなタイプがあります。

　しかし、あまりの多さと操作性の違いに、いったいどれが一番使いやすいのか悩んでしまうのも事実です。

　また、どのFX会社も、すべてのテクニカル分析を完全に網羅しているわけではありません。

　そんなときにおすすめなのが、「MetaTrader4（メタトレーダー4）」です。

MT4の画面

6章 マナブ式FXのトレードノウハウ大公開！

183

これはＭＴ４とも言い、ロシアのMetaQuotes Software 社（http://www.metaquotes.net/）が開発した、為替取引を行うためのフリーソフトです。

自分の気に入ったテクニカル分析をいくつも追加できたり、独自のテクニカル分析の作成も行えるので、複数のＦＸ会社のチャートを合体させたような、自分だけのチャート環境を持つことができるのです。

一般的には高機能チャートソフトとして使用されることが多く、特定のＦＸ会社がＭＴ４と連携して取引ができる環境を準備しています。

ＭＴ４の魅力は、なんと言っても高いカスタマイズ性とプログラミング機能です。ローソク足、バーチャート、ラインチャートといった基本的な３種類のチャートに加え、移動平均、ＭＡＣＤ、ボリンジャーバンド、ＲＳＩなどのメジャーなテクニカル指標から、平均足や一目均衡表、Ｗ％Ｒなど50種類以上もあるテクニカル分析を手軽に利用できます。

そして、必要があればオリジナルテクニカル分析を追加することもできるのです。

世界中のプログラマーがソフトを開発・公開してくれる

さらに、ＭＱＬというプログラム言語で独自のテクニカル分析をプログラムできる「MetaEditor」も搭載していて、世界中のプログラマーがさまざまなインジケーターを開発し、多くを無料で公開しています。

ＭＱＬを使うと、ＭＴ４による自動売買を行うことも可能で、フリーソフトにもかかわらずさまざまなことができます。

くわしくは、拙著『１年間で6000万円儲けたＦＸ達人が教えるＦＸシステムトレード超入門』（成美堂出版）やＨＰ「初心者でもできるＦＸ自動売買入門」（http://www.systemtrade1.com/）を参考にしてみてください。

世界中のトレーダーによって開発されたインジケーターのなかには、売買チャンスを色や音声でわかりやすく教えてくれるインジケーターがあります。

１章で紹介した「ＶＱ」や「ＴＨＶシステム」もそのなかの１つで、売買シグナルを矢印マークで教えてくれたり、平均足や一目均衡表を基にした高度な分析チャートが無料で利用できるのです。

マナブ式 儲けのコツ

裁量トレードで、機動的なトレードを行って大きな利益をねらう一方で、毎日コツコツと小さな利益を積み上げる役割をシステムトレードに担わせる、というのは僕が大いにオススメしたい組み合わせです。裁量トレードで大いに力を発揮するインジケーターの活躍の場だけでなく、自動売買システムも豊富にあるＭＴ４は理想的なトレーディングのベースですよ！

第6章 4 金・原油とドルの関係に注目

> ドル関連ペアを保有しているなら、金と原油の動向には要注意です！

紙くずになったことのない「金（Gold）」

世界のさまざまな商品は、基軸通貨であるドル建てで取引されています。中でも、為替相場に影響をおよぼすものの筆頭が、「金（Gold）」と「原油（WTI）」です。

金は、古くから貴金属として価値のあるものとされ、金貨や宝飾品として利用されるだけでなく、近年では工業製品に使われる工業金属としての需要も高まってきました。

取引単価は、貴金属や宝石の原石の計量に用いられる「トロイオンス (troy ounce)」（約31グラム）。腐食せず、その価値が普遍的なことから「安全資産」とみなされています。インフレに強く、テロや紛争など世界情勢に変化が起こると、安全

ロンドン金（日足）

金上昇→ドル下落
金下落→ドル上昇
金に連れやすい豪ドル、南アランド

第6章 マナブ式FXのトレードノウハウ大公開！

資産である金に買いが集まる==「有事の金買い」という現象が起こります。==

金はロンドン市場（ロコ・ロンドン取引←逮捕者が出た日本のロコ・ロンドン取引と称するものとは別です）を中心に取引され、ここで決定されるドル建ての金価格が、金の取引をする際の国際的な価格指標になっています。ここに香港、チューリッヒ、ニューヨークを加えて四大金市場と言われています。

世界中景気がよいときは利息の付く株や債券の方が人気になりますが、景気が悪くなり株や債券の値動きが不安定になると、「安全資産」の金に資金が流れます。

株や債券はその価値がなくなってしまう危険性もありますが、有史以来、金は一度も「紙くず」になったことがありません。

仮に==景気がよくなって安全資産としての役割が薄れたとしても、宝飾品や工業金属としての需要が突然なくなることはないので、必要以上に急落することはほぼありません。==

金価格急変なら関連ニュースをチェック！

また、ドルと金にはこんな関係もあります。金はドル建てで取引されているので、ドルの価値が下がると、割安感から金価格が上昇します。

つまり、金が上昇するとドルが下がり、金が下落するとドルが上昇する傾向があるのです。逆に、資源国通貨である豪ドルや金産出国である南アフリカランドは、金が上昇すると連れて上がりやすくなり、下落すると連れて下がりやすくなります。

こうした特徴は、世界経済の方向性を見るのに役立ちます。

そこで、ロンドンで金取引が活発になる==21時過ぎごろからの金の値動きを、その後のドル関連通貨ペアの取引に役立てることができます。==

金は「思惑」で動くことがよくありますので、ドルが動いていなくても金価格が急変した場合は、関連ニュースを調べてみましょう。また、金は通貨と違って金利が付かないので、各国が政策金利を上げていくと、金が売られてドルやユーロに資金が流れていくと思われます。

ドルはもちろんユーロとも連動する原油（WTI）

原油は、油田から採掘した状態のまだ精製されていない石油のことで、世界各国で取引されています。

通常、ニュースで報道されている原油価格は「WTI（West Texas Intermediate）」と言って、ニューヨークマーカンタイル商品取引所（NYMEX）で取引されている、取引量の多い原油の先物価格を指します。

英語の「たる」を意味するバレル（barrel）という単位（1バレル約159リットル）で取引されます。

WTI原油は、欧州産の北海ブレントと中東産のドバイとともに、世界原油価格の三大指標と呼ばれています。

実需だけでなく、投機的な資金による需要以上の変動が起こることもありますが、世界経済の先行きを占う重要な指標の1つにもなっています。

このWTI原油も、金と同じくドル建てで取引されているため、ドルの価値が下がると割安感から原油価格が上昇し、原油が下落するとドルが上がります。

さらに、原油価格はユーロ・ドルとの連動性が高いことでも有名です。原油価格が上昇すると、中東やロシアが受け取ったドル建て代金をドルに次いで流動性の高いユーロへシフトするようになりました。

なぜなら、2001年9月11日の米同時多発テロ以降、中東勢が米国による資産凍結を恐れてドル資産をユーロへ移したことや、外貨準備をドル一辺倒にしておくことにリスクを感じるようになったからです。

通常時、原油が買われる局面ではドル安・ユーロ高となりやすく、原油が売られるとドル高・ユーロ安となりやすくなる傾向があるので、ユーロと原油の関係にも注目しておきましょう。

金と原油の価格はどこで確認できる？

一般的に、ＦＸ会社は通貨取引を仲介する会社なので、通貨ペア以外の価格やチャートは見ることができません。しかし、中には通貨の取引だけでなく株や商品の取引を同時に行えるＦＸ会社もあります。

世界的な金融会社であるＦＸＣＭジャパン証券（http://www.fxcm.co.jp/）で口座開設をすると、「ＦＸ Trading Station」で金や原油など商品市場のリアルタイム価格とチャートも確認することができます。その際に、ＣＦＤ口座を開設すると、金や原油の取引も可能になります。

ドル関連通貨ペアとドルインデックス

金・原油とドルとの関連性を取り上げてきましたが、一口にドルと言っても、ドル・円以外にもユーロ・ドルやポンド・ドル、豪ドル・ドルなどドルが絡んでいる通貨ペアはたくさんあります。

WTI原油（日足）

原油上昇→ドル安・ユーロ高
原油下落→ドル高・ユーロ安

このようなときは、==為替市場におけるドル全体の動向を示す「ドルインデックス」==と呼ばれる米ドルの総合的な価値を示す指標が役立ちます。

日本株の動向を知るときに日経平均株価を利用するように、==ドルの全体的な値動きを表すことができる指標==です。

ドルインデックスは、主要6通貨（ユーロ、日本円、英ポンド、カナダドル、スウェーデンクローネ、スイスフラン）の為替レートをその重要度に応じて加重平均して計算された数値となっていて、金融情報サイトForexProsの米ドル指数（http://www.forexpros.jp/quotes/us-dollar-index）で確認できます。

ドルインデックスでドル全体の動きを見る

米ドル指数 CFD Mar 12 (DXH2)概要

ドルインデックスの構成通貨
- ユーロ（EUR） …… 57.6%
- 円（JPN） …… 13.6%
- 英ポンド（GBP） …… 11.9%
- カナダドル（CAD） …… 9.1%
- スウェーデンクローネ …… 4.2%
- スイスフラン（CHF） …… 3.6%

儲けのコツ（マナブ式）

金価格とドルは逆に動き、21時以降のロンドン金の動きが、その後のドル相場の動きの参考になります。
一方、原油価格はドル・ユーロのユーロとシンクロし、原油価格上昇ならドル下落／ユーロ上昇、原油価格下落ならドル上昇／ユーロ下落です。

第6章 5 相関関数を使って賢くリスク分散を!

相関関係、非相関関係を把握することで理想の組み合わせができます

ドル・円の上昇でクロス円はどれだけ上がるか？

前の項目で金・原油とドルの連動性を紹介しましたが、商品と通貨という関係だけでなく、同じ通貨同士でも連動して動く傾向が見られるものがあります。

例えば、ドルが上がるとユーロが下落する、ユーロ・ドルが下がるとドル・スイスが上昇する、というものです。

そのような連動性を知るために、ある通貨とある通貨の動きの同期率を、数値化したものがあります。それが「相関係数」というものです。

例えば、ドル・円が上がるとほかのクロス円もつられて上昇しますが、その上昇率は異なります。それがどの程度ドル・円と同期しているのか、「相関係数」を用いると数値で表すことができるのです。

相関係数とは、－1から1の間で表され、1に近いときは2つのデータ列には正の相関があり（それぞれが同じ方向に動く関係）、－1に近ければ負の相関がある（それぞれが逆の方向に動く関係）というものです。そして0に近いときは相関がない（一方の動きにもう一方が影響されない）と判断します。

リスクヘッジ効果の高いペア リスクヘッジ効果の低いペア

次ページの表を見てください。ドルペッグ制（2つの通貨の為替変動をある一定に保つ制度）をとっている香港ドルと、アメリカの金融機関などの影響を受けやすいポンド・円やカナダドル・円との相関係数はそれぞれ0.91、0.93と、非常に相関性が高いということがわかります。

逆にスイスフラン・円を見ると、相関係数が0.68と、ドル・円とスイスフラン・円はあまり連動していないことがわかります。

つまり、ドル円のほかにリスクヘッジとしてクロス円を持つと考えた場合、ポンド・円やカナダ・円ではドル・円が下がると一緒に下がってしまう可能性が高いので、スイスフラン・円でリスクヘッジをかければよいことがわかります。

相関係数が－1に近い通貨ペアを探せ！

しかし、これを突き詰めて考えれば、「より相関関係が弱い通貨ペア＝相関係数が－1に近い通貨ペア」を探せば、より安全なリスクヘッジになることがわかります。

==逆の動きをする通貨同士を組み合わせた投資を行えば、一方的に損が膨らむリスクを回避でき、スワップポイントも安心してもらい続けることができます。==

この逆相関関係のある通貨ペアを保有し続ける方法を利用した通貨取引は、統計学や金融工学をもとにヘッジファンドでも実際に使われている投資方法です。

値動きが似ている通貨ペアが相関関係、逆に反対の値動きをするのが逆相関関係の通貨ペアです。

相関関係と逆相関関係の通貨ペアを保有すれば、一方が下がってももう片方が上がるのでリスクが分散されます。

こうして為替差損を回避し続けられるなら、中長期のスパンで為替変動を意識することなく、スワップポイントをもらい続けることが可能になるのです。

それでは、どの通貨ペアの組み合わせが、相関関係と逆相関関係になっているのでしょうか？

相関関数一覧

クロス円

通貨ペア	ドル・円	ユーロ・円	ポンド・円	豪ドル・円	カナダドル・円	NZドル・円	スイス・円	南アランド・円	香港ドル・円
ドル・円	1.00	0.52	0.91	0.72	0.92	0.77	0.68	0.75	0.99
ユーロ・円		1.00	0.70	0.64	0.64	0.60	0.95	0.74	0.50
ポンド・円			1.00	0.76	0.94	0.80	0.84	0.82	0.91
豪ドル・円				1.00	0.88	0.97	0.77	0.95	0.74
カナダドル・円					1.00	0.91	0.80	0.91	0.93
NZドル・円						1.00	0.75	0.93	0.78
スイス・円							1.00	0.85	0.67
南アランド・円								1.00	0.75
香港ドル・円									1.0

※各通貨の過去200営業日の終値から算出

ドルストレート

通貨ペア	ドル・円	ユーロ・ドル	ポンド・ドル	豪ドル・ドル	ドル・カナダドル	NZドル・ドル	ドル・スイス	ドル・南アランド	ドル・香港ドル
ドル・円	1.00	−0.18	0.32	0.12	−0.49	0.34	0.00	−0.35	−0.36
ユーロ・ドル		1.00	0.54	0.40	−0.32	0.26	−0.95	−0.50	0.40
ポンド・ドル			1.00	0.36	−0.70	0.45	−0.68	−0.58	−0.09
豪ドル・ドル				1.00	−0.78	0.92	−0.53	−0.89	−0.49
ドル・カナダドル					1.00	−0.86	0.53	0.89	0.51
NZドル・ドル						1.00	−0.45	−0.87	−0.63
ドル・スイス							1.00	0.66	−0.19
ドル・南アランド								1.00	0.39
ドル・香港ドル									1.00

※ドル・南アランド、ドル・香港ドルは理論値より算出

相関係数	連動性
+1.0	全く同じ動き (相関関係)
+0.8	ほとんど同じ動き
+0.5	やや同じ動き
+0.2	少し同じ動き
+0.0	関連性がない (無相関)
−0.2	少し異なる動き
−0.5	やや異なる動き
−0.8	ほとんど異なる動き
−1.0	まったく異なる動き (逆相関)

出所：セントラル短信

※数値は参照日によって異なります。

ユーロ・ドルはドル・スイスを組み合わせる

米ドルストレートを見ると、「ユーロ・ドルとドル・スイス」の組み合わせが「－0.95」と、最も逆相関となっていることがわかります。

相関係数は相場環境や集計期間によってある程度変動するのですが、時期によっては「－1.0」にかなり近い数値となる時期もあります。

チャートを重ねてみても、ユーロ・ドルが上がるとドル・スイスが下がり、ドル・スイスが上がるとユーロ・ドルが上がっています。チャートの形を見るだけでも、この2つの通貨ペアが逆相関であることが一目瞭然ですね。

ユーロ・ドル、ドル・スイスともにプラスのスワップポイントがつきますから、スワップポイントねらいでも使える手法です。

最も逆相関の関係になっている通貨ペア

ドル・スイス（日足）

ユーロ・ドル（日足）

見事に逆に動いている

第6章 アノマリーをバカにしてはいけない

知っていれば、いつもと違う動きがあっても慌てず察知できますよ!

よくわからないけど、「そうなるもの」

アノマリー（anomaly）とは「例外、変則、矛盾」といった意味の言葉で、理論では説明できない為替や株などの規則的な変動や現象のことを言います。

例えば、年初は「新春株高」で価格が上がっていき、2月上旬に最高値をつけたあと3月下旬に底をつける「節分天井、彼岸底」といった現象です。

普通、為替や株は景気がよければ上がって景気が悪くなると下がるものですから、景気が悪いにもかかわらず年初から節分にかけて上がっていき、天井をつけたら彼岸になるまで下がる、という現象は合理的に説明できません。

または、「新月や満月の日に相場のトレンドが変わる」といった現象もあります。

もちろん、アノマリーはいつも正しいわけではありません。その通りに動くときもありますが、そうではないときもあります。

説明可能なアノマリーも存在する

最初の説明と矛盾しますが、アノマリーの中には「季節的な変動」のような合理的に説明ができるアノマリーもいくつかあります。

例えば、「節分天井、彼岸底」。年末にボーナスをもらった人たちが、年明けに「今年は投資をしよう」と考えて取引が盛んになったり、3月の企業決算期に向けて税金対策として損失確定の損切り注文が入るなどして、株や為替が全体的に下がるなどです。

特に「1月効果」は世界的なもので、1月の株価の上昇率は、ほとんどの国で年間平均よりも大きいです。

また、為替や株価は一定のトレンドに従って上下動をくり返す現象も見られるので、月の満ち欠けのように28日周期で相場のトレンドが変わるのも、あながち間違いでもないようです。

アノマリーは占いのようにとらえられることもあって、あまり当てにしない方がよいという人もいますが、少なくともこうした季節的な変動に関してはある程度合理的な説明ができることもあるので、まったくのデタラメとは言い切れない部分もあります。

アノマリーを利用した投資をすることにより、「いつもと違う動き」を事前に察知

FXトレードでよく知られているアノマリー

【季節性アノマリー】

月	アノマリー	トレンド
1月	新春株高、2日新甫は荒れる、1月効果	売り一巡後、買い先行
2月	節分天井、彼岸底	
3月		決算対策売り
4月	新年度相場	機関投資家の運用開始
5月	鯉のぼりの季節が過ぎたら株は売り 5月に売って、どこかへ行け(Sell in May and Go Away)	
6月	梅雨調整	
7月	サマーラリー	
8月	お盆閑散相場	8、9月は夏枯れで下がる
9月	彼岸底、決算対策売り	
10月	頭を垂れる稲穂相場	売り一巡後、買い先行
11月	ヘッジファンドの決算月	決算対策売り
12月	12月の株安、餅つき相場	

【そのほかのアノマリー】

・ご祝儀相場(大納会、大発会は上がりやすい)

・6月から10月にかけては安値を付けやすい

・12月の株安、1月の株高

・満月、新月が転換日

・アメリカの中間選挙の年は下がり、大統領選挙の前年と選挙の年は上がる。

・晴天効果：「晴れの日は上がり、曇り・雨の日は下がる」というアノマリー。日本を含めた世界の株式市場で報告されているとのこと。

・ウィークエンド効果：悪いニュースが週末に公表されることが多々あるため、週末から月曜日にかけて相場が下落する。

・マンデー効果：月曜日は週末の相場の流れを引き継ぐ傾向がある

・干支のアノマリー：「辰巳(たつみ)天井、午(うま)尻下がり、未(ひつじ)辛抱、申酉(さるとり)騒ぐ、戌(いぬ)笑い、亥(い)固まる、子(ね)は繁栄、丑(うし)つまずき、寅(とら)千里を走り、卯(う)跳ねる」

することができますし、そうしたことがわかれば大きな損失を避けるためのリスク回避にもつながるのです。

株式相場では、アノマリーを意識した人たちがたくさん集まると、そうした動きが実際に起こりやすくなるのはよく知られています。

「アノマリーは当てにならない」と一蹴せず、==世間一般で言われているようなアノマリーは、ある程度意識しておいた方がよい==でしょう。

サザエさんの視聴率は株価と逆に動く？？

アニメ「サザエさん」の視聴率が上がると株価が下がり、視聴率が下がると株価が上がるという風変わりなアノマリーもあります。

「サザエさん」は、1969年10月5日の初回放映から現在まで視聴率は20％前後と5人に1人が観ている国民的番組です。

サザエさんが放映されるのは日曜日の午後6時30分からですが、この時間の視聴率が高いということは在宅率が高いということで、

自宅にいる→買い物や外食をしていない
→お金を使わない→消費が増えない

という連想が働きます。

この流れの結果から、株価が上がらないというアノマリーになっています。

このアノマリーの連動性を示す相関係数は、なんと0.86と高い数値（－1～1までの値をとり、－1が非連動、1が完全に連動）を示しています。

ほかにも、プロ野球で「巨人が優勝すると株価が暴落する。中日が優勝すると政変がおこる。阪神が優勝すると長期上昇波動に突入する」という面白アノマリーもあります。

みなさんも、気分転換をかねて、いろいろなアノマリーを探してみてはどうでしょうか？

> 自宅にいて外食などをしなければ消費も増えません

儲けのコツ（マナブ式）

アノマリーは難しく考える必要はありません。理屈で考えずに、「そういうもの」として単純に頭の端っこに置いておくだけでOKです。活躍の場面はそう多くないかもしれませんが、思わぬときに大きな武器になってくれるかもしれません。そのためにも、とりあえず「知っている」ことが重要なのです。

第6章 大公開 マナブ式 FXのルール10！

僕が普段のトレードで自分自身に言い聞かせている10のルールを大公開！

一．楽観的にならず、マイナス思考を心掛ける。

「ポジティブシンキング」というプラス思考は、私たちが日常生活を送るうえでは利益をもたらしますが、こと相場においては損失を被ることが多いのです。

特に、希望的観測にもとづいた根拠のないプラス思考は、資産がゼロになってしまう危険性をはらんでいます。

FXトレードで必要なのは、マイナス思考。常に悲観的観測にもとづいてリスクに備えましょう。いつでもポジションを手放せるようなマイナス思考を持つことが、相場で生き残るコツです。

相場にとどまり続けていれば、やがて利益は積み上がっていくのです。

二．時間に余裕のないときは取引しない。

FXは自分との戦いでもあります。時間に余裕がないときは、心のどこかで焦っているものです。思わぬ失敗を招かないためにも、落ち着いて状況判断できるときに取引を行いましょう。

裁量トレードがシステムトレードに負けることがあるのは、こうした心理状態が引き起こす誤った判断によるものです。

「休むも相場」という格言にあるように、常にポジションを持っている必要はありません。ポジションを持っていないと落ち着かないような人は、そのうち大きな失敗を招きますから、気をつけましょう。

冷静に判断できさえすれば、裁量トレードがシステムトレードに負けてしまうことはないのです。

三．直感に頼らずチャートを必ず確認する。

直感に頼った取引は、いずれ壁にぶつかります。チャートを使ってきちんと相場分析し、予想を立ててからポジションを持ちましょう。

「まずはチャートを見る」ということは非常に大切です。なぜなら、多くのトレーダーがチャートを用いて取引を行っているため、サポートやレジスタンスラインに注文がたまる傾向があるからです。チャートを見ると、こうしたトレーダー達の動きを推測することもできます。

もちろん、3章で解説した各種のテクニカル分析も活用するためにも、チャートは必須のツールです。チャートを見ずに売買してはいけませんよ。

四．逆指値を必ず指す。

ポジションを保有したら、損失を限定する逆指値を必ず指しておきましょう。自分では大丈夫だと思っていても、相場は突然動くことがあります。有事への備えを怠ってはいけません。

ＦＸでは損失はあっという間に膨らみ、強制決済という形で、突然に退場を命じられることがあります。こうなってしまえば、もう「負け」が確定です、悔やんでもどうしようもありません。

逆指値で常に損失をコントロールしておきましょう。

五．半分利食い、半分保有して利益を伸ばす。

「利食い千人力」と言いますが、保有ポジションに含み益が出ている状態はまだ利益が確定されていません。含み益があるだけでは、「まだ一文も儲かってはいない」のです。保有ポジションの含み益はいつなくなってもおかしくないものとして考え、しっかり利益確定をしましょう。

「まだ上がる」と思ってしまってなかなか決断できないときは、とりあえず半分利食って半分保有します。そうすれば、結果がどちらに動いても、利益の半分は確保できるので、次のトレードを行えます。

マナブ式トレードルール10

一．楽観的にならず、マイナス思考を心掛ける。

二．時間に余裕のないときは取引しない。

三．直感に頼らずチャートを必ず確認する。

四．逆指値を必ず指す。

五．半分利食い、半分保有して利益を伸ばす。

六．直近の経済指標をチェックする。

七．執着して難平買いしない。

八．過去の損失への仕返し感情で取引しない。

九．長期投資にこだわらず、柔軟に行動する。

十．負けトレードを分析する。

六. 直近の経済指標をチェックする。

重要経済指標では、相場が予想外に大きく動くことが頻繁に起こります。発表前の<mark>事前予想をチェックして、自信がなければ経済指標の発表結果を見てから取引</mark>しましょう。ファンダメンタルズ分析を駆使してのトレードは、システムトレードにない裁量トレードの強みです。是非、強力な武器として活用できるようにしてください。

七. 執着して難平買いしない。

ナンピン買いには賛否両論ありますが、「負けを取り戻してやる」といった感情でナンピン買いをするのはやめましょう。<mark>ナンピンは、あくまでマネーマネジメントの一環としてのみ行います。</mark>

八. 過去の損失への仕返し感情で取引しない。

過去にユーロ・円の取引で失敗したから、次はユーロ・円で取り戻す、といった仕返しの感情で取引するのはやめましょう。<mark>感情ではなく、そのときの相場環境に適した通貨で取引を行う</mark>ようにします。感情にまかせたリベンジに燃えていても、マーケットはそんなことはまったく感知しませんからね。

九. 長期投資にこだわらず、柔軟に行動する。

中長期投資やスワップポイント目的でポジションを保有して、それにこだわってしまうと、柔軟な判断ができなくなってしまいます。マーケットに大きな変動があったときなどは、中長期の保有にこだわってはいけません。

自分のルールを守ることは大切ですが、臨機応変に対処する必要性も頭の中に入れておきましょう。

十. 負けトレードを分析する。

負けトレードには、なにかしら原因があるものです。連戦連勝でのトレーダーは一人もいません。失敗を成功の糧にすることが大切です。僕自身も何度もの負けを分析し、そのあとに得られたのが6000万円という結果でした。

負けトレードが、あなたの将来の大きな利益につながるかもしれません。負けと向きあって、しっかり分析しましょう。

マナブ式 儲けのコツ

マナブ式トレードルールは、僕自身が実際のトレードで痛感したものばかりです。FXで勝ち残り、利益を上げていくためには絶対に必要なルールたちです。是非、トレードするときは、思い出してください。

ＦＸ会社に口座を開設しよう

　ＦＸ会社の口座開設は、それほど難しくありません。即日〜数日で開設手続きが完了するところがほとんどです。また、どのＦＸ会社も手順はほぼ同じです。ここでは、4年連続取引高NO.1の外為オンラインを例にとって説明しましょう。

1

外為オンライン公式ホームページ（http://www.gaitameonline.com/）へアクセスし、画面左の「口座開設」をクリック

2

「個人口座のお申し込み（個人）」をクリック

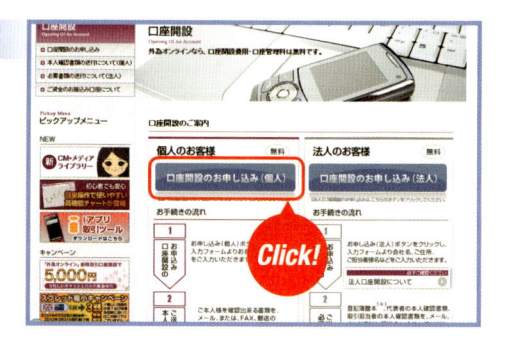

3

表示される外国為替証拠金取引に係る注意事項や同意事項、確認事項を確認後、同意のチェック

4

氏名や性別、生年月日などの個人情報を入力し、画面下の「お申込み内容の確認」をクリック

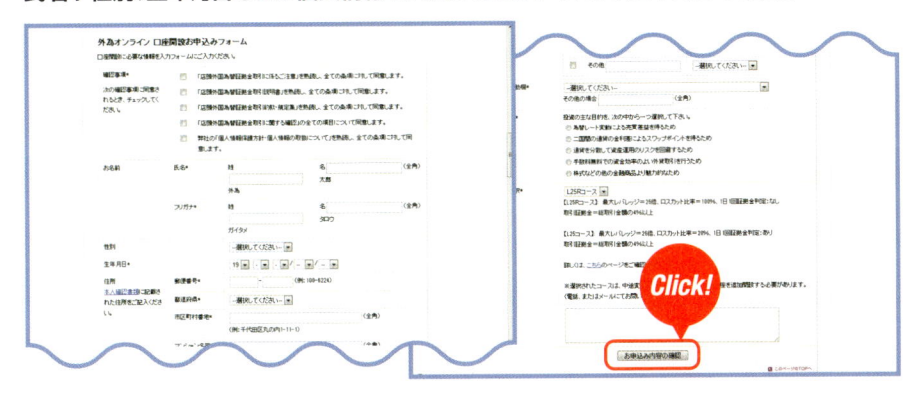

5

申し込み内容の確認画面で入力内容に間違いのないことを確認したら「申込」ボタンをクリック

6

最後に、本人確認書類を送付します。免許証や各種健康保険証のコピーを、メール、またはFAX、郵送で送ります。デジタルカメラやスキャナから取り込んだものをメールで送ったり、携帯電話のカメラ機能で撮影したものをそのまま送信することもできます

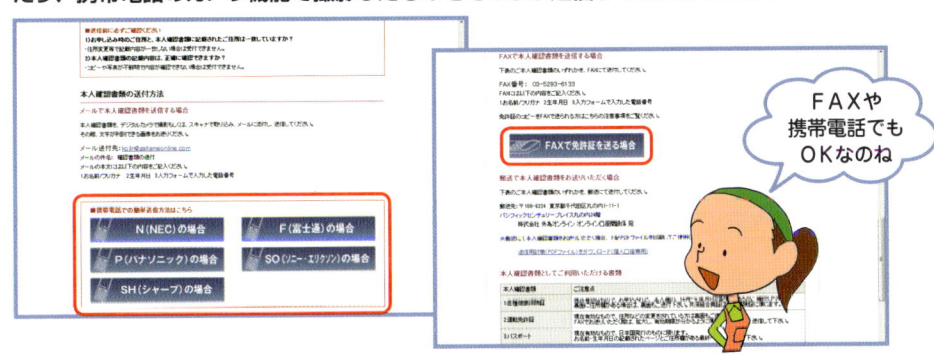

FAXや携帯電話でもOKなのね

本人確認書送付後、問題がなければ3〜5営業日前後で口座開設が完了します。本人確認書類で確認の取れた住所あてに、ログインIDが郵送で送られてきます。

巻末特別資料

口座に入金してみよう

口座開設が完了したら、取引画面にログインしてみましょう。口座に入金すれば、すぐに取引が開始できます。

1

外為オンライントップページ左にある会員ログインに「ログインID」と「パスワード」を入力して、「ログイン」ボタンをクリック

2

ログインすると、最初に取引画面が表示される

※入金方法には銀行口座への振り込みと、インターネット経由のクイック入金とがありますが、ここではインターネット上から入金できてすぐに反映される、クイック入金機能を使います。

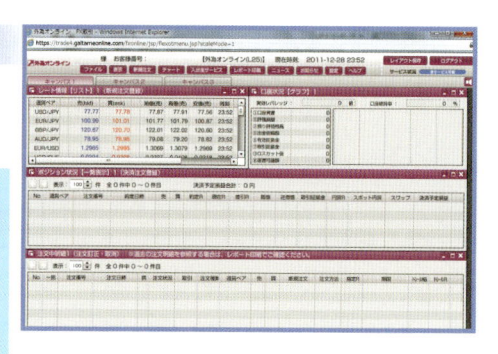

3

画面上部メニューの「入出金サービス」から、「クイック入金」を選択

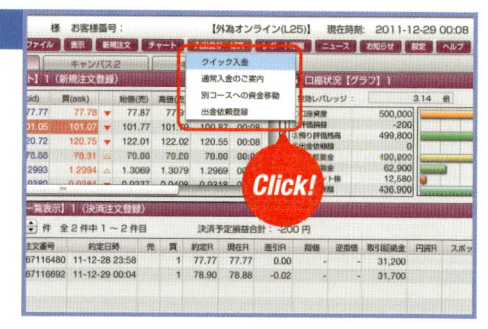

4

別ウィンドウでクイック入金画面が開くので、指示にしたがって入金手続きを行う。

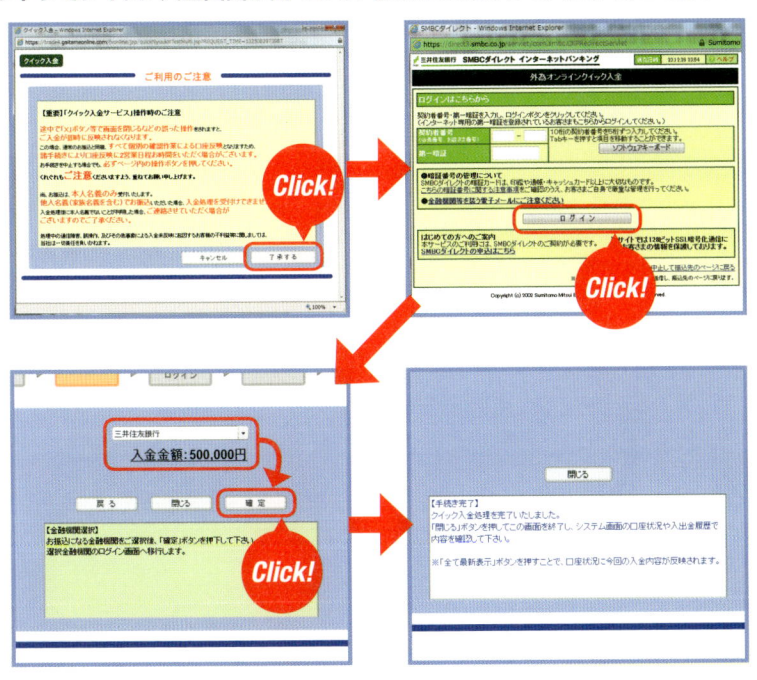

5

入金が完了しました。
クイック入金から入金を行うと、
即座に入金額が反映されます。

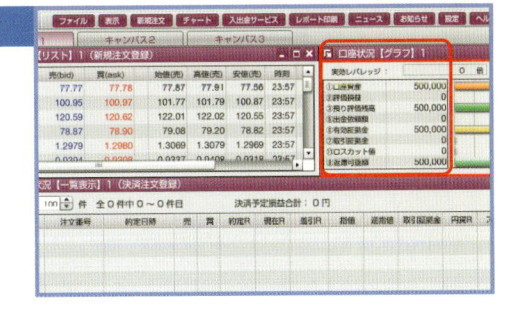

※外為オンラインは、「楽天銀行」、「ジャパンネット銀行」、「三井住友銀行」、「みずほ銀行」、「ゆうちょ銀行」、「住信SBIネット銀行」、「三菱東京UFJ銀行」の計7行に対応しています。

ドル・円の買いを注文してみよう

1
画面左上のレート情報【リスト】から、取引したい通貨ペアをクリック。別ウィンドウで、「新規注文入力」画面が表示される

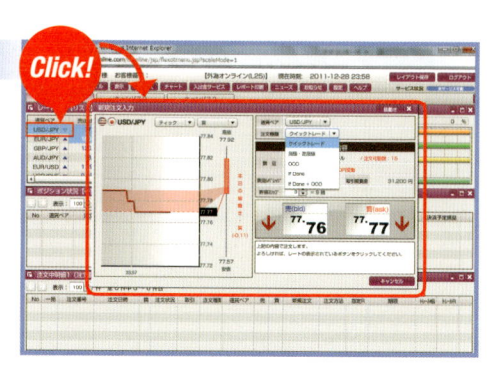

2
左側には現在のチャートとローソク足の状態、右側に注文画面が表示されている。右上の「注文種類」では、クイックトレード、指値・逆指値、OCO、If Done、If Done +OCO の中から注文方法が選択できる

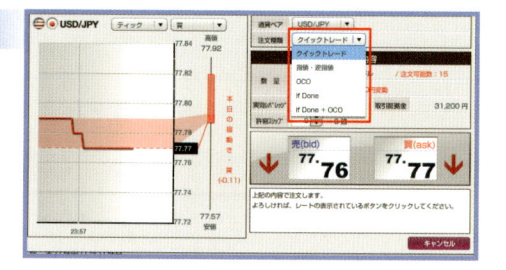

3
右側真ん中の「注文内容」では、取引数量と許容スリップが設定できる。
その下に表示されている為替レートは、左が売り（ショート）、右が買い（ロング）で、どちらかをクリックすると、上記の内容で注文命令が出される

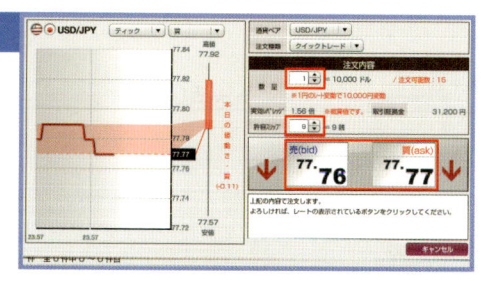

※ここでは、クイックトレードでドル・円の買いの注文をしてみましょう。

4

注文が成立すると、画面真ん中のポジション状況【一覧表示】に保有ポジションとして表示される。

※取引直後は、スプレッドの1銭分がマイナスとなっています。
取引内容に応じて、画面右上の口座状況【グラフ】も変化します

5

ポジションを決済する場合は、ポジション状況【一覧表示】にある決済したいポジションをクリックし、「決済注文入力」画面で決済注文方法を指定、実行する

スマートフォンでFXトレード

FX取引はパソコンだけでなくモバイル端末でも行うことができます。最近では特に、「スマートフォン」による取引も活発になってきました。
スマートフォンは画面が3.5インチ以上と、携帯電話よりも大きく設計されているため見やすく、さらに操作性も優れています。まさにFXトレードに最適なツールと言えるでしょう。
ここでは、外為オンラインから出ているiPhone用アプリを紹介します。

【導入方法】

① スマートフォンの画面上にある「App Store」アイコンをタップします。
② 検索ボックスで、「外為オンライン」と検索します。
③ 「外為オンライン」をタップし、インストールします。

【利用方法】

アプリを起動するとログイン画面が表示されるので、「ログインID」と「パスワード」を入れてログインします。
ログインすると、全24通貨ペアのレートはもちろん、ニュースヘッドライン、ミニチャートなどを表示することができます。

【注文種類】

成行・指値・逆指値・OCO・IFD・IFDO・トレールとあり、パソコンでの取引と同じです。

注文の種類はパソコンとまったく同じなんだ

注文画面

【テクニカルチャートの種類】

移動平均線（SMA）、指数平滑移動平均線（EMA）、ボリンジャーバンド、一目均衡表、MACD、RSI、DMI、RCI、ストキャスティクス、スローストキャスティクスなどがあります。

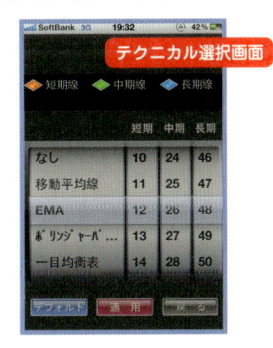

チャート画面

チャート＆テクニカル設定画面

テクニカル選択画面

【主な機能】

・口座状況の閲覧、お知らせ機能
・注文明細、注文履歴、約定取引明細、入出金明細の閲覧
・自動更新時間の設定
・通貨ペア表示順の変更
・パスワード、メールアドレス変更手続き
・ご出金の依頼手続き

FX取引をしていると、外出先でも気になるものです。
しかし、FX会社がこのスマートフォンに対応したサイトや無料アプリを出しているので、それを利用すれば「いつでも」「どこでも」為替変動に対応することができます。スマートフォンをお持ちでしたら、ぜひ試してみてください。

あとがき

　ＦＸは、極論すれば「十数種類の中から選んだ通貨ペアが、上がるか下がるかを予想するだけ」です。しかも24時間取引ができ少額からでも始められるので、主婦やサラリーマン、大学生でも気軽にトレードが行えます。
　その一方で、予想していた以上の為替変動に見舞われて強制決済されたり、想定外の金利変動であてにしていたスワップ金利がなくなったりと、トレードにおけるリスクは常に存在します。

　さらにＦＸは、エントリータイミングや利食い・損切り、保有期間などすべて自分で考えなくてはいけません。相場の格言に「思いつき商いは後悔のもと」とあるように、適当にトレードしていて勝てるものではありません。勝ち続けるためにはいろいろな知識が必要になります。
　本書を読まれて、なんだか難しい、いろいろ覚えることがあって大変だ、と思った方も「もしかしたら」いるかもしれません。

　でも、自分で分析した予想が当たったときは、それだけでも気分がよいものです。世界の金融市場の中へ手軽に参加できるだけでなく、さらに資産も増えるわけですから、これまで気にも留めていなかったようなニュースや出来事からでも、いろいろなことが見えてくるようになります。

　チャートを分析してトレンドラインを引きテクニカルのコツをつかんだり、各国のファンダメンタルズ分析と結びつけて考えたり……。トレードに関する知識が増えるにつれ、トレードの組み合わせも増えます。そこをきっかけに**「さらに、さらに」と追求するのも楽しいものです。**
　僕は、そんな感じでＦＸを楽しみながら考え、トレードをしてきました。もちろん、冷汗をかいたり、落ち込んだり、青くなったりするときもありましたが……（笑）。

　せっかくＦＸに興味を持ってくださり、そしてこの本を手に取ってくださった皆さんには、僕がそうだったように、楽しみながら「皆さんなりのＦＸトレード」を体験していただけたらうれしいです。
　僕は、自分の経験にもとづいた「マナブ式」というトレードスタイルが自然とできましたが、皆さんもトレードするうちに「○○式」という独自のスタイルができているかもしれません。**そんな皆さんのトレーダー人生に僕の本が役に立ったとしたら、幸いです。**

最後に、僕が運営しているブログとホームページを簡単に紹介します。本書と併せて、皆さんのＦＸトレードに役立てていただけると思います。

　為替レートの短期予想や中長期予想を毎日行っている「毎日更新、よく当たるＦＸ為替レート予想のブログ（http://sikyoufxbloggers.blog2.fc2.com/）」というブログを運営しています。また、まぐまぐ！から為替予想のメールマガジン（http://www.mag2.com/m/0001231051.html）も毎日発行しています。

　また、「株式市況.com（http://www.sikyou.com/）」という総合投資情報サイトを運営しています。このサイトでは、世界の株価や株式ニュースのほか、為替チャートや為替ニュース、金や原油などの商品市況に至るまで、トレードを行う上で欠かせない情報が満載されています。

　もし、ＦＸの自動売買に興味が出た場合は、「初心者でもできるＦＸ自動売買入門（http://www.systemtrade1.com/）」を見てみてください。初心者でもＦＸ自動売買ができるような情報を紹介しています。

　トレードしていると、常に新しい発見があるものです。
　「相場に卒業なし」という格言もありますが、相場は実に奥が深いものです。日々研究を怠らず、試行錯誤をくり返して「自分流のＦＸトレード」を探してみて下さい。

斉藤　学

●著者紹介

斉藤 学（さいとう まなぶ）

1980年神奈川県生まれ。
都内専門学校でパソコン講師を務めるかたわら、株やCFD、FXを取引。さらに、テクニカル分析や経済指標を駆使したさまざまなFX必勝法を編み出し、わずか1年間で50万円を6900万円に増やす。
その経験から、投資情報サイト「株式市況.com」(http://www.sikyou.com/)や「初心者でもできるFX自動売買（システムトレード）入門」(http://www.systemtrade1.com/)、公式ブログ (http://sikyoufxbloggers.blog2.fc2.com/) を運営中。
FXセミナーの講師や雑誌取材に加え、「まぐまぐ！」ではメールマガジン『毎日配信、よく当たるFX為替レート予想』(http://www.mag2.com/m/0001231051.html) を毎日配信している。
著書に、『1年で6000万円儲けたFX達人が教えるFXシステムトレード超入門』（成美堂出版）、『マナブ式FX』、『マナブ式FX必勝チャート練習帳』（ともに扶桑社）がある。

【staff】
● 本文イラスト／宗誠二郎
● 本文図版作成・デザイン／鈴木真樹（スズキデザインオフィス）
● 本文組版／庄司朋子（有限会社トビアス）
● 編集協力／桜田一哉　● 企画・編集／成美堂出版編集部（原田洋介・今村恒隆）

本書の内容についてのお問い合わせは、必ず書面、またはFAXにて
有限会社トビアス（住所：〒167-0053 東京都杉並区西荻南3-17-16 加藤ビル202
FAX：03-5336-9670）までお送り下さい。なお、本書の内容を超える質問につきましては、お答えできない場合がございますので、ご了承下さい。

本書に関する正誤等の最新情報は、下記のアドレスで確認することができます。
http://www.seibidoshuppan.co.jp/info/fxm1209

50万円を6900万円に増やした！ マナブ式FX

著　者　斉藤　学（さいとう　まなぶ）
発行者　風早健史
発行所　成美堂出版
　　　　〒162-8445　東京都新宿区新小川町1-7
　　　　電話(03)5206-8151　FAX(03)5206-8159
印　刷　株式会社東京印書館

©Saito Manabu 2012　PRINTED IN JAPAN
ISBN978-4-415-31296-5

落丁・乱丁などの不良本はお取り替えします
定価はカバーに表示してあります

・本書および本書の付属物を無断で複写、複製(コピー)、引用することは著作権法上での例外を除き禁じられています。また代行業者等の第三者に依頼してスキャンやデジタル化することは、たとえ個人や家庭内の利用であっても一切認められておりません。